六角会館研究シリーズ V

浄土思想の成立と展開

大田利生編

永田文昌堂

はしがき

浄土教は、浄土経典の編纂ということを通して興起するのである。それは、紀元一世紀（一～一〇〇）のことであった。また、その教えが、インド・中国・日本と展開していることを考えると、時代的、地域的に研究領域は決して狭いものではないと言える。さらに、釈尊の仏教との関係、現代の諸問題へのかかわりなどを考慮に入れると一層その範囲は広がりをみせることになる。

その広さにあわせるかのように、本書の論考は多岐にわたっている。とはいっても、さまざまな分野からのアプローチ、総合的研究の名が冠せられるほど整ったものではない。それは、同じゼミで学ぶ十三名がそれぞれの切り口で浄土教を論じるという内容だからである。

ただ、一篇一篇の論文は大学院時代の発表を基礎として考察を加え、深められたもので、執筆者の力が込められている。そのようななかで、誠照寺派本山御法主、二条秀瑞師のご論考をいただいていることを御紹介しておきたい。

今後、さらに浄土教思想の研究は進められていかねばならない。すでに、研究はし尽くされているという見方があるかもしれないが、決してそうではない。経典研究に限ってみても結論が保留されていたり、詳しい説明が必要な問題はいくつか存在する。たとえば、初期大乗経典と古訳の浄土経典との成立前後の問題、経典にもみられる

（願心）荘厳するということはいかなることをいうのか、あるいは、聞名思想については十分な研究はなされているとは言えない、などと残されている課題をいくつかあげることができるのである。

そして、大事なことは、よく宗教間対話と言われるが、異なる分野・宗教との共同研究がなされていくことであろう。それは、互いに刺激を受けあっていくことであり、研究の進展には必要なことだと思われるのである。

ともかく、本書の内容は、経典の成立から現代における真宗の課題まで広汎な内容である。不十分なところ、あるいは誤っているところについては御指摘、御批判いただきたい。さらに研究方法まで御指示いただくことがあればありがたい。そして、そのことを通して研究者間で交流がはじまるならば、それも出版の一つの意義かと思うことである。

なお、宗教法人六角仏教会より奨学金をいただいたことが研究論文をまとめる機会になったのである。厚く御礼申し上げる次第である。

最後に、本書の出版に関しては、永田文昌堂主のご好意によった。出版までの労をとっていただいた永田唯人氏に謝意を表するところである。

二〇一七年一月二〇日

大　田　利　生

目次

浄土思想の成立と展開

無量寿経願文の研究
――とくに二十四願から四十八願拡大の意義――

大田利生

はじめに

本願の教説は、浄土教思想の根幹をなすものであり、思想形成の基盤にあって、その展開に大きな役割を担ってきたのである。その意味で、浄土教の歴史は本願の意義を明らかにする道のりであったとみることができるのである。

本願を説く経典と言えば〈無量寿経〉がまず思い浮かぶ。しかし、〈無量寿経〉以外にも本願を説く経典はいくつかあげることができる。したがって、本願を取り扱うばあい、それらの経典にも注意を払っていかねばならない。例えば、『阿閦仏国経』には、阿閦菩薩の本願が説かれていることは広く知られるところである。浄土経典の成立とほぼ時期を同じくして編纂されたこの経典に説かれる本願は、阿弥陀仏の本願と並べて比較検討がなされてきた。いま少しその内容にふれると、阿閦仏の本願説は法蔵菩薩のそれと違って二重構造をとっているところに、その特徴がみられる。すなわち、一人の比丘が願いを起し菩薩となり、さらにその菩薩が本願を建てて阿閦仏になるという過程を経る。ここで、菩薩になるための誓願は阿閦仏特有のものである。

いま、比丘が菩薩になるための誓願をみると、いずれも持戒的傾向が強い。これは、出家を重視したためだといえる。それは、また利他的な色彩が全くみられないということを表わすものである。その誓いのいくつかをあげれば、瞋恚の心を起さない、声聞・独覚の心を起さない、貪りの心を起さない、愛欲の心を起さない、などである。また、菩薩の時に立てた誓願では、自らのことに関する、戒律的な条項が多く、それがほとんどである。自利、利他に分けて言えば自利の範疇に属し、阿弥陀仏の本願が全て利他の本願で一貫している立場とは対蹠的である。阿閦仏の信仰が広まらず、教理的展開も経典成立の段階でストップしたことは、本願のこうした内容の違いからくるものではないかと推察されるのである。なお、佐藤直実氏は阿弥陀仏の誓願は「さとりの獲得」が目的なのに対し、『阿閦仏国経』では「諸仏を欺かないこと」を重視している、とその違いを指摘されている。(1)

また、本願を説く教典として『悲華経』があげられる。無浄念王が立てた四十八願と法蔵菩薩の四十八願の関係がとくに研究の対象となったということである。(2)

ところで、そのような本願の研究をふりかえってみると、大きく二つの方向のあることに気づくのである。一つは、本願の源流を尋ねていくという道であり、いま一つは、各経典が説く本願についてその一、一を検討し、その中で他の経典との比較を試み、さらには浄土教思想展開の中で本願理解を深めていく、このような立場である。前者については、とくに、本願のサンスクリット語 pūrvapraṇidhāna、パーリ語の用例を原始経典に求めていくという方法が一般的にとられてきた。(3)しかし、そこにおいても問題がないわけではない。藤田宏達博士(4)は、本願思想は、言語の上からみると、その起源は原始仏教に求めることができるとされながら、原始経典において、誓願を強調するのは、在家的立場に立ったものである、とされる。さらに、原始仏教の本願の内容がもっぱら天界などを対象とする世間的用法を示しているから、後の大乗仏教が説かれるような菩提を対象とする本願とは思想的に連絡するものではない、と明言される。

いま、私は後者の立場に立って改めて〈無量寿経〉の本願思想をとりあげるのは、次のような理由による。すなわち、従来の願文研究は諸本間の願文がどのように継承され、展開しているか、とくに本願の数から、三十六願経をどのように位置づけるかなどが中心の問題になり、何故、四十八願へと展開していったのか、また、願文増広の背景にはどのような思想が考えられるのかといった点はほとんどかえりみられることがなかったように思われる。このような点を明らかにしていきたく再度、〈無量寿経〉の本願をとりあげることにした。

いうまでもなく、願文をとりあげることは、経典全体を研究の範囲にしていくことである。その意味で、願文の数、内容の展開に注意していくことは、〈無量寿経〉が何を説かんとするものかを明らかにしていくことでもある。

(一)

まず、〈無量寿経〉諸本において、本願あるいは本願をあらわす語がどのようにみられるのであろうか、そのことをとりあげることからはじめたい。

『大阿弥陀経』には、「本願」という文字は一度も出てこない。ただ、「阿弥陀仏為菩薩時常奉行是二十四願(5)」あるいは、「便結得是二十四願経」[6]と説く。これらの語がでてくるところを『無量寿経』の対応する箇所で言えば、法蔵菩薩が世自在王仏から二百一十億の諸仏の国の天人の善悪、国土の粗妙を見せられ、無上殊勝の願を発し、五劫の間思惟（摂取）して阿弥陀仏の浄土へ生れる清浄の行を摂取されたと説く一段にあたる。

また、「常奉行是二十四願」という字句は、法蔵菩薩の修行の一段においてもみることができる。『平等覚経』も同一箇所に同じ表現として説かれている。これを『無量寿経』、『如来会』でみると、「発斯弘誓」、「発如是大弘誓」ということばによって示されている。

なお、『大阿弥陀経』の「阿闍世授記」の一節に[7]、「阿闍世王太子、及五百長者子が阿弥陀仏の二十四願を聞いて大いに歓喜踊躍して…」とあり、ここにも二十四願の文字がみられる。『平等覚経』も同様である。このように二十四願あるいは二十四願経という言い方は本願が一つにまとまっていたという意味で、本願を説く部分が成立的に独立してあらわれたことを示唆しているようでもある。それはともかくとして、『大阿弥陀経』における本願の位置づけが非常に大きなものであったことが知らされるのである。なお、『大阿弥陀経』の「常奉行是二十四願」のように本願を行ずるというところにまた一つ特質があったように思われる。

つぎに、『平等覚経』においては、「本願」の語を一ヶ所みることができる。それは「東方偈」においてである。いま、その部分を示すと、

無量覚授其決　我前世有本願
一切人聞説法　皆疾来生我国
吾所願皆具足　従衆国来生者

皆悉来到此間　一生得不退転(8)

とあり、親鸞も『教行信証』「行巻」に引用されている。この偈自体サンスクリット本とよく対応するもので、いま、それを示すと、

そのとき、アミターユ〔ス〕仏は記説される。『これは実に、わたしの前世の誓願（praṇidhi）であった。—〈衆生たちは〔わたしの〕名を聞いて、どのようにしてでも、まさしく常に、わたくしの国土に到りうるように〉—。

わたくしの卓越した誓願（praṇidhi）は満たされた。そして、衆生たちは、多くの世界からやってくる。かれらは、すみやかに、わたしのもとに来て、ここで、一生の間、退転しない者となる

とあり、〈初期無量寿経〉としての『平等覚経』と、何故サンスクリット本とよく類似しているのかが問題として残るのである。いずれにしても、聞名思想、不退転、誓願を説くことは、『大阿弥陀経』に比して思想の展開を認めることができるのである。(9)

なお『無量寿経』では、後にとりあげる「我建超世願」の超世の願、あるいは「大願」、「無上殊勝之願」、「本願力」「満足願、明了願、堅固願、究竟願」と言う語が本願をあらわしている。また『如来会』では、「重誓偈」の中に、「弘誓」「本願」、「殊勝之願」などと出ている。

つぎに、サンスクリット本では、すでに示されているように(10)、本願の言語は pūrvapraṇidhāna が一般的であるが、praṇidhāna のばあいも多い。偈文では praṇidhi がよくみられる。また、praṇidhāna を修飾する用語をみると、わたくしの特別な願いです（mama praṇidhāna-viśeṣa）と、特別（viśeṣa）という語がよく本願を説明する

語として用いられる。さらに誓願が成就する（praṇidhisampad）、あるいは、誓願の力（praṇidhibala）、そして前世の誓願の加護によって（pūrvapraṇidhānādhiṣṭhānena）などと誓願が説明されている。

(二)

つぎに、願文を〈初期無量寿経〉と〈後期無量寿経〉に分けたとき、それぞれどのような特徴的な点がみられるか、明らかにしていきたい。

〈初期無量寿経〉の『大阿弥陀経』に願文形式の上でみると、例えば、第一願には

使某作仏時　令我国中無有泥犁禽獣薜茘蜎飛蠕動之類　得是願乃作仏　不得是願終不作仏

と誓われている。第一願は無三悪趣の願（サンスクリット本は無四悪趣）で諸本共通しているが、この『大阿弥陀経』の願文には、音写語が用いられるということ、最後の「得是願乃作仏、不得是願終不作仏」の結びの文は他の諸本にはみられない『大阿弥陀経』独自のものである。ただ、『平等覚経』の第一願だけはなぜか『大阿弥陀経』と同じ表現をとっている。また、「使某作仏時…」と使役的な表現も〈初期無量寿経〉特有の形式をとっている。

つぎに、願文の表現に関連する問題として、阿弥陀仏を諸仏と比較し、阿弥陀仏の光明を日月の光に比べるということが願文のなかにおこなわれているということである。これにはやはりそれなりの背景が考えられるのである。それは、〈初期無量寿経〉が成立する段階では阿弥陀仏の信仰はいまだ充分一般に浸透していなかったと考えられる。そこで何とか阿弥陀仏が多くの人達に受け入れられる方策として、諸仏と比較させ、阿弥陀仏がいかに勝れた

仏であるかを印象づけようとしたところが〈初期無量寿経〉には窺われる。それは、第十七願、十八願に具体的にみることができる。(11)第十七願には、

使某作仏時　令我洞視徹聴飛行十倍勝於諸仏　得是願乃作仏　不得是願終不作仏。

と誓い、また、第十八願には、

使某作仏時　令我智慧説経行道十倍於諸仏　得是願乃作仏　不得是願終不作仏

と諸仏に比較されている。なお、この両願は『大阿弥陀経』固有の願文で、他の異本に継承された形跡はみられない。

また、阿弥陀仏の光明についても、日月の光と比較して説き示されるのが第二十四願である。第二十四願には、

使某作仏時　令我頂中光明絶好　勝於日月之明百千億万倍　絶勝諸仏　光明焰照諸無央数天下幽冥之処　皆当大明　諸天人民蜎飛蠕動之類　見我光明　莫不慈心作善者　皆令来生我国　得是願乃作仏　不得是願終不作仏

と誓われている。このように比較、あるいは類比的表現は本願だけでなく、経典全体にわたってみられる説き方である。これには一般民衆にはわかりやすいものがあったと思われる。

このように理解しやすくという配慮は、例えば、第十六願（説経如仏）の中で「語者如三百鍾声」と譬喩的な表現もみられる。第十五願では、国中の菩薩の体が「皆紫磨金色」といい、三十二相だけでなく、八十種好も願文に誓われているが、他の諸本にはみられない。さらに、第十四願には、浄土の菩薩阿羅漢が飯を欲するとき、百味の飯食が前に現ずるというのも『大阿弥陀経』特有の願文である。

続いて、願文に第六天（他化自在天）が引合いに出されてくるのも〈初期無量寿経〉の特徴といえよう。『大阿

弥陀経』の第三願、第九願には浄土を第六天王が居しているところの如し、とある。浄土の菩薩、阿羅漢を第六天人の如しと誓われている。ただし『平等覚経』の願文に相当するものはない。〈後期無量寿経〉では、第六天を出す場合、それを「超える」とあって「如し」とは言われていない。ここに教理的な展開を認めることができよう。

また、すでに指摘されているのであるが、(12)〈初期無量寿経〉には、儒教の五事が願われているということがあげられる。その一つが第九願に、

使某作仏時　令我国中諸菩薩阿羅漢　面目皆端正　浄潔姝好悉同一色　都一種類皆如第六天人　得是願乃作仏　不得是願終不作仏(13)

と誓われるものである。ここに面目とあるのが五事の「貌」に比定できるのである。そして当時中国では容姿に関心が持たれていた時代であったことも学者によって指摘されるところである。このように五事を取り入れるということは世俗的な価値基準を持ち込むことであるが、中国に浄土教を流布させるためにはこれも必要なことではなかったかと思考する。

(三)

〈後期無量寿経〉のばあい、とくに〈初期無量寿経〉にはあらわれなかった初期大乗経典の影響ということが特徴的なことである。これは、本願の上にもあらわれている。例えば『無量寿経』の二十二願に「普賢の徳を修習す」といい、『如来会』にも同様二十二願文に「普賢道を行じて出離を得」と説かれている。願文以外でも八相化

儀の一段では「仏の弁才を得て普賢行に住す」とあり、さらに、『無量寿経』の説法に集った菩薩たちが「普賢大士の徳に遵へり」、「咸く共に普賢の徳を遵修せり」と説き、『華厳経』の影響がうかがえる。

また、『無量寿経』の第四十八願、同じく『如来会』の第四十八願に三忍説があげられる。願文をみると、「聞我名字、不即得至第一第二第三法忍」とある。この三忍説についてはすでに論考があるが、[14]〈般若経〉系統で説く三忍説とは異なり、〈華厳経〉の系統ではなかったかと推測されている。それは、〈般若経〉の三忍説では音響忍を説かないからであるという理由によるものである。

さらに、どの経典のものとはっきりしないが、『無量寿経』四十五願に「普等三昧」、『如来会』には同じ四十五願に「平等三摩地門」とあり、サンスクリット本には「普ねく達せると名づける三昧」(samantānugataṃ nāma samādhiṃ)とある。〈般若経〉によると「普世三昧」「普明三昧」「普照三摩地」「普照明三昧」、また〈華厳経〉で「普智三昧」「平等三昧」とあるのが『無量寿経』の普等三昧と類似している。

つぎに、〈後期無量寿経〉願文の特徴として聞名思想があげられる。『無量寿経』(『如来会』も同じ)では、三十四願から三十七願、四十一願から四十五願、および四十七願と四十八願の計十一願文に「聞我名字」「聞我名已」の字句をみることができる。サンスクリット本では一願づつずれているが、私の名を聞いて(mama nāmad-heyaṃ śrutvā)と阿弥陀仏の名を聞くことが各願の中に誓われている。何故、このように聞名が願文において強調されてくることになったのであろうか。もっともこの聞名が説かれるのは願文だけでないことは周知のところである。それは成就文であるし、「東方偈」の中にみることができる。また、親鸞も『行巻』に引用している流通分の文に、

仏語弥勒　其有得聞　彼仏名号　歓喜踊躍　乃至一念　当知此人　為得大利　則是具足　無上功徳

と説かれている。このような聞名重視の背景に私は次のようなことを考えるものである。それは『般舟三昧経』においては三昧の功徳の大きいことが強調されている。一例を示すと、

若有善男子善女人。取是四方上下諸國土。其人所行處。満中珍寶布施與佛。不如聞是三昧。[15]

と説き示し、

若善男子善女人持是三千国土　満其中珍宝施與佛　設有是功徳　不如聞是三昧[16]

と説く。また、〈般若経〉においては、般若波羅蜜を聞くということが強調されている。例えば、『道行般若経』に「若し菩薩あって深般若波羅蜜を聞かば心に恐畏せず、懈怠せず」と。このような三昧を聞く、般若波羅蜜を聞くという教説に刺激されて〈無量寿経〉の特質を表わすために「聞名」が強調されていったのではないかと思考するものである。もちろん、理由はそれだけではないであろう。すでに卑見を述べてきたが、やはり諸異本の思想的展開、すなわち浄土教の独自性が打ち出されていく中で聞名思想が強調されていくと考えれば、浄土教本来の立場があらわれてきていると考えることができる。その本来の立場とは一般の民衆に受け入れやすく、修しやすい教えであったということである。それが聞名という形をとってとくに〈後期無量寿経〉に説かれるということになったと考えられる。[17]

つぎにこの聞名とも関連するのであるが、願文に「不退転」の思想がみられることに注意したい。この「不退転」については仏教一般の実践道において重要な課題の一つであったことはよく知られるところである。[18]そしてそのことは残されている経論釈の記述が物語るところである。したがって、大乗、小乗を問わず広く用いられている

ために、その語義も多様である。しかし、その原語はavaivartika, あるいは、avaivartanīyaであって、その所得の地位から退転、又は退失、或は退堕しないことを意味する。その表現に関するかぎり、極めて消極的であり、また抽象的であることは否みがたい、ともいわれる。[19] しかしそのような理解に対してははなはだ疑問を感ずるものである。

いずれにしても浄土教における不退は、常に浄土往生と関連し、それと離しては語りえないということは言うまでもない。ただ、〈初期無量寿経〉においても阿惟越致の菩薩のことは明かされている。『大阿弥陀経』の第七願文、『平等覚経』の十八願にそのことが誓われているが、いずれも阿惟越致になる条件として家を去り、妻子を捨て愛欲を断じ、沙門となり無為の道に就き、菩薩道を作していくことが前提になっている。しかし、いま〈後期無量寿経〉では、他方仏国における聞名による不退を説くところに大きな思想の展開を認めることができるのである。

なお、本願と言えば生因願を浮かべるほどで研究も多くの先輩によってなされてきた。それで、詳しい考察は省略するが、ただ、『如来会』の生因願（第十八、第十九、第二十の三願）には共通して「所有善根」「善根回向」という語句がみられる。また、十八願成就文にも説かれている。これは『如来会』の一つの特徴であるが、先哲はこれを次のように説明されている。[20]『如来会』は独立の経典でなく、『大宝積経』の一部分として収められていることと関連して考えるのがよいかと思う、と述べられている。ただ、一つ考えられることは、『如来会』の原典に、もし現存するサンスクリット本の「わたくしの名を聞いて、それを聞くことにともなう善根によって」（mama nāmadheyaṃ śrutvā tacchravaṇasahagatena kuśalamūlena）と同一の文があったとするならば、当然複数の願文に同じ文があったと考えられる。その原典を翻訳するのであるから第十八願に「所有善根」が入った可能性も否定できないであろう。あるいは、時代的な背景を考えるなら、聞名思想が強調されすぎてあまりにも浄土教の独自性が強く、囲りに配慮して善根回向という語を三願に示したということも考えられるのではなかろうか。

いま一つ願文の中で『大阿弥陀経』二十四願において、「阿弥陀仏の光明を見る」という表現になっているが、〈後期無量寿経〉では光を「蒙る」「遇う」ということばに変わり、ここに仏とどのように対するか、その違いが知られてくるのも興味深い。

『無量寿経』三十三願には、

設我得仏　十方無量不可思議　諸仏世界衆生之類　蒙我光明　触其體者　身心柔軟　超過人天　若不爾者　不取正覚(21)

と述べ、その成就文には、

其有衆生遇斯光者　三垢消滅　身意柔軟　歓喜踊躍　善心生焉　若在三塗勤苦之処(22)

と説かれている。ここに、光明の慈悲の面を感じることができる。〈初期無量寿経〉が智慧の光明を述べるに対するものである。

(四)

願文の数が二十四から四十八へと倍増したことにはどのようなことが考えられるのであろうか。あるいは一つの説明では対応できないかもしれない。いくつかの要因が重なり合って展開しているというべきかもしれない。それはともかく、従来のこの問題にかかわる見解をいくつかとりあげ、検討を試みることにしたい。最初にある仏教学者の見解である。

法蔵菩薩の立てた誓願においても、『大阿』の二十四願に対して『無量寿経』では四十八願に倍増しており、それは、素朴、未熟なものから発展、成熟への過程として解されているが、しかし、内容を精査するとき継承、発展ではなく、別のものに変質しているのではなかろうか。(23)

と言われるものである。ここに、二十四願から四十八願への展開が説明されるが、首肯しがたい内容である。ともかく、四十八願は二十四願を継承していることはすでに製作されている願文の「対照表」をみるだけで明らかである。いま、二十四願のうち四十八願にうけつがれている願文をあげてみると、『大阿』の第八願（不更悪道）は『無量寿経』の第二願へ、第二十二願（宿命徹知）は第五願へ、第十願（予想知意）は第八願へ、第二十四願（光明絶勝、冥光明来迎）は十二願へ、第十九願（寿命無量）は十三願へ、第二十願（菩薩阿羅漢無数）は十四願へ、第二十一願（菩薩阿羅漢長寿）は十五願へ、第四願（諸仏讃説、聞名歓喜来生）は十七・十八願へ、第七願（臨終来迎）は十九願へ、第五願（悔過作善願生）は二十願へ、第十五願（三十二相）は二十一願へ、第十三願（供養諸仏）は二十三願、二十四願へ、第十六願（説経如仏）は二十五願へ、第二願（転女成男蓮華化生）は三十五願へそれぞれ受けつがれているのである。これだけみても継承されていないとは言い得ないことが明らかである。また、最近の発表(24)であるが、

同じ二十四願経でありながら『大阿』と『覚経』とは願文の配列順序が全く異なっている。これが同一の経典の異訳とは到底思えないほどである。

とされるが、これも先の論考と類似するものであり、同一経典の異訳とは考えられないほどであると、順序からだけで、主張されることには賛同しかねるものがある。ただ、同一論者が願文の初期から後期へと一本線のように単純から複雑に増広発展したものではなく、願文の内容は移動や増広や減少を繰り返している、と述べられるところはその通りだと思う。いずれにしても、同じ経典の異訳の中での願文拡大、展開という流れの中で考えていくことにする。

さて、私は本願の数が二十四から四十八に増加したのはなぜか、そこには何かそう変化せざるをえなかった内面的な理由があったのではないかと考えていたとき、一つの論考に出会った。それは柴田泰氏の次のような論考(25)であった。

単に少数の願文から複雑で多数の願文へと移行したということにとどまらず、自己の有限性を認知し相対的有限的此土から理想的浄土へと求めざるをえないような衆生の願いが浄土を益々荘厳し展開させるという人間の内的要因の必然的過程が強く推察される。

と述べておられ、傾聴すべき論考であるといえる。だから、ただ外面的な理由のみによって本願の数が増えたというのであれば、経典のこころを無視することになりはしないかと思われるのである。そこには経典が編纂された原点に立ち返って考えなくてはならないという含みがある。

いま、四十八願をすでに述べた阿閦仏の本願と比較したとき、利他の願で一貫していることは明らかである。ただ第十二願、第十三願は阿弥陀仏自身の自利の願と言われるかもしれない。しかし、われわれは阿弥陀仏の本願に救われて光明無量、寿命無量の弥陀同体の覚りを開くのであるから、阿弥陀仏の本願がそのまま衆生の本願となり、全て利他の本願ということがいえる。その点、阿閦仏の本願と根本的に相違するところである。それは、〈無量寿経〉という経典がすべての衆生の救いを説く経典であるということであり、第十八願の十方衆生と言うことばにあらわれている。

ここで一言、所誓の対象について述べておきたい。それは、願文によって十方衆生と言いながら菩薩を対象に説かれているからである。これは sattva と bodhisattva の違いである。はっきり断定できる文献にも出会っていないが、恐らく二つの語は当時同じ意味に考えられていたのではないかと思っている。したがって菩薩を所誓の対象にするといっても衆生に呼びかけた本願であると理解すべきであろう。ともかく、一切の衆生が救済の対象であるということと願文が増広するということとは無関係ではないと思うのである。

増広された願文をみると往生した者の徳に関する願文が多いことに注意しなければならない。これは救済されるということがどういう事態であるかということに大きな関心が集っていたと考えることができるのである。

ただ、浄土に関する願文が極めて少ないのも若干気になるところである。すでに述べられているように、(26)〈初期無量寿経〉の段階から傾向は同じで『大阿弥陀経』では第三願（国土七宝、資具自然）の一願だけである。『無量寿経』では第三十一願（国土清浄）と第三十二願（国土荘厳）の二願である。サンスクリット本では第三十願、第三十一願に誓われている。このように少い浄土に関する願であるが、浄土に生れた者に関する願と一体に考えなければならないであろう。したがって、浄土に生まれた聖衆の徳が多く誓われていることは浄土をさとりの世界と表しているとみることができるのである。

ところで、願文の拡大、発展をこのようにはみない見解もある。例えば、願数に異同を生ぜしめる最も重要な要素となっているのは、経典を成立せしめた地域、あるいは場所的な相違ではないかとみる説である。それは、社会の状況が願文に反映しているとみる立場である。[27]と、たしかに場所的な違いということは考えられるかもしれない。例えば、諸本に出てくる植物名の違いにもそのことを読みとることができるといえなくはないからである。実際にサンスクリット本では、風によって多くの花が地に落ち、その花の柔らかく感触のいい状態をカーチャリンディカ（kācalindika）布のようであるといい、『荘厳経』には同じく「迦隣那」と音訳語が用いられ、『如来会』には「其花微妙廣大柔軟如兜羅綿（tūlapicu）」とでている。このような違いがみられるが、これだけではもちろん成立地の違いを判断することはできない。いずれにしても、それぞれの原典はほぼ同じ地域、少しづつ年代がずれて成立したものと想定されるのである。

さて、本願の思想が発展していく過程で、その頃の社会的、風土的な欠乏や要求を投影し反映しているということに対して、それを全く否定することはできないであろう。例えば、第三願の悉皆金色、第四願の無有好醜、第三十五願の転女成男、第三十八願の衣服随念などいずれも心理的、社会学的な何事かを反映しているとみるべきだと言えるからである。ただ、そのように言ってしまって、本願説話に現れている本願の条項の一々が人間的な欲望や社会的欠乏の投影にすぎないということになれば、本願の宗教的な意味が失われることになり、したがって、経典そのものの存在意義が失われてしまうことになるといえよう。したがって、願文以外、例えば〈初期無量寿経〉と『無量寿経』のみにみられる「五悪段」についても、ただ西北インドの悲惨な状況を写し出すものである、と言ってしまうならば、五悪段の宗教的意味を失ってしまうことになる。

佐藤賢順氏は「本願の条項の一々が人間的欲望の表現にすぎないとすれば、それはただの自然科学的取り扱いに終ってしまって、この説話が長い歴史の風雪に堪えて伝承しつづけられた本質を見ることができないものである。」と述べるのである。(28) そこで、われわれは「重誓偈」の冒頭の文に注意してみたいと思う。そこには「我超世の願を建つ、必らず無上道に至らん」とある。ここに超世の意味を本願の内容としてとり入れなければならない。この「超」の文字については、十二光の中に「超日月光」とでてくるし、「名聲超十方」あるいは「超出常倫諸地之行」などとみられる。現実肯定からは出てこない文字である。ということは、一見願文のなかに欲望肯定的に示される内容も一応この現実世界に即して述べられているが、それは否定、超越されていくものとかんがえられなければならない。

いま、この「超世の願」とあるとことを他の異本ではどのように示されているだろうか。サンスクリット本では、

もしも、実に「わたくしが」覚りを得たときに、このようにすぐれた（viśiṣṭa）これらの最勝の誓願がわたくしにないならば…(29)

とあり、ここにすぐれた、最勝の誓願が『無量寿経』の超世にあたる。また、四十八願が終ったところに、

さて、アーナンダよ、かのダルマーカラ比丘は、このようなこれらの特別な諸誓願を述べたのち（evaṃrūpān praṇidhānaviśeṣān nirdiśya）そのとき、仏の威力によってこれらの詩句を説いた。(30)

と、ここでは特別のという語によって本願があらわされている。なお、この文にあたる『如来会』には「殊勝の願」とあり、『無量寿経』には「無量の大願」を記す。

以上、二十四願から四十八願へと拡大、展開したことについて述べてきたが、救われていく浄土の世界、及び救いの内容（それは往生した者がどのような徳をそなえるか）ということに関心が向けられていたと思われるのであ

る。その過程で、世間的なものを利用して表そうとすることは当然ありうることである。けれども世間的な表現をそのまま肯定するのではなく、否定、超越という方向をとらなければ、経典があらわそうとする究極的真実の世界、またそこに至る道はあらわれてこないというべきであろう。

いま、ふり返って四十八願に〈初期無量寿経〉に認められなかった願文をあげてみると、それらは他方国土に関するものであるが、すでに指摘されているように、(33) 燭光柔軟、(34) 聞名得忍、(35) 常修梵行、(37) 人天致敬、(41) 諸根具足、(42) 住定供仏、(43) 生尊貴家、(44) 具足徳本、(45) 住定見仏、(47) 得不退転、(48) 得三法忍の十一願である。わたくしは、この中に第二十二願も含めたい。たしかに、「対照表」によれば『平等覚経』の第二十願は部分的に第二十二願に対応しているが、全体としてみるならば『無量寿経』の第二十二願は新しく増広された願文とみなしてよいと思われるからである。だとすると光の第十一願に第二十二願を加えて第十二願が新規に追加されることになる。それらの願文をみるならば、往生した者にそなわる徳、あるいは利益であってさとりに向う姿があらわれているのである。〈初期無量寿経〉の二十四願ではとくに『大阿弥陀経』のばあい、道徳的内容の願文がいくつかみられた。第十一願では、

使某作仏時　令我国中　諸菩薩阿羅漢　皆無有淫泆之心終無念婦女意　終無有瞋怒愚痴者　得是願乃作仏　不得是願終不作仏[31]

といい第十二願においては、

使某作仏時　令我国中　諸菩薩阿羅漢　皆令心相敬愛　終無相嫉憎者　得是願乃作仏　不得是願終不作仏[32]

と明かしている。ただこの二つの願文は『大阿弥陀経』のみに認められるもので、他の諸本には受けつがれていな

い。

　ともかく、願文が拡大、展開したのは経典自体が浄土教の本質を明らかにすべく〈初期無量寿経〉から〈後期無量寿経〉へと内容を変えていったということである。

(五)

法蔵菩薩の誓願や極楽世界の荘厳の背景に考えられるのが「浄仏国土」の思想であると言われる。したがって、本願の数が二十四から四十八に拡大したのはその背景に「浄仏国土」の思想が影響しているのではないかと考えられる。まず、浄仏国土という思想について、先学の説明を聞いてみることにしよう。藤田宏達博士は、

　浄仏国土とは、大乗の菩薩たちが、それぞれ未来に仏となるとき、自己の出現すべき国土を清浄化することをいう。国土を清浄化するということは、その国土を形づくっている衆生を安穏に清浄の道に入らしめること、すなわち、仏道を完成せしめることを意味するものであるから、大乗菩薩の自利利他の志願を達成することであり、菩薩道の理想を実現することを意味する。したがって、これは大乗仏教の根本精神をあらわしたものにほかならない。(33)


と述べられる。このような説明から浄仏国土の思想は大乗仏教の根幹をなす思想だと言えるのである。われわれは、この思想と願文増広との間に関係があるのではないかと考えるのである。

　ところで、この浄仏国土という表現をサンスクリット本に求めてみると、わずか二例を見いだしうるにすぎない。

一つは、「讃仏偈」に、そして〔涅槃に達しない〕衆生がいなくなるまで、こ〔の国土〕を〔わたくしは〕清浄にしよう。（tac ca asattvatayā viśodhayiṣye）ともう一個所は法蔵菩薩修行の一段で、「このような仏国土の清浄と仏国土の威徳と仏国土の広大さとを達成して」（evaṃrūpāṃ buddhakṣetrapariśuddhiṁ buddhakṣetramāhāt-myaṁ buddhakṣetrodāratāṁ samudānayan）と述べる二個所である。このように直接pariśuddhiを伴うばあいと、他の語によっても浄仏国土の思想をあらわすばあいがある。「東方偈」の直前に、「これら仏国土の功徳の厳飾と荘厳の特別な成就を見るために」（tāṃś ca buddhakṣetraguṇālaṃkāravyūhasaṁpadviśeṣān draṣṭum）という表現も浄仏国土の思想を表すものとみてよかろう。仏国土が厳飾、荘厳されるということはそれが浄仏国土に通じると思われるからである。また、このような文は「重誓偈」が終わったあとにもみられる。それは、

わたくしが、仏国土の功徳の荘厳の成就をおさめとることができますように、それらの様相を、世尊はわたくしのために称讃してください

とある。こういう表現は外にもよくみられるところであり、pariśuddhiがわずか二カ所しか出てこないので浄仏国土の思想が薄いということにはならないと思う。[34]〈初期無量寿経〉にまったく浄仏国土の表現がないことから、本来なかったものであると考えるべきであるし、〈後期無量寿経〉のばあいでもそれほど積極的に用いられているとは思われない、との指摘もあるが、むしろ〈後期無量寿経〉では積極的に表現されているように思われるのである。『如来会』、『無量寿経』の法蔵菩薩修行の一段にはそれぞれ、

如実安住種種功徳。具足荘厳威徳広大清浄仏土。

と解き明かし、また、

一向専志　荘厳妙土　所修仏国　恢廓広大　超勝独妙

と述べられている。なお、同じ個所で『荘厳経』では「修習無量功徳、荘厳仏刹入三摩地」と示されている。ともかく、〈初期無量寿経〉ではほとんど、あるいは全くといってよいほどみられなかった「浄仏国土」の思想が〈後期無量寿経〉では積極的にあらわれているということである。このことが四十八願へ増広されていった背景に考えることができると思われるのである。

ところで、荘厳（vyūha）ということばも重要な意味をもつものである。すでに論じられているように、『華厳経』の原典がGaṇḍa-vyūhaといわれ、またそう名づくる一章が現存しているが、無量寿経、阿弥陀経の原名がSukhāvatī-vyūhaであり、ともにvyūhaの文字が付せられている。その「荘厳」に注目した天親が『浄土論』で浄土の三厳二十九種の荘厳功徳に重点をおいて無量寿経ウパデーシャを展開している。そして「この三種の成就は願心を以て荘厳せり」と、浄土が如来の願心によって荘厳されているといわれる。大乗仏教経典の成立と展開の環域にあってvyūhaという語がきわめて重要な意味をもって使われたことを意味している、と非常に重要なことが指摘されていると思われる。そこで、〈無量寿経〉における「荘厳」についてみると、『無量寿経』では十五の用例がみられる。そして経典全体のなかで荘厳の語がどの部分に集中しているか注意してみると願文の前後にまとまっているということである。このことは荘厳の意義を考えていく上で重要な意味をもっているといえそうである。すなわち荘厳の語義が本願と密接な関係にある、というよりも本願の内容として、あるいは具体的なあらわれとして意義づけることができるように思われるからである。いま、用例の中から三文をあげてみると、

㈠我当修行摂取仏国清浄荘厳無量妙土

㈢具足五劫思惟摂取荘厳仏国清浄之行
㈣我已摂取荘厳仏土清浄之行

これらの文中の荘厳はそれ自身が説明されたり規定されているわけではないが、摂取するという語との関係がみられる。これは仏国を荘厳することの全体にかかることばとして注目しなければならないと思うのである。ところで、摂取と漢訳される原語 parigṛhṇiya は、企画する、実行するという意味であるが、仏国土の功徳の荘厳成就によって、苦悩を続ける衆生を救いたいというこころが起こってくる、その心の動きを示すとすれば、荘厳仏国の荘厳もおのづから動的な意を持った語として味わわれてくることになる。法蔵修行の一段では「以大荘厳具足修行令諸衆生功徳成就」といい、大荘厳によって衆生に功徳を成就せしめるという利他のこころが働いている。同時にまた、もろもろの行を具することが荘厳の内容とするのだから、菩薩行こそ荘厳するということの意に外ならないといってよいだろう。

なお『如来会』の荘厳の用例は九例、『荘厳経』のばあいは十七例を数える。とくに、前者のばあいは、荘厳と清浄という語の関係が密接であるところに特徴をうかがうことができる。このことは、〈無量寿経〉諸本の中でも最も大乗仏教の立場を表していると言えると思われる。それは清浄ということばが述べてきた浄仏国土の思想をあらわすものと考えられるからである。他の諸本にはみられない「大乗」という語、あるいは「不退転」を説くことしばしばであることも注意しなければならない。

なお、願文に直接清浄という語がみられるかというと、〈初期無量寿経〉にはみられないが、〈後期無量寿経〉では『如来会』には、生因願（十九願）の中に清浄念とあり、三十七願には「以清浄心修菩薩行」、四十四願には

「清浄歓喜得平等住具諸善根」と清浄の語を確認できる。つぎに、〈後期無量寿経〉の願文にしばしばみられる「不可思議」を取り上げなければならない。(35) 具体的に願文で言うと、『無量寿経』では、第三十三願から第三十七願の各願に、また、第四十二願、第四十五願の計七願に、『如来会』には、第三十一願、第三十三願から第三十六願の各願、第四十二願の諸願には「不可思議」の語がみられるのである。これをサンスクリット本によってみると、本願を誓う直前に、

> それでは、世尊はわたくしの〔ことば〕をお聞きください。それは、わたくしの特別な諸誓願であります。この〔諸誓願〕のとおり、わたくしが無上なる正等覚をさとったとき、かの仏国土は不思議（acintya）な功徳の厳飾と荘厳をそなえたものとなるでありましょう。(36)

の文中に、さらには法蔵修行の一段などに「不可思議」の語を見出すことができる。右の文によって「不可思議」が荘厳と関係づけられる語であることが分かるし、何が不可思議か問うとき功徳が不可思議であるということもはっきり知ることができる。また、極楽の描写のなかで、極楽世界に種々さまざまの河が流れ、かぐわしい香りのある水の流れている、という箇所があるが、そこに、

> 不可思議な寂静（acintyśāntam）であり、無我であると楽しく聞かれうる〔響き〕が流れ出るという。(37)

ここに「不可思議」が寂静をあらわすことばとして示されている点に留意したい。それは不可思議がさとりそのもの、また阿弥陀仏および浄土をあらわしているといえるのである。

このように不可思議の語句が新しく増広された願文の中にみられるということは、阿弥陀仏、浄土がさとりの世界と考えられていったことを示していると考えることができる。〈初期無量寿経〉には全く願文はじめ全体をみて

も「不可思議」という文字はみられない。浄土が仏道修行の道場であったり、阿弥陀仏が教授される講堂、精舎、あるいは欲池がみられたり、百味の飲食が出てくるというのは、いかにも現実延長の上に浄土が考えられていたといえよう。これは、最初に示した『阿閦仏国経』、とくに願文の上において類似するところがあるという見方にもつながっていくことになろう。ただ、『阿閦仏国経』の願文と〈無量寿経〉とくに『大阿弥陀経』の願文の関係をどのように見ていくかは今後検討を加えていく必要があろう。

いずれにしても、大乗仏教の根幹をなすともいえる「浄仏国土」の思想及びそれを表す「荘厳」、「清浄」、「不可思議」の語が〈後期無量寿経〉とくに四十八願系の諸本に顕著にあらわれることに注目しなければならない。そして、第二十四願から第四十八願に拡大、展開したのは、大乗経典、とくに〈般若経〉、〈華厳経〉、〈法華経〉などの影響を受け、さとりの世界とそこに生れた者がどのような徳をそなえていくかということへの関心が四十八願へと展開する要因と考えることができよう。したがって社会的状況あるいは欲望の投影だという見方は経典編纂者には全くないとは言えないが、考えられるほどではなかったと言いたい。

註

（1）佐藤直実『蔵漢訳阿閦仏国経研究』一一〇頁、平成二〇年
（2）宇治谷祐顕「『悲華経』の研究」、昭和四四年
（3）香川孝雄「本願思想の源流」（『日仏年報』六〇号）、平成七年。藤田宏達『浄土三部経の研究』平成十九年参照。
（4）藤田宏達『原始浄土思想の研究』（岩波書店）四〇二頁、昭和四十五年
（5）『大正蔵』十二巻、三〇二頁中

（6）『大正蔵』十二巻、三〇一頁上
（7）『大正蔵』十二巻、三〇三頁中
（8）『大正蔵』十二巻、二八八頁上
（9）藤田宏達訳『新訂梵文和訳無量寿経・阿弥陀経』一三一頁
（10）藤田宏達『原始浄土思想の研究』三七九頁
（11）『大正蔵』十二巻、三〇二頁上
（12）朝山幸彦「『大阿弥陀経』と五事（その一）」（『北海道教育大学紀要』三三の一）
（13）『大正蔵』十二巻、三〇一頁下
（14）平川彰『初期大乗仏教の研究』三一九頁、昭和四十三年
（15）『大正蔵』十三巻、九一七頁中
（16）『大正蔵』十三巻、九〇七頁中
（17）拙著『増訂無量寿経の研究—思想と展開—』二五九—二七四頁、平成十二年
（18）この大乗の不退の思想についてその起源を原始仏教のなかに見出すことができるとして舟橋一哉氏は次のように述べる。「原始仏教で預流を語るときの常套句に「預流の者、不堕法の者、次定せる者、等覚に向える者」という言い方がある。これらのなかで「不堕法の者（a-vinipāta-dhamma)とあるのは、後に不退転という言葉が生まれてくる、そのもとではないかと思われる、と。（『曇鸞の浄土論註』昭和四十七年）。これに対しては問題の指摘もあるが、最近、真宗連合学会大会で、井上尚実氏が預流（sota-āpanna）の原義を問い直し、「現生正定聚」と同じあり方を表す用語であることを発表された。
（19）藤原了然「浄土宗義における不退論考」（仏教大学紀要三五）
（20）池本重臣『大無量寿経の教理史的研究』三三一頁、昭和三十三年
（21）『大正蔵』十二巻、二八六頁下
（22）同右　二七〇頁中
（23）苅谷定彦「『大阿弥陀経』から『無量寿経』へ—生因願を中心として—」（『渡辺隆生還暦記念論集佛教思想文化

史論叢』）平成九年
(24) 高橋審也「無量寿経の成立と展開」（『経典とは何か㈡』日本仏教学会編、平成二十四年
(25) 柴田泰「無量寿経本願の一考察」（『札幌大谷短期大学紀要』一巻）
(26) 藤田宏達氏は、〈無量寿経〉の諸本を通じて本願文の後には仏と国土の荘厳が詳しく説かれているにもかかわらず、それに対応する本願文が極めて少ないのは、もともと本願文の部分が仏と国土の荘厳の部分とはかなり異った視点からまとめられた経緯を物語っているといわれる。
(27) 賀幡亮俊「無量寿経諸本における本願について」（『浄土宗学研究』第二号）
(28) 佐藤賢順『宗教の論理と表現』二七八頁、昭和三十七年
(29) 藤田訳　八九頁
(30) 同右
(31) 『大正蔵』十二巻、三〇一頁下
(32) 同右
(33) 藤田宏達『原始浄土思想の研究』五〇九頁
(34) 宮下晴輝「菩薩道の基底をなす仏土」（『教化研究』九八号）
(35) 澤田謙照「無量寿経における acintya（不可思議）と vyūha（荘厳）の語の思想について」（『藤原弘道先生古稀記念史学仏教学論集』）
(36) 藤田訳　七三頁
(37) 同右　一一三頁

『大阿弥陀経』における阿弥陀仏国の考察

佐々木大悟

『大阿弥陀経』の阿弥陀仏国（須摩題）をそれ自身で眺めていくと、後の諸無量寿経類を中心とする阿弥陀仏国（極楽・安養）と異なる要素をいくつか抽出することができる。阿弥陀仏国の描写には変遷があり、その変遷を辿るために、まず押さえなければならないのは、最古の翻訳である『大阿弥陀経』では阿弥陀仏国はどうであったのかということである。この問題に関していくつかの観点から考察していく。本論文では阿弥陀仏の国土に対して「浄土」ではなく、主に「阿弥陀仏国」という表現を使用していく。

一、『大阿弥陀経』の阿弥陀仏国の荘厳の特徴

『大阿弥陀経』では阿弥陀の国に「須摩題」という固有名が付されている。この「須摩題」という音写語は、サンスクリットからの直接の音写でないとして、言語面からのアプローチがなされている。藤田宏達氏（以下、注などでは敬称を略する）は、

これはSukhāvatīのガンダーラ語（Gāndhārī）もしくはこれに近い俗語を写しとったものと推定される。[1]

と述べている。辛嶋静志氏は

　これらのことから、阿弥陀仏国の名前は、初期の段階では、Suhāmatī（あるいはmadī）、Su'āmatī（あるいはmadī）、Suhāvatī（あるいはvadī）、Su'āvatī（あるいはvadī）とあったと推定される。[2]

と述べており、『大阿弥陀経』のそのもとにあった言語の追求も行われている。

〈無量寿経〉において、その須摩題（阿弥陀仏国）の描写は様々であり、それぞれの段階で異なっている。『大阿弥陀経』を含め、「初期無量寿経」[3]だけにしかない描写が見られる。香川孝雄氏や藤田宏達氏[4]は、その問題を取り扱っている。それらは『無量寿経』を中心とした順番で示されていたが、以下では、『大阿弥陀経』の阿弥陀仏国の特徴について書かれているものをピックアップし、その描写について『大阿弥陀経』の説示順に箇条書きで示す。[5]全体では四八項目となった。

1. 須摩題（極楽）は西方、ここを去ること十万億須弥山仏国にある。
2. 国土は自然七宝よりなり、広々としている。
3. 須弥山などの山や大小の海や川・暗いところがなく、七宝の地は平である。
4. 地獄・畜生・餓鬼・蜎飛蠕動之類・阿修羅・龍・鬼神がいない。
5. 春夏秋冬がなく、大寒も大熱もなく、つねに気候がいい。
6. 自然万種の物・百味の飲食が第六天のように自然に現れ、必要がなくなれば自然に消える。
7. すべては菩薩・阿羅漢で女性はおらず、女性は往生すれば化して男子になる。

8．菩薩・阿羅漢たちは天眼通など様々な神通力をもち、みな善（道善）を求める。
9．菩薩や阿羅漢たちは、端正であり、醜いものはいない。
10．衣は自然の衣である。
11．心の中ではさとりを念じ、また相手の語ることをあらかじめ知る。
12．常に正しいことを語り、教えを語り、他の悪を語らず、声は三百の鐘のようである。
13．相手を敬愛し、他人に対して礼や仁や義をもって接する。
14．心は清らかであり怒りや貪欲や愚痴の心がなく、智慧があり、三世の善悪の業を知る。
15．阿弥陀仏が教えを説く講堂は七宝でできており、それはまた七宝の楼観・欄楯をもっている。
16．菩薩・阿羅漢の住居も七宝でできており、それらもまた七宝の楼観・欄楯をもっている。
17．阿弥陀仏や菩薩・阿羅漢の住居の内外に様々な大きさの七宝でできた池がある。
18．それらの池には種々の色や香りをもった花があり、また水が流れ、五音声を響かせる。
19．阿弥陀仏国に生じるものは、みな自然虚無之身・無極之体を受ける。
20．阿弥陀仏や菩薩・阿羅漢の浴池のほとりには、七宝でできた樹があり、五音声を響かせる。
21．阿弥陀仏国には万種の自然に生じる音楽がある。
22．阿弥陀仏や菩薩や阿羅漢は七宝の池の中で自在に沐浴できる。
23．菩薩や阿羅漢たちは自在に教えや音楽を聞き、華の香を嗅ぐことができる。
24．菩薩や阿羅漢は地上や空中で行道し、それぞれの修行の果を得ることができる。

25. 菩薩たちは自然に現れた万種の供養物によって自在に十方の仏を供養することができる。
26. 諸天人も自然に現れた万種の供養物によって菩薩や阿羅漢を供養する。
27. 阿弥陀仏や菩薩・阿羅漢が食事をする時、七宝でできた机や敷物や鉢が現れ、食時が終わると消える。
28. 阿弥陀仏が教えを説く時、数え切れない菩薩・阿羅漢・諸天人民が飛んできて、教えを聞く。
29. 自然の風が七宝樹を吹いて、阿弥陀仏と菩薩・阿羅漢の上に華を散らす。
30. 諸天人も種々の供養物によって阿弥陀仏と菩薩・阿羅漢を供養し、また伎楽で楽しませる。
31. 十方から無数の菩薩が飛来し、教えを聞いて歓喜し、また去っていく。
32. 阿弥陀仏が教えを説いたとき、菩薩や阿羅漢たちはそれぞれの願った通りの修行の果を得ることができる。
33. 菩薩や阿羅漢たちで経を読むものは、三百の鐘の音のようであるし、教えを説くものは暴風雨のようである。
34. 菩薩や阿羅漢たちは智慧があり勇敢で、体が軽やかで、痛み・痒み・疲れを感じない。
35. 阿弥陀仏国では完全な涅槃を遂げる阿羅漢は無数にいるが、新たに阿羅漢道を得るものもおり、増減がない。
36. 菩薩や阿羅漢たちの住居は大きくしたり、高くしたりしようと思うなら、自由自在に思いどおりになる。
37. 菩薩や阿羅漢たちは天眼通・天耳通・宿命通・他心通をもつ。
38. 菩薩や阿羅漢たちはさまざまな大きさの光明をもつ。
39. 菩薩たちの中で、最も優れているのは盧樓亘菩薩（観音）と摩訶那鉢菩薩（勢至）である。
40. 阿弥陀仏の光明によって日・月・星が止まるため、阿弥陀仏の国土は無数劫続き、仏の寿命も極長である。
41. 阿弥陀仏は般涅槃すると観音菩薩が後をついで仏になり、続いて勢至菩薩が仏になる。

42. 阿弥陀仏国の四天王天・忉利天は、仏の威神力によって空中に浮かんでいる。
43. 上輩・中輩・下輩をはじめとした様々なものが阿弥陀仏国に往生する。
44. 中輩・下輩のうちの不信のまま往生を願ったものは、界辺の七宝城に往生する。
45. 阿弥陀仏国に往生したものたちは、七宝の池の大蓮華に坐り、過去に行った道徳や善業について語る。
46. 阿弥陀仏国の菩薩や阿羅漢たちは様々な徳を備えており、精進し道を求める。
47. 阿弥陀仏国は光り輝き、五色から九色、そして様々に変化して輝く。
48. 阿弥陀仏国では寿命を一劫でも十劫でも、願えばその通りの寿命になる。

これらは阿闍世王太子の授記を説く段の直後に位置する。基本的には、きらびやかな極楽浄土の環境世界が説かれ、思いどおりに欲しいものを得られること、すなわち「自然」の様子が描かれているということができる（次項で考察）。また、阿弥陀仏国における出家の理想的な日常生活が描かれるため、律文献とも関連のある用語や文章が出てくる（第五項で考察）。また、阿弥陀仏国の衆生には天や人がいるが、基本的に菩薩・阿羅漢という主体を中心に語られるのも特徴的である。これらの描写の中には、女人が男子になることや、阿弥陀仏が般涅槃する様子など、特に、『大阿弥陀経』（または『大阿弥陀経』と『平等覚経』）にしかなく、かつ、後に消えていく独自の描写も見られる。(6)

二、特に「自然」について

『大阿弥陀経』の阿弥陀仏国土を考えるにあたって、「自然」という言葉がキーワードになってくるため、ここで特に取り上げる。(過去に十分考察されているため、それらと内容的に重複のあるものは省略する。)

森三樹三郎氏によれば、「自然」という言葉は『大阿弥陀経』に一四六回出る。[7] そして須摩題で語る場合(前半)と、娑婆世界で語る場合と二つに分けて考察している。森氏は「特にその前半部に集中して現れるおびただしい「自然」の語の大部分は、これを「自動的に」ないし「自生的に」と訳して差し支えないものである。[8]」としている。

また末木文美士氏[9]はすべての用例に通し番号をつけて詳細に考察している(末木氏によれば「自然」は一四七回[10]出る)。須摩題(極楽)と娑婆以外に阿弥陀仏国の辺土・他方仏国・諸天に関するものと合計五つに分けて分析している。そのうち「須摩題＝阿弥陀仏国に関するもの」が本論文では関連するものであるが、末木氏はそれらをまとめて、

①作為せずに思いのままになる自由の境地であり、第六天に喩えられる。
②天を含めた世間的な因果法則を超越し、「化生」「化去」といわれる。
③その境地は「無為自然」など道家的な表現で表わされる。
④この「自然」の根拠となるのは、阿弥陀仏の本願と、往生する衆生の善行である。[11]

と分析している。ここでは『大阿弥陀経』の阿弥陀仏国の「自然」について、これらの考察に順じる。

ただし、『大阿弥陀経』には自然という言葉を使わずに、同様の思想を別の言葉で表わしている箇所も存在する。その「自然」という言葉に関連の強い単語として、例えば以下のものがある。

佛言「阿彌陀佛國諸菩薩・阿羅漢所居七寶舍宅中有在虛空中者・有在地者。中有欲令舍宅最高者、舍宅卽高。中有欲令舍宅最大者、舍宅即大。中有欲令舍宅在虛空中者、舍宅卽在虛空中。皆自然隨意在所作爲。

（三〇八a二〇、傍線・改行は著者、以下同じ）

仏は仰った。「阿弥陀仏の菩薩・阿羅漢の七宝の住所には、空中にあるものも地上にあるものもある。（菩薩・阿羅漢の）中で、住居が最も高いことを望むものがいれば、住居は高く、住居が最も大きいことを望む者がいれば、住居は大きい。住居が空中にあることを望む者がいれば、住居は空中に浮かぶ。すべて自由自在、彼らの思うがままである。[12]

ここでは、最後に「自然隨意在所作爲」とまとめているが、この「隨意」（あるいは「随心」「在意」「在心」）という表現はこの阿弥陀仏国の描写で多用される（回数としては「隨心」は三回、「隨意」は一四回、「在心」は三回、「在意」は三回）。「自然（自性的に）」と関連の強い言葉である。

さらに、「自然」ということで言えば、阿弥陀仏国の世界全体がメタレベルで「自然」ということを表していると言うことができる。末木氏も指摘するとおり、[13]阿弥陀仏国は全体的にも「自然」の様子を語っているため、たとえ「自然」という表記がなくても、内容的には「自然」を語っていると考えられる箇所が見られる。例えば、阿弥

陀仏国の描写で、

諸菩薩・阿羅漢中有但欲聞經者、中有但欲聞音樂者、中有但欲聞華香者。有不欲聞經者、有不欲聞音樂聲者、有不欲聞華香者。其所欲聞者、輒卽獨聞之、不欲聞者、則獨不聞、隨意所欲喜樂、不違其願也。

（三〇五c一七）。

菩薩・阿羅漢の中には、経だけを聞きたいものもいるし、音楽だけを聴きたいものもいるし、花の香りだけを嗅ぎたいものもいるし、経を聞きたいと思わないものもいるし、音楽の音を聞きたいと思わないものもいるし、花の香りを嗅ぎたいと思わないものもいる。聞いたり嗅いだりしたい物があれば、すぐさまその人だけに聞こえ香ってくる。聞いたり嗅いだりしたくなければ、その人にだけ声も香りもとどかない。すべて（人々の）思うがままであり、願いにたがうことはない[14]。

とある。ここには「自然」という言葉は直接的には一度も出てきていない（ただし「隨意」という語は出ている）が、その思想内容は一言で言えば「自然」の思想を表わしている。次の記述も同様である。

阿彌陀佛及諸菩薩・阿羅漢欲浴時、便各自可入其七寶池中浴。諸菩薩・阿羅漢意欲令水沒足、水卽沒足。意欲令水至膝、水卽至膝。意欲令水至腰、水卽至腰。意欲令水至腋、水卽至腋。意欲令水至頸、水卽至頸。意欲令水自灌身上、水卽自灌身上。意欲令水還復如故、水卽還復如故。恣若隨意所欲好喜。

（三〇五b二五）。

ここでは、沐浴のときに水が腰までくるようにと思えば、水がそのとおりの高さにまでなる、などの様子が述べられる。文面上は「自然」という表記は出ていないが、思想としては「自然」（自生的に）と同様の思想を表わしているということができる。

また、末木氏も指摘しているように[15]、下巻にある「辺地の七宝城」の箇所では、

其城廣縱各二千里。城中亦有七寶舍宅、中外内皆有七寶浴池。浴池中亦有自然華香、繞浴池上亦有七寶樹重行、亦皆復作五音聲。其欲飯食時、前有自然食。

（三一〇b一〇）

とあり、阿弥陀仏国だけでなくその辺地にある「七宝の城」についての描写[16]においても「自然」という表現が使用されている。

また、先に確認したように、『大阿弥陀経』では「自然」という単語は、天の様子を表現する際にも使用されている。

前有自然食。具百味飲食。在所欲得、應意皆至。其人於城中、亦快樂。其城中比如第二忉利天上自然之物。

（三一〇b一四）

と阿弥陀仏国の自然の食に関して「第二忉利天」を引き合いに出して表している。ここでは、「自然」は阿弥陀仏国ではなく忉利天を形容する表現として使用されている[17]。また、

其七寶地諸八方上下衆寶中精味、自然合會、其化生耳。其寶皆比第六天上之七寶也。

（三〇三b二四）

とあるように、ここでは自然である様子を「第六天（の七宝）」に喩えている。

このように、『大阿弥陀経』では阿弥陀仏国は、様々なものが思い通りになる国土であり、それは諸天のそれに似ており、あるいはそれ以上のものと考えられている。『大阿弥陀経』ではその事態を「自然」という言葉を中心

にして表現していることを確認した。

三、国土を実際に見せる描写

阿弥陀仏国に関して、『大阿弥陀経』の後半部には以下のような叙述がある。

佛告阿難「我哀若曹、令悉見阿彌陀佛及諸菩薩・阿羅漢所居國土。若欲見之不?」

阿難卽大歡喜、長跪叉手言「願皆欲見之。」

佛言「若起更被袈裟西向拜、當日所沒處、爲阿彌陀佛作禮、以頭腦著地、言『南无阿彌陀三耶三佛檀。』」

阿難言「諾。受教。」卽起更被袈裟西向拜、當日所沒處、爲彌陀佛作禮、以頭腦著地、言「南無阿彌陀三耶三佛檀。」

阿難未起、阿彌陀佛便大放光明威神、則遍八方上下諸无央數佛國。諸無央數諸天地、卽皆爲大震動。諸无央數天地・須彌山羅寶・摩訶須彌大山羅寶・諸天地・大界小界、其中諸大泥犁・小泥犁・諸山林・溪谷・幽冥之處卽皆大明悉大開闢。

卽時、阿難諸菩薩・阿羅漢等諸天・帝王・人民悉皆見阿彌陀佛及諸菩薩・阿羅漢國土七寶已、心大歡喜踊躍、悉起爲阿彌陀佛作禮、以頭腦著地、皆言「南無阿彌陀三耶三佛檀。」　（三一六b二三）

ここは、これまで述べていた阿弥陀仏に関する教説が事実であることを確認させるために、釈尊が阿難に実際に阿弥陀仏国を見せるという場面である。阿難はそれによって、実際に阿弥陀仏国に対する信を確立させることとなる。

この「実際に（阿弥陀）仏国を見る、見せる」という場面は『観世音菩薩授記経』にも見られる。[18]

爾時、世尊受彼請已、即放眉間白毫相光、遍照三千大千國土。於此世界草木土石・須彌山王・目眞隣陀山・大目眞隣陀山・斫迦羅山・大斫迦羅山・乃至世界中間・幽冥之處、普皆金色、莫不大明、日・月・暉・曜及大力威光、悉不復現。

遍照西方億百千刹乃至安樂世界、悉皆金色。大光右遶彼佛七匝、於如來前廓然不現。彼國衆生・菩薩・聲聞悉見此土及釋迦文、與諸大衆圍遶説法、猶如掌中觀阿摩勒果。皆生愛樂、歡喜之心、唱如是言「南無釋迦如來・應供・正遍知。」

於此衆會比丘・比丘尼・優婆塞・優婆夷・天・龍・夜叉・乾闥婆・阿修羅・迦樓羅・緊那羅・摩睺羅伽・人・非人等、釋・梵・四天王・菩薩・聲聞皆見安樂世界阿彌陀佛・菩薩・聲聞眷屬圍遶。晃若寶山、高顯殊特、威光赫奕、普照諸刹、如淨目人、於一尋内、覩人面貌明了無礙。既見是已、歡喜踊躍、唱如是言「南無阿彌陀如來・應供・正遍知。[19]」

とある。この『観世音菩薩授記経』の描写では、それぞれ釈迦の世界と阿弥陀の世界を両方が互いに同時に見るという内容になっている。

また、阿弥陀仏国に関係しない国土を記述する経典でも、同様の表現は見られる。例えば、『阿闍世王経』にも

是間菩薩盡見彼佛及刹。譬如在地住者、莫不見日・月・星宿、下方見是間、亦如是間見下方荼毘羅耶・需呵沙刹土。[20]

とあるなど、様々に描写が見られる。この国土を見せる場面は大乗の初期から多く説かれていたことが分かる。[21]ま

た大乗仏教で多く説かれる神変の一種であると考えられる。(22)『大阿弥陀経』では阿難にこれまで説いた極楽の様相が真実であることの「信」を与える文脈として記述されているが、このような国土を実際に見せる描写が存在する理由の一つとしては、『大阿弥陀経』では他方仏国土思想はまだ萌芽期であり、複数の仏国土があるという新しい世界観に対する丁寧な説明を行っていたということが考えられる。上巻末にも、釈迦が自らの智慧の大きさを示す場面で

諸八方上下无央數佛國今現在佛、次他方異國、一佛國、十佛國、百佛國、千佛國、萬佛國、億佛國、億萬億佛國中有佛、各自有名字、多多復不同、无如我名字者。八方上下无央數諸佛中、時時乃有如我名字爾。

（三〇九b一七）

とあり、現在に複数の仏国土があることを示す丁寧な描写が存在する。十方の他方世界全体が未だ十分に常識化されていない時期の描写であると考えられる。仏国土に関連する描写ということで、「国土を実際に見せる描写」をここでは一つの性質として取り上げた。

四、特殊な仏国土としての阿弥陀仏国

大乗経典は十方に現在多くの仏がおり、仏国土があるという世界観を採用している。『大阿弥陀経』に説かれる阿弥陀仏国もたくさんある仏国土の一つとして紹介されているという側面がある。例えば、

佛告阿難「阿彌陀作佛已来、凡十小劫。所居國土、名須摩題、正在西方。去是閻浮提地界千億萬須彌山佛國。

其國地皆自然七寶。」　（三〇三b一七）

とあるが、この「西にある」というような紹介の中には、他の多くの仏国土と同じく一つの方角をもつという性格が見られる。

一方、『大阿弥陀経』においては、阿弥陀仏国が他の仏国よりも秀でているという表現や、「都」・「王」などとその特殊性を示す表現が見られる。例えば、阿弥陀仏国の菩薩や阿羅漢たちの「面類（顔かたち）」を比較する場面では、

佛告阿難「若言是也。帝王雖於人中好无比者、當令在遮迦越王邊住者、其面形類甚醜惡不好。比如乞人在帝王邊住耳。其帝王面目尚復不如遮迦越王面色姝好、百千億萬倍。如遮迦越王於天下絶好无比、當令在第二天王邊住者、其面甚醜不好、尚復不如帝釋面類端正姝好、百千億萬倍。如天帝釋、令在第六天王邊住者、其面類甚醜不好、尚復不如第六天王面類端正姝好、百千億萬倍。如第六天王、令在阿彌陀佛國中諸菩薩・阿羅漢邊住者、其面甚醜、尚復不如阿彌陀佛國中菩薩阿羅漢面類端正姝好、百千億萬倍。」

佛言「阿彌陀佛國諸菩薩・阿羅漢面類悉皆端正、絶好无比、次於泥洹之道。…」　（三〇四c一九）

として、帝王、転輪聖王（遮迦越王）、第二天、第六天などより阿弥陀仏国の諸菩薩・阿羅漢の面類が百千億万倍優れていることを述べ、間接的にではあるが阿弥陀仏国が優れていることを示している。同じことが、伎楽の比較からもうかがえる。

佛告阿難「如世間帝王有百種伎樂音聲、不如遮迦越王諸伎樂音聲好、百千億萬倍。如遮迦越王万種伎樂音聲、尚復不如第二忉利天上諸伎樂一音聲、百千億萬倍。如忉利天上万種伎樂之聲、尚復不如第六天上一音聲好、百千億萬倍。如第六天上万種音樂之聲、尚復不如阿彌陀佛國中七寶樹一音聲好、百千億萬倍。阿彌陀佛國中亦有萬種自然伎樂、甚樂无極。…」（三〇五b一七）

ここでは、世間の帝王、転輪聖王（遮迦越王）、第二天、第六天などより阿弥陀仏国の七宝樹の音声が優れていることを示し、ここでも間接的に阿弥陀仏国が優れていることを示している。また、直接的にその国土の特殊性、絶対性を述べる表現としては次の箇所がある。

所以者何、阿彌陀佛國爲最快、八方上下无央數諸佛國中衆善之王、諸佛國中之雄、諸佛國中之寶、諸佛國中壽之極長久也、諸佛國中之衆傑也、諸佛國中之廣大也、諸佛國中之都。自然之无爲、最快明好甚樂之无極。所以者何、阿彌陀佛本爲菩薩時、所願勇猛、精進不懈、累德所致、故能爾耳。」阿逸菩薩卽大歡喜、長跪叉手言「佛説阿彌陀佛國土快善明好、最姝无比。乃獨爾乎。」（三〇八a一一）

ここでは「諸佛國中之都」などという言葉も出ており、諸仏国土より秀でている、あるいは仏国土のなかで最も栄えているという意味が見える。また「乃獨爾乎」（なんと、阿弥陀仏国だけがこうなんですね！）[23]と、阿弥陀仏国の唯一性を示す形容も見られる。このように『大阿弥陀経』においては、阿弥陀仏国は優れたもの、唯一のものであるという価値がうかがえる。この諸仏国と比較して特殊であるという考え方は後により強調されるようになる。

五、理想の僧伽としての阿弥陀仏国

阿弥陀仏国での生活の様子として、

佛言「阿弥陀佛及諸菩薩・阿羅漢欲食時、卽自然七寶机・劫波育・罽疊以爲座、佛及菩薩皆坐前、悉有自然七寶。鉢中有百味飲食。飲食者亦不類世間、亦非天上。此百味飲食八方上下衆自然飲食中精味、甚香美无比、自然化生耳。欲得甜酢、在所欲得…。」（三〇七a四）

と、鉢や食事への言及が見られる。ここには理想の出家教団の環境が描かれている。池本重臣氏(24)などによって指摘されているが、『大阿弥陀経』においては出家であるという価値が重視されており、(25)阿弥陀仏国にも出家者の生活を思わせる描写も様々に見られる。阿弥陀仏国は一つの出家僧伽として描かれていると言える。また

中有在地講經者、誦經者、口受者、聽經者、念經者、思道者、坐禪者、經行者。（三〇五c二一）

とあり、阿弥陀仏国において、教えを暗誦したり、経行を行ったりしている様子が見られる。

また、本願文の第二願には

第二願。使某作佛時、令我國中无有婦人女人、欲來生我國中者卽作男子。諸无央數天人民蜎飛蠕動之類來生我國者、皆於七寶水池蓮華中化生、長大皆作菩薩・阿羅漢、都无央數。得是願乃作佛、不得是願終不作佛。（三〇一a二七）

第二願：『もし私が仏になったなら、私の国には、女性がいませんように。女性が私の国に生まれようと願

ったら、すぐさま男性になりますように。無数の神々や人々や飛ぶ虫・這う虫などが私の国に生まれる時は、みな、七宝でできた池（に生える）蓮の花のなかにすっと生じる。大きくなれば、みな菩薩、阿羅漢になり、その数はまったく数え切れない。この願が成就すれば、そのとき（私は）仏になりましょう。もし成就しなければ、決して仏にはなりません[26]』

とあり、また、それが実際に実現したこと説く場面（いわゆる成就文）では、

其國中悉諸菩薩・阿羅漢、无有婦女。壽命无央數劫。女人往生、即化作男子。（三〇三c八）

と説く。第二願とその成就文のいわゆる「変成男子」の説では[27]、「衆生すべてが男性である」という考え方が見られる[28]。これらの記述には様々な解釈が可能であるが、一つには阿弥陀仏国は全体が一つの比丘僧伽であるという考え方を見ることができる。一つの性で統一された集団（この場面は男性）という意味が含まれると考えられる。

また、鉢が自在に得られるという描写においては、

諸菩薩・阿羅漢中有欲得金鉢者、有欲得銀鉢者、有欲得水精鉢者、有欲得珊瑚鉢者、有欲得虎珀鉢者、有欲得白玉鉢者、有欲得車𤦲鉢者、有欲得馬瑙鉢者、有欲得明月珠鉢者、有欲得摩尼珠鉢者、有欲得紫磨金鉢者、隨意即至。亦无所從來、亦无供養者、自然化生耳。（三〇七a一〇）。

と、この引用の最後に「亦无供養者」とあるように、阿弥陀仏国では供養するものがいないことが説かれている。自然に鉢（そしてそれ以降では食べ物や衣服）が出ることは、布施によって生きる僧団の生活と同じく修行者側の生産活動の不要を意味し、修行に専念できることを意味しているだろう。『大阿弥陀経』の阿弥陀仏国は出家者たちの理想の僧伽であり、在家者による布施（の際にかかる手間）が不要であったことが考えられる。[29]

このように『大阿弥陀経』の阿弥陀仏国には一つの出家僧伽としての性格が見られる。

六、いずれ離れる場所としての阿弥陀仏国

『大阿弥陀経』では、阿弥陀仏国は輪廻しつつ長期にわたって修行する菩薩たちの一時的な修行環境として描かれている。

佛言「其欲求作菩薩道、生阿彌陀佛國者、其人然後皆當得阿惟越致菩薩。阿惟越致菩薩者、皆當有三十二相・紫磨金色・八十種好。皆當作佛、隨所願、在所求欲、於他方佛國作佛、終不復更泥犁・禽獸・薜荔。隨其精進求道、早晩之、事同等爾。求道不休、會當得之、不失其所欲願也。」（三一一a一〇）

仏は仰った。「菩薩道を行なおうと願って、阿弥陀仏国に生まれる人々は、当然、後にみな不退転の菩薩になる。不退転の菩薩は当然みな三十二の身体的特徴と紫磨金の色（の肌）と八十の（身体的）美点をもっている。（彼らは）みな仏になり、願い通り、望み通り、他方の仏国で仏となり、決して二度と地獄・鳥獣・餓鬼には生まれない。さとりを求め精進する度合いによって、遅い早いの違いはあるが、到達点はみな同じ。たゆまずさとりを求め続ければ、その願いに違わず、必ず到達できるはずだ。(30)」

と、菩薩が理想の修行環境である阿弥陀仏国へ往生したのちに、さらに「他方仏国」へ行くことが説かれている。一仏国は同時に一仏しかいないという当時の原則からすれば、阿弥陀仏国の菩薩は功徳を積んだ後に、最終的に他方の無仏の国土で成仏することが考えられる（阿弥陀仏国にはすでに阿弥陀仏が存在するため）。

このことは特に初期無量寿経に明確に出ている思想である。ここでの主語が「菩薩道をなすもの」であるということも、輪廻をくり返しつつ修行する主体として、この当時の菩薩観とも齟齬はない。『無量寿経』以降の段階になると、主語も「衆生」(『無量寿経』)などと不明確になり、[31]「於他方佛國作佛」の表現がなくなり、[32]「(後に)阿弥陀仏国を離れる」という考え方自身も徐々に不明瞭となる。この「阿弥陀仏国をいずれ離れ、他方で成仏する」という考え方は、後世にはより不明瞭となり、そのため別の阿弥陀仏国土観[33]も生じてくる。

七、業の果が現れる国土としての阿弥陀仏国

『大阿弥陀経』の阿弥陀仏国は「業の果が現れる国土」としての性質がある。下輩の後にある箇所では

使不能爾、自思惟熟挍計、欲度脱身者、下當絶念去憂、勿念家事、莫與婦人同床、自端正身心、斷於愛欲、一心、齋戒、清淨、至意念生阿彌陀佛國。一日一夜不斷絶者、壽終皆往生其國、在七寶浴池華蓮中化生、可得智慧勇猛。所居七寶舍宅、自在意所欲作爲。可次如上第一輩。

とあり、一日一夜愛欲を断じ、齋戒して阿弥陀仏国を念じるならば、阿弥陀仏国に往生し、自分の七宝でできた舎宅を思いのままにできることが説かれる。また、上巻の後半部にある「阿弥陀仏国の舎宅」について説く箇所には

佛言「阿彌陀佛國諸菩薩・阿羅漢所居七寶舍宅中有在虛空中者・有在地者。
中有欲令舍宅最高者、舍宅卽高。中有欲令舍宅最大者、舍宅卽大。
中有欲令舍宅在虛空中者、舍宅卽在虛空中。皆自然隨意在所作爲。

中有殊不能令舎宅随意者。所以者何、中有能令舎宅随意者、皆是前世宿命求道時、慈心精進、益作諸善、徳重所致。

中有殊不能者、皆是前世宿命求道時、不慈心精進、益作諸善、徳薄所致。

其所衣被飯食、倶自然平等、徳有大小、別知其勇猛、令衆見之耳。」

（三〇八a二〇）

（傍線部和訳）全く思いのままにならない者は、みな前世・過去世で道を求めていた時、慈しみの心をいだいて精進したり、大いに数多くの善行をなすということをせず、徳をあまり積まなかったからである。（阿弥陀仏国の衆生の）着る物、食べ物はいずれも自然（に現れ）、平等である。（しかし、積んだ）徳には違いがあるから、（徳の）優れた者を区別し、（住居の違いでそのことを）衆生に示すのである。[35]

とあり、ここでは住まいを自由にできるものは、前世で善業を行った者であり、自由にできないものは、（そのものが）前世で善業を行わなかったためであるとが説かれている。すなわち、ここではこの阿弥陀仏国は「前世の業の結果が現れ出る場所」としての機能を果たしていると言うことができる。

実際に、この引用では最後に「其所衣被飯食、倶自然平等、徳有大小、別知其勇猛、令衆見之耳。（飲食や衣服では平等であるが、積んだ徳に違いがあるから、住居の違いによって衆生に示している）」と説き、因行の相違からくる業の果の相違を示している。そういう意味では『大阿弥陀経』の阿弥陀仏国は因行（業）を明確に反映はするが、「業の結果としての平等」を十分に体現したものではないと言うことができる。[36]

また、いわゆる三輩段では行者の行った行為のレベルによって、その結果においても上・中・下[37]の明確な区別をつけている。すなわち、往生する際の臨終における来迎の区別や、往生後の果として智慧の区別も、それぞれ異なって描写されており、「業の果としての平等」を体現していないと言うことができる。ある意味で、『大阿弥陀経』で往生を述べる箇所は、これらの業の区別を語ることを主眼としていたとさえ言えるかもしれない。（これら三輩の区別もより後代のヴァージョンになるにつれ、不明瞭となっていき、果における平等性がより配慮された形[38]の阿弥陀仏国思想ができあがっていく。）

また、『大阿弥陀経』において阿弥陀仏国は、

其國七寶地皆平正。無有泥犁・禽獸・薜荔・蜎飛蠕動之類。無有阿須倫諸龍鬼神…（三〇三c一）。

とあるように阿弥陀仏国に三悪趣（地獄・餓鬼・畜生）が存在しないことが明言されている。つまり阿弥陀仏国は、善趣か悪趣かと言えば、「人天」（人間・天上）のみの「善趣」のみが存在する国土として設定されていると言うことができる。「善趣」のみが存在する国土として設定されているため、阿弥陀仏国に往生するためには少なくともわずかばかり（一日一夜）[39]でも「善業（善行）」を行うことが必要とされることになる。「悪業（悪行）」をなして阿弥陀仏国に生まれる思想はない。その意味で、業の因と果が、他方仏国土への往生ということを経由して二世界間（此土・彼土）で適用されていることが確認できる。このように、『大阿弥陀経』では、業の思想が後期無量寿経に比べ明確であり、阿弥陀仏国についても「それ以前（前生）に行われた業の結果が体現される場」としての性格を比較的強くもっていると言える。

八、長生を得る場としての阿弥陀仏国

前項とも関連するが、「前世の善業の結果が現れ出る場所」として阿弥陀仏の国では長生を得ると考えられている箇所が存在する。『大阿弥陀経』の第二十一願では

第二十一願。使某作佛時、令我國中諸菩薩阿羅漢壽命无央數劫。得是願乃作佛、不得是願終不作佛。

（三〇二a二七）

とあり、阿弥陀仏国の菩薩や阿羅漢がその寿命が無数であることが誓われている。あまり指摘されていないが、阿弥陀仏国のこの長寿を得られるという特性は後半部を中心にくり返される。

何不各精進、努力、自求索。可得超絶去、往生阿彌陀佛國、横截於五惡道。自然閉塞、升道之無極、易往无有人。其國土不逆違、自然之隨牽。何不棄世事、行求道德。可得極長生、壽〈樂〉[40]无有極。

（三一一c二六）

ここでは、文脈上、阿弥陀仏国に往生すると「極長生」を得る、あるいは、極まりのない「壽の樂」があると説かれている。『大阿弥陀経』の後半部は経典編纂上問題となる箇所であるが、とりあえずは『大阿弥陀経』の中で、阿弥陀仏国をそのように解釈する記述が存在している。またより直接的には「三毒段」の終わりに、

生於阿彌陀佛國、欲壽一劫、十劫、百劫、千劫、万億劫、自恣。意欲住止、壽无央數劫、不可復計數劫、恣汝隨意、皆可得之。

（三一三b一六）

とあり、ここでは阿弥陀仏国に生じたなら、その壽を一劫でも万億劫でも自在にとどめることができることが説か

れている。
この「長生を得る場」としての国土観は『大阿弥陀経』の阿弥陀仏国の一つの特徴であり、特に後半の三毒五悪段で押さえられた阿弥陀仏国の特徴であると言うことができる。

九、辺　地

『大阿弥陀経』の阿弥陀仏国について考察する際に、阿弥陀仏国の端にある七宝の城である「辺地」についても言及しなければならない。『大阿弥陀経』では主に不信などを伴うものは、胎宮に生まれるのではなく、辺地に生まれると描写される。「辺地」は、例えば、中輩の狐疑者を語る箇所では

佛言「其人奉行施與如是者。若其人然後復中悔、心中狐疑、不信分檀布施作諸善後世得其福、不信有彌陀佛國、不信有往生其國、雖爾者、其人續念不絶、暫信暫不信、意志猶豫、无所專據、續其善願爲本、故得往生。（…中略…）其人壽命終盡、即往生阿彌陀佛國、不能得前至阿彌陀佛所、便道見阿彌陀佛國界邊自然七寶城中、心便大歡喜便止其城中、即於七寶水池蓮華中化生、則受身自然長大、在城中、於是間五百歳。其城廣縱各二千里…

（三一〇a二―六）

と説かれる。辺地の七宝城は阿弥陀仏国の周辺（界辺）にあるもので、大きさは縦横二千里であり、主に不信のままに阿弥陀仏国へ往生することを願ったものが生じる地であるとされる。第三輩（下輩）においても同様の記述が繰り返される。

また、『大阿弥陀経』では、一見辺地を叙述しているようにみえないが、おそらく辺地の考えに関連すると思われる記述が見られる。

佛言「其人殊不豫作徳爲善、輕戯、不信使、然徒倚、懈怠、爲用可爾。至時、都集、説經道、自然迫促、應答遅晩。道智卓殊超絶、才能高猛、獨於邊羸、臨事乃悔。悔者已出其後、當復何益。但心中悷恨、慕及等爾。」

（三一一b二四）

仏は仰った。「人が前もって功徳善行をなしたことが全くなく、（功徳善行をなす）ことを馬鹿にし、信じず、かえってぶらぶらし、なまけていたら、いいはずがあろうか。（阿弥陀仏国に）至った時、みんな集まり、教えを語りあい、（その人も）当然促されるが、応答がしどろもどろ。さとりへの智慧に関して傑出し群を抜き、優れた才能をもつ者が（いる中で、）（その人は）ひとり隅で小さくなり、その場になって後悔する。後悔しても、すでに（阿弥陀仏国に）至っているのだから、いまさらどうしようもない。ただ心の中でひねくれ荒くれ、（他の人たちと）同等になりたいと願うばかり。[41]」

ここでは後に往生者が一つの大座に集合したときに「獨於邊羸」として、一人だけ「邊羸（はし、隅）」に行くことが説かれており、「辺地」という概念との関連をうかがわせる。『大阿弥陀経』でこの「辺地」に行くという思想は、第二輩・第三輩（第二輩を省略しつつ繰り返したもの）・三毒段と合計三回（この「辺羸」を入れると四回）説かれる。

また、第七項の「業の果が現れる場」としての阿弥陀仏国ということを考慮すると、阿弥陀仏国は様々に前世の悪業が現れるのであるが（例えば、住居を空中におくことができない等）、その負の側への現れ方の一形態が「辺地」への往生であるという見方をすることができる。

実際に、「不信」などの行為の結果は『大阿弥陀経』では辺地往生以外にも現れていることが確認できる。

如是曹人、曚冥抵突、不信經語、各欲快意、心不計慮、愚癡於愛欲、不解於道德、迷惑於瞋怒、貪狼於財色、坐之、不得道。當更勤苦極、在惡處生、終不得止休息。痛之甚可傷。（三一二b二五）。

とあるように、この場面においては、「不信」「各欲快意」などによって「悪処」に生まれると説かれており、また、

世間貧窮乞丐孤獨、但坐前世宿命、不信道德、不肯爲善。今世爲惡天神別籍、壽終入惡道。（三一四a二六）

世間において貧しく乞うものであり、孤独であるのは、ただ前世の生存において、なすべきことを信じず、善をなすことに同意しなかったためである。今世に悪をなせば、天神が帳簿に記して、命が終わった後で悪道に入る。

とあり、ここでは「不信」によって「悪道に入る」ことが説かれている。必ずしも経典全体において「不信」→「（阿弥陀仏国中の）辺地」となってはいないことが分かる。いくつかの悪果の形態があり、その中の一つに「辺地」への往生があると考えることができる。

また、よく注意すれば、「不信」以外の行為によっても、「辺地」に往生することが説かれていることが分かる。本項の先の引用では「懈怠」であったり、「善をなさない（不作善）」ことも「辺地」へ行くことへの因となっていると考えることができる。

後期無量寿経で展開していくことになる不信者の胎生という隔絶した悪果とは種類が異なり、『大阿弥陀経』では、「不信」「狐疑」の業は、他のいくつかの悪業と関連しつつ辺地の七宝城へ行くことが描写されていると言うこ

とができる。この辺地の七宝城も含めて、全体で『大阿弥陀経』の阿弥陀仏国は形成されている。

まとめ

以上、八項目（第一項を除く）に分けて『大阿弥陀経』に説かれる阿弥陀仏国の特徴（特に後に改変されていくものと比較して見えてくるところの特徴）に対する考察を行った。『大阿弥陀経』の阿弥陀仏国の特徴は、〈無量寿経〉のなかでは、次に展開する『平等覚経』とはほとんど相違はないが、後に流布することになる『無量寿経』とでは、いくつか重要な相違があった。最後にその点を振り返り、まとめとする。

「辺地」（第九項）という考え方については、いわゆる初期無量寿経にのみに強く見受けられる特徴的な阿弥陀仏国土観であった。[42]また、「自然」の描写（第二項）や「国土を実際に見せるという描写」（第三項）、「特殊な仏国土としての性格」（第四項）、「長生を得る場としての性格」（第八項）などについては、後期無量寿経と共通する仏国土観（後期になってもほとんどその性格が変わらないもの）であった。さらにその中間の要素をもつもので、『大阿弥陀経』には強くその性格があり、後になるにつれ（完全にはなくならないが）、徐々にその性格が弱まっていくものもあった。それは「理想の僧伽としての性格」（第五項）、「業の果が現れる国土としての性格」（第七項）などである。特に「いずれ離れる場所」（第六項）という性格については『無量寿経』以降、その性格が不明瞭になっていくものである。

その他、微細な点に関しては、さらに様々な特徴が存在する。後に変遷していく〈無量寿経〉と比較すると、全体的に素朴な形であるとまとめることができる。〈無量寿経〉のなかで最も古い思想が見られるのは『大阿弥陀経』であり、現段階では浄土教思想の根源となるものである。[43] 今後さらなる解明が求められるだろう。

註

（1）藤田宏達『浄土三部経の研究』（岩波書店、二〇〇七年）三五一頁。
（2）辛嶋静志「『大阿弥陀経』訳注（一）」（『佛教大学総合研究所紀要』第六号、一九九九年）一三六頁。辛嶋静志「阿弥陀浄土の原風景」（『佛教大学総合研究所紀要』第十七号、二〇一〇年）三四頁。
（3）〈無量寿経〉のうち、『大阿弥陀経』と『平等覚経』の二つを指す。
（4）香川孝雄『浄土教の成立史的研究』（山喜房仏書林、一九九三年）一九二―一九四頁、藤田、前掲、三五六―三五八頁。その他に池本重臣『大無量寿経の教理史的研究』（永田文昌堂、一九五八年）一三九―一五五頁、大田利生『増訂 無量寿経の研究』（永田文昌堂、二〇〇〇年）四四一―四四六頁などがある。
（5）静谷正雄『初期大乗仏教の成立過程』（百華苑、一九七四年）六八―七九頁においても『大阿弥陀経』の概観が示されている。考察するにあたって辛嶋静志氏の一連の訳註研究を参照した。
（6）また、曇摩迦（法蔵）が国土を選択するにあたり、国土の清浄化ということが詳しく説かれないことも指摘されている。辛嶋静志「阿弥陀浄土の原風景」二六―二八頁
（7）森三樹三郎『老荘と仏教』（法蔵館、一九八六年）二三九頁。
（8）森、前掲、二四一頁。
（9）末木文美士「『大阿弥陀経』における「自然」」は、『仏教―言葉の思想史』（岩波書店、一九九六年）所収のものを参照した。
（10）「自」という語が「自然」を表す省略語の可能性があり、厳密な意味での回数の数え上げは困難であると筆者は考える。
（11）末木、前掲、一一八頁。

(12) 辛嶋静志「『大阿弥陀経』訳注（五）」（『佛教大学総合研究所紀要』第十一号、二〇〇四年）、八六頁。
(13) 末木、前掲、一一一頁。
(14) 辛嶋静志「『大阿弥陀経』訳注（四）」（『佛教大学総合研究所紀要』第十号、二〇〇三年）、二七―二八頁。
(15) 末木、前掲、一一八―一二〇頁。
(16) 辺地については本論の第九項参照。
(17) ただし、『大阿弥陀経』において天の評価は高いものばかりではない。

其華者亦非世間之華、復非天上之華。此華香都八方上下衆華香中精也…。（三〇四b一二）

の「亦非世間之華」という表現や

佛言「八方上下无央數佛國諸天人民及蜎飛蠕動之類諸生阿彌陀佛國者、皆於七寶水池蓮華中化生、便自然長大。亦无乳養之者、皆食自然之飲食。其身體亦非世間人之身體、亦非天上人之身體。皆積衆善之德、悉受自然虚无之身・无極之體、甚姝好无比。」（三〇四b一五）

における「亦非天上人之身體」という表現があり、また

其亂風者亦非世間之風、亦非天上之風。都八方上下衆風中精、自然合會化生耳。不寒不熱、常和調中適。甚清涼好、无比也。（三〇五c五）

の「亦非天上之風」という表現には須摩題のものが天上のものを否定し、それを超えるものであることが言及されている。また、

意欲得萬種自然之物在前、即自然百種雜色華・百種雜繒綵・百種劫波育衣・七寶燈火・萬種伎樂悉皆在前。其華香萬種自然之物、亦非世間之物、亦非天上之物也。是萬種物都八方上下衆自然合會、化生耳。（三〇六a八）

とあり、ここにも「亦非天上之物」という表現が見られる。また、

佛言「阿弥陀佛及諸菩薩・阿羅漢欲食時、即自然七寶机・劫波育氍・疊以爲座、佛及菩薩皆坐前、悉有自然七寶。鉢中有百味飲食。飲食者亦不類世間、亦非天上。此百味飲食八方上下衆自然飲食中精味、甚香美无比、自然化生耳。欲得甜酢、在所欲得。（三〇七a四）

と、ここでも「亦非天上」と言及されている。これらの記述からは、天の華・身体・風・衣・飲食物を比較上十分でないものとして見る考えが導き出される。

(18) 壬生泰紀「モハマッド・ナリー出土仏説法図と『大阿弥陀経』」（『印度学仏教学研究』六四巻一号、二〇一五年）、壬生泰紀「阿弥陀仏の光明と名号—『大阿弥陀経』を中心として—」（『龍谷教学』第五十号、二〇一五年）『観世音菩薩授記経』に関して先行研究に、齊藤舜健「『観世音菩薩授記経』所説の阿弥陀仏の入滅」（『印度学仏教学研究』四四巻二号、一九九六年）がある。

(19) 『大正蔵』一二、三五四a一三。

(20) 『大正蔵』一五、三九三c一四。

(21) また、『阿閦仏国経』にも存在する（『大正蔵』一一、七五九c六）。

(22) 梶山雄一『神変と仏陀観・宇宙論』（梶山雄一著作集 第3巻）春秋社、二〇一二年。

(23) 辛嶋、前掲、「『大阿弥陀経』訳注（五）」八六頁。

(24) 池本、前掲、一七四頁。

(25) 拙論「『大阿弥陀経』における出家と在家」『宗教研究』第三三九号、二〇〇四年）参照。

(26) 辛嶋、前掲、「『大阿弥陀経』訳注（一）」一四三頁。

(27) 初期無量寿経に関する女人の問題についてはHarrison, "Women in the Pure Land : Some Reflection on the Textual Sources", 1998が詳しく論じている。ただし、大乗経典全般に女人往生が説かれるため、須摩題と比丘僧団とを結びつける考え方は、〈無量寿経〉のなかでは『大阿弥陀経』の場合が最も適切であると考える。

(28) その場合、出家の菩薩と出家の声聞（阿羅漢）があることが考えられる。

(29) 「自然飲食」に関して、『阿閦仏国経』では具体的に「家々に行って乞わないけれども」（「亦不行家家乞、時到飯食、便辦満鉢自然在前」）ということが説かれている（『大正蔵』一一、七五七b一七）。

(30) 辛嶋静志「『大阿弥陀経』訳注（六）」（『佛教大学総合研究所紀要』第一二号、二〇〇五年）一六頁。

(31) 『如来会』では「菩薩」、梵本では「bodhisatva（菩薩）」、蔵訳では「byang chub sems dpa'（菩薩）」となっている。

(32)『平等覚経』では「於何方佛國作佛」という表現で存在している。

(33)後になると、阿弥陀仏国土は最後の修行場所と考えられるようになる。

(34)「慈心」の訳について辛嶋氏は訳註（九）で「敬愛の心」としている。

(35)辛嶋、前掲、「『大阿弥陀経』訳注（五）」八六―八七頁。

(36)小林良信も「『無量寿経』と『般若経』」（『法然浄土教の思想と伝歴』山喜房佛書林、二〇〇一年）の中で、「このことは極楽に差別が存在することを示していることになるのであるが、このような差別は極楽世界が般若の空思想に基づく「無相の涅槃界」ではなく、「有相の善根界」であることになり、その原始性を見て取ることができる。」と述べている。

(37)「下輩」は便宜上の表現として使用した。実際には「第三輩」という表現が使われている。

(38)先の言い方を使えば「結果としての平等」を含むものという意味である。

(39)『大阿弥陀経』で説かれる行として最も短い時間のものである。『大正蔵』一二、三一〇a一一、三一一b一〇。

(40)宋・元・明の三本は「壽樂」となっており、高麗版再雕本は「壽」となっている。

(41)辛嶋静志「『大阿弥陀経』訳注（七）」（『佛教大学総合研究所紀要』第一三号、二〇〇六年）、三頁。

(42)ただし、「邊地七寶宮殿」という単語自体は、一度『無量寿経』には出てくる。「無得疑惑中悔、自爲過咎、生彼邊地七寶宮殿、五百歲中、受諸厄也。」（『大正蔵』一二、二七五c一三）。

(43)辛嶋、前掲、「阿弥陀浄土の原風景」三七―三九頁。

〈無量寿経〉における唯除の文の意義[1]

弘中満雄

はじめに

康僧鎧訳『仏説無量寿経（以下、無量寿経）』は浄土思想、特に阿弥陀如来の本願思想を論究する上で最も重要な経典である。親鸞は『顕浄土真実教行証文類（以下、教行信証）』「教巻」において、

弥陀、誓を超発して、広く法蔵を開きて、凡小を哀れんで選んで功徳の宝を施することを致す。釈迦、世に出興して、道教を光闡して、群萌を拯ひ恵むに真実の利をもつてせんと欲すなり。ここをもつて如来の本願を説きて経の宗致とす、すなはち仏の名号をもつて経の体とするなり。[2]

と示す。そこには本経典の中心的内容を、諸仏を超え出た広大な救済対象を実現する弥陀の選択本願思想にあると位置づける。それはすなわち第十八願を指しており、『無量寿経』は、大凡、弥陀の四十八の誓願とその展開として構成されるのだが、その願文の中心は、他経に類をみない救済の様相を示す第十八願なのである。

この第十八願に附言された「唯除五逆誹謗正法」、所謂「唯除の文（抑止の文）」は、弥陀の救済思想を論考する

にあたって極めて重要な箇所の一つである。すなわち第十八願にはまず、

設我得レ仏、十方衆生至レ心信楽欲レ生二我国一、乃至十念、若不レ生者不レ取二正覚一[3]

とあり、あらゆる衆生が三信と十念をもって浄土に往生・救済される事が誓われてある。しかしその直後、願文には「唯除二五逆誹謗正法一[4]」とあり、五逆罪の者と正法を誹謗する者に限ってはその救済利益の枠組みから除くと示されるのである。つまり一見すると第十八願の言句は、一切の衆生を分け隔てなく救済しているとはいえない。

この唯除の文に関しては古来、『観無量寿経』下下品に説かれる五逆罪者往生との相違矛盾点から種々論じられてきた。[5]真宗の七祖の上においても曇鸞が『往生論註』上巻最後の「八番問答」[6]において、また善導が『観経疏』「散善義」[7]においてこの「逆謗除取」の問題について論及する。親鸞においては『教行信証』「信巻末」の逆謗摂取釈の中でこの両師を引用され、[8]また『尊号真像銘文』では第十八願を引用される中、唯除の文における如来の誓意について言及されている。[9]そして真宗においては、この唯除の文は煩悩成就の凡夫に内在する重罪性を知らしめ、同時にそのような者こそ救いの目当てである事を明かした文とされ、[10]ここに悪人正機の宗義が展開されるのである。[11]

そんな唯除の文であるが、一方、『大経』以外の〈無量寿経〉（無量寿経諸本全体を指す）に目を移すと、同じ四十八願系である後期無量寿経、『無量寿如来会（以下、如来会）』、並びに梵本・蔵訳にも同じように存在する。『如来会』は「唯除下造二無間悪業一誹中謗正法及諸聖人上[12]」とあり、梵本は「sthāpayitvānantaryakāriṇaḥ saddharma-pratikṣepāvaraṇāvṛtāṃś[13]（無間〔罪〕を犯した者たちと正法を誹謗するという障碍に覆われた生ける者たちとを除いて）[14]」とある。つまり現在では、梵本との比較により第十八願の漢訳「唯除」「除」の原語は「sthāpayitvā」であることが判明している。

ところで sthāpayitvā は「stand」を意味する√「sthā の使役形から派生した語である。すなわち本来の意味に「除く、例外とする (except)」はない。加えて「except」を意味する語は他にもある。[15] にもかかわらず sthāpayitvā が〈無量寿経〉で用いられているのは何故か。あえて sthāpayitvā が用いられていることに、何らかの意味を見出していたとは言えないだろうか。本論はこの唯除の原語の語義に焦点を当て、第十八願の唯除の文の意義について考察を試みる。

一、従来の説

sthāpayitvā（以下、sthāp）の語義については阿理生氏が興味深い説を出されている。その説とは sthāp の用例に、「除く」では捉えきれない意味合いがあるというものである。氏は冒頭、sthāp の用語について、√「sthā の使役形（caus.）から派生する gerund (ablolutive; indeclinable participle) の語形であるが、しばしば本来の gerund の用法を越えて前置詞的に用いられる。√「sthā ＞ caus. sthāpayati は、「立たせる；立ち止まらせる；置く」を中心とした種々のニュアンスに富む多義語であって、gerund の sthāpayitvā の用例も多義的様相を示しているのに対し、前置詞化した sthāpayitvā の用例に対応する Tib. 訳や漢訳では、ほとんど画一的に ma gtogs pa(r)、「(唯) 除」の訳が当てられている。しかし実際の文脈ではこのような一義的訳語は必ずしも適合していないように思われる。[16]

と述べられ、sthāp の訳語の画一性に疑問を投げかけられている。そこで諸経論における用例を検討され、sthāp

の基本的語義を、「(位置をかえてどこか別の所に)置く[17]」ではなく、「(そのままにして)置いて」と解釈し、そこに様々なニュアンスが見出されると主張される。そのニュアンスとは、「A そのままに捨て置いて」、「B (例外的に)そのまま含め置いて」、「C そのまま不問にして」の三義である。最後に氏は結論として、

(a)前置詞化した sthāp は、多義を有する本来の gerund と異なり、語義が限定されている。

(b)前置詞化した sthāp の基本的語義は、「〜を(acc.)そのままにしておいて(置いて)」である。

(c)その基本的語義の上に相当幅のあるニュアンスが認められ、その幅の両極では意味が逆転する。

(d)その sthāp に対する Tib. 訳・漢訳はほとんど画一的であり、Tib. 訳や漢訳のみによる読解は十分注意が必要である。

(e)その sthāp に「除いて(except)」の訳が当てられて文脈に大きな混乱が生じないでも、あくまで便宜上の意訳にすぎない。

(f)sthāp は、文脈の正確な把握のための、しばしば重要な鍵となる[18]。

という五つの見通しを主張される。なお阿氏は〈無量寿経〉梵本も一部検討し、第十八願の唯除の文の相当句には、BもしくはCのニュアンスが認められるのではないかと推察されている。

この阿氏の説に対して、藤田宏達氏が次のように反論されている。

サンスクリット本で sthāpayitvā(除いて)という語について、その意味は「そのまま不問にして」、「そのままに(例外的に)含め置いて」ではないかという新説が最近提示されているが、しかし〈無量寿経〉のサンスクリット本の他の箇所では常に「除いて」の意味で使われており、チベット訳(第十八願)でも ma gtogs par（除いて）と訳しているから、やはり副詞化（あるいは前置詞化）した絶対分詞（Ablolutive）と見るべきであり、従来の伝統的な読解が妥当と考える。[19]

そして自身の文献学的見解として、

この唯除の文は「後期無量寿経」において附加されたことは明らかであるが、思想史的には「初期無量寿経」すなわち『大阿弥陀経』第五願（悔過作善願生）、『平等覚経』第十九願（悔悪為道願生）や、この両経における下輩往生段相当文に看取される悪人往生と深い連関をもつのではないかと考えられる。……唯除の文は、原始仏教以来の伝統を受けつつ、大乗仏教の立場から見て極悪の重罪を犯さない限り、かりにどのような悪行を犯しても、すべてこの第十八願文の対象となりうることを認めていると言ってよい。つまり、第十八願は、この唯除の文によって「初期無量寿経」に見られる悪人往生の思想を、大乗仏教の歴史的現実に即した形で限定を加えながら、継承したものと見ることができるのである。[20]

この藤田氏の説は大変説得力あるものであるが、阿氏の主張の反論としては、幾許かの温度差を感じる。というのも阿氏の説は、sthāp そのものの基本的語義に主眼を置き、その上で各経論の文脈における様々なニュアンスの可能性を示唆することを目的としているからである。つまり阿氏も sthāp が翻訳上「除いて」と訳されることに積極的に反対されているわけではない。

このような両氏の主張を受けた上で、〈無量寿経〉の sthāp にはまだ検討すべき課題が残されているように思われる。それは〈無量寿経〉における sthāp の全用例の検討である。それによって、sthāp（除いて）の意味の背景ともいうべき〈無量寿経〉独自の特徴が窺えるのではないだろうか。

二、〈無量寿経〉梵本における sthāp の用例

梵本における sthāp の用例は全部で七箇所存在する。順番に、「①証信序（一章）、②念仏往生願（八章）、③必至補処願（八章）、④光明無量段（十二章）、⑤必至補処（三十三章）、⑥観音勢至（三十四章）、⑦不更悪趣（三十六章）」にあらわれる。

ところで梵本の sthāp の文の特徴の一つに、「前文の内容と対比される具体的対象者が提示されている」という点がある。表にすると次の通りである。

	段落	sthāp を含んだ文の内容の中心	sthāp の対象
①	証信序（一章）	会座の声聞は勝れた徳を具える	阿　難
②	念仏往生願（八章）	衆生は聞法・欲生・回向して往生する	逆謗者
③	必至補処願（八章）	浄土の菩薩の位は一生補処位である	誓願者
④	光明無量段（十二章）	弥陀の光明は無量である	諸　仏
⑤	必至補処（三十三章）	浄土の菩薩の位は一生補処位である	誓願者
⑥	観音勢至（三十四章）	浄土の菩薩の光明は十万千万由旬である	観音・勢至
⑦	不更悪趣（三十六章）	浄土の菩薩は悪趣にかえらない	誓願者

これは他経典と比較した場合、たとえば〈法華経〉には、

シャーリプトラよ、如来が面前におられるときに、煩悩のつきた阿羅漢である比丘がこの法を聞いて信仰しないということは、ありえないことであり、道理に合わないことだからである。ただし、如来がすでに涅槃されたばあいは、そのかぎりではない。[21]

（以下、傍線は筆者による。sthāp の文を示す）

といった用例がある。この場合、sthāp の目的語は具体的対象者ではなく事態・状況を示している。それに対して〈無量寿経〉の全ての用例が、一様に対象者を挙げている事は注視すべきだろう。

この事に関連して、梵本では sthāp と、同じく「除」と漢訳される「anyatra」との間に違いがみられる。[22] anyatra は「anya」（他の）に場・情況に参与する依格相当語を作る接尾辞がついた語で、「〜は別にして、除いて（except）」といった意味である。sthāp と大変類似した語であり、梵本では五箇所にみられる。[23] しかし、その anyatra の対象は sthāp と大きく異なり、ほとんど言語表現上の例外を述べるにすぎない。たとえば第四願では、

もしも、世尊よ、かのわたくしの仏国土において、ただ世俗の言いならわしでの名称と表示をもって、〈神々〔あるいは〕人間たちである〉と数え立てることは別として、[24] 神々と人間たちとの区別が知られるようであるならば、その間は、わたくしは無上なる正等覚をさとりません。[25]

（波線は筆者による。anyatra の文を示す）

と誓われている。ここで anyatra の対象は「世俗の言いならわし（saṃvṛtivyavahāra）」である。つまり anyatra の文の場合、sthāp のような具体的対象者を具えておらず、[26] そこに sthāp との明確な相違、梵本における両語の使い分けがある。

そこでその特徴を足掛かりに、用例を次のように分類して検討する（括弧内の丸数字は前述した sthāp の用例箇所を指す）。

（一）　固有名詞（①・⑥）

（二）　誓願者（浄土の菩薩）（③・⑤・⑦）

（三）　諸　仏（④）

（四）　逆謗者（②）

（一）　固有名詞

【①証信序（一章）】　これら〔の声聞たち〕と、それ以外にも非常に有名であり、長老で、偉大な声聞たちが、学修の道においてさらになすべきことが残っていた一人、すなわち尊者アーナンダは除いて(27)一緒であった。(28)

この段落は〈無量寿経〉全てに存在するが、sthāp の文の相当句は漢訳にはない。sthāp の対象は阿難という人物である。釈尊の会座の声聞はみな偉大で高徳の者ばかりであったが、阿難一人、その範疇に収まることができない、抵触した者である事を示している。

ところで阿難は言うまでもなく他の多くの経典同様、対告衆として最も重要な存在の一人である。しかも〈無量寿経〉においては発起序で釈尊が出世本懐を説く契機となる仏弟子である。よってこの sthāp の文は単に阿難の存在を劣視・差別化した言句とは考えにくい。むしろ「あの阿難も間違いなくいました」といった存在を際だたせる効果があるように思われる。

【⑥観音勢至（三十四章）】　また実に、アーナンダよ、かの仏国土において、声聞たちは、一ヴィヤーマの光明をもっており、菩薩たちは、かの世界を、その光明によって絶えず照らし満たしている二人の菩薩は除いて、(29)

十万・千万ヨージャナの光明をもっているのである。[30]
sthāp の「二人の菩薩」とは観音菩薩、勢至菩薩のことである。この段落も〈無量寿経〉全てに存在し、言い換えれば〈無量寿経〉において無くてはならない箇所である。sthāp の文に対応する箇所は『如来会』、梵本、蔵訳のみであるが、新たに付加された内容ではなく、sthāp を使用して表現を変化させたのである。『無量寿経』と『如来会』を比較してみると、

『無量寿経』	『如来会』
阿難。 彼佛國中。諸聲聞衆身光一尋。 菩薩光明照百由旬。 有二菩薩最尊第一。威神光明。 普照三千大千世界。	復次阿難。 彼佛刹中諸聲聞衆。皆有身光能照一尋。 菩薩光照極百千尋。 除二菩薩光明 常照三千大千世界。

となる。[31] これによると『無量寿経』で二菩薩の光明の特徴を「最尊第一。威神」と表現していたところを『如来会』では削除し、かわりに「除」という表現で特徴づけ、同じように他の菩薩にひいでた特別な存在であることを示している。
sthāp の対象である観音・勢至菩薩は阿弥陀仏の脇侍であり、[32] また明らかに三十四章の中心である。つまり先程の①と同様、前文よりも sthāp の対象の方が、総合的に〈無量寿経〉において重要な役割を果たしている。
以上より sthāp は、経典での特別な位置づけの存在を対象としていることが確認される。

【③必至補処願（第二十一願）（八章）】 もしも、世尊よ、わたくしが覚りを得たときに、かしこの仏国土に生まれるであろう生ける者たちが、——大いなる鎧を身にまとい、一切の世間の利益のために鎖を身にまとい、一切の世間の利益のために専心し、一切の世間〔の人々〕を般捏槃せしめるために専心し、一切の世界において菩薩の行を実践しようと欲し、一切の仏たちを恭敬しようと欲し、ガンジス河の砂に等しい生ける者たちを無上なる正等覚に安立させ、さらにその上の行に向かい、サマンタバドラ（普賢）の行に決定した、これら菩薩・大士たちの特別な諸誓願を除いて[33]——すべて、無上なる正等覚に対して、一生だけ〔この世に〕つながれた者（一生所繫）とならないようであるならば、その間は、わたくしは無上なる正等覚をさとりません。[34]

③は『大阿弥陀経』以外、全ての〈無量寿経〉に対照可能な願文が存在する。なお『平等覚経』第二十願では、sthāp の文の相当句として「置二是余願功徳一[35]」とあり、「除」でなく「置」と漢訳されている。

ここでの sthāp の対象は大乗菩薩道ともいうべき利他行を誓願する者である。浄土の菩薩は全て菩薩としての最高位「一生補処（ekajātipratibaddha）」を授けられる。しかし利他行誓願者は、その果報に抵触し、一生補処位に留まらない衆生教化の道を願う。

さて願文の趣旨は、願名通り一生補処位だが、内容描写の分量は sthāp の文の方が圧倒的に長く、説明も詳細である。またその説明の最後は「サマンタバドラ（普賢）の行に決定した（samantabhadracaryāniyatānāṃ）」とあり〈華厳経〉の影響が見える。「普賢」の語は他にも〈無量寿経〉の諸処に見受けられ[36]、〈無量寿経〉において

〈華厳経〉の存在は決して軽視できる存在ではなく[37]、それゆえsthāpの役割も「〜は除いて」と、果報の限定を表すのみとは言い難い。

また必至補処願は往覲偈（東方偈）の次の三偈との関連性が指摘される。

（18）わたくしの、この卓越した誓願は満たされた。そして、生ける者たちは、多くの世界からやってくる。かれらは、すみやかに、わたくしのもとに来て、ここで、一生の間、退転しない者となる』〔と〕。（19）このゆえに、ここで〔一〕菩薩が、『わたくしの国土も、このようになるように。わたくしもまた、〔わたくしの〕名により、声により、また〔わたくしを〕見ることによって、多くの生ける者たちを解脱せしめよう』と望むならば、（20）かれは早く大急ぎで、極楽世界に行くがよい……。[38]

この（18）、第十八偈にある「一生の間」の原語は「ekajātiyā」であり一生補処位を指している可能性が高い。[39]また（19）、第十九偈は利他行誓願者と対応する。そして両偈は「このゆえに（tasmād）」とあるように連続的関係にある。この関係は、必至補処願の前半と後半との関係と対応しているのではないだろうか。このような点から、sthāpの文は、単純に抵触した対象を例外として浄土内に認可・放置させる程度のものとは考えにくい。[40]その事は次の用例からも窺える。

【⑦不更悪趣願成就文（三十六章）】　また実にアーナンダよ、かの仏国土に生まれた菩薩たちは、すべて仏を見ることと法を聞くこととから離れず、覚りの極致にいたるまで、悪処におちないものである。かれらは、すべて、それより後、〔前〕生の記憶をもたぬということは決してないであろう。ただし、たとえば、わたくしが今〔この世間に現れている〕ように、五つの汚濁（五濁）があるときに、仏・世尊たちが世間に現れるので

あるが、そのように濁乱した劫の中に住すべく前世に誓願を立てた者たちは除く[41]

この段落は第二願「不更悪趣」の成就文であり、『荘厳経』以外、全ての漢訳に存在する。ただし『大阿弥陀経』『平等覚経』といった初期無量寿経には sthāp の文の相当句はない。よって sthāp の文の内容は後期から新たに影響を受け導入された思想と考えられる。

ここでの sthāp の対象も③と同様、利他行誓願者である。浄土の菩薩は全員、再び悪趣にかえらなくて済むという功徳が具わる。しかしその果報に抵触する「五濁におもむき利他の衆生済度を望む者」も例外として浄土に存在するのである。しかも利他誓願者の説明の最後に「たとえば、わたくしが今〔この世間に現れている〕ように(tad yathāpi nāma mamaitarhi)」と釈尊の記述がある。

釈尊の五濁教化については、〈阿弥陀経〉の後半にも同様の内容が述べられる。〈阿弥陀経〉は前半の阿弥陀仏から諸仏讃歎へと主題が移り、そして最後は釈尊の五濁教化への讃歎となる。当然そこには〈阿弥陀経〉の経典成立の問題もあるが[42]、結局、短い経典の中において、本来の主題である阿弥陀仏や往生思想と、釈尊の五濁教化が並存している。この事は⑦の内容、不更悪趣と sthāp の文との関係にも通じるのではないだろうか。すなわち sthāp の文にある五濁教化の者は、浄土の果報に抵触する例外者という以上に、果報と同等な位置づけとして、sthāp の文によって示されていると考えられる。言い換えると、そのような位置づけをもたらすのが⑦の sthāp のニュアンスなのである。

以上より sthāp の文は、単に例外者を浄土内に容認したというより、「一生補処」「不更悪趣」という果報では示し得なかった利他的側面、大乗菩薩思想を積極的に受け入れる意図があったと考えられる。

なお「⑤必至補処（第三十三章）」は③の成就文のため、紙数上、省略する。

（三）諸　仏

【④光明無量段（十二章）】 同様に、南・西・北方、下方、上方、〔四〕維の一々の方角において、あまねく、ガンジス河の砂に等しい十万・百万・千万の仏国土が、かの世尊アミターバ如来の、かの光明によって、常に満たされている。ただし、前世の誓願の加護によって、一ヴィヤーマ（尋）の光明、一・二・三・四・五・十・二十・三十・四十ヨージャナの光明、百ヨージャナの光明、千ヨージャナの光明、十万ヨージャナの光明、ないし十万・百万・千万ヨージャナの多くの光明をもって、〔この〕世間にいたるまで満たしている仏・世尊たちは除く。(43)

ここは弥陀の光明無量性について説かれた段落である。sthāp に対応する語があるのは『如来会』のみであるが、内容はほぼ〈無量寿経〉全体にわたって関連しているとみられる。(44)

ここでの sthāp の対象は諸仏である。すなわち全ての世界は弥陀の光明によって照射されるが、その「無量性」に抵触する諸仏の光明の存在を明かしている。

ところで『如来会』には「唯除諸仏本願威神所加、悉皆照燭」(45)とある。この漢訳では、諸仏の光明領域に弥陀の光明は介入しないという意味にも理解することができる。

だが果たしてそうであろうか。「誓願の加護によって（pūrvapraṇidhānādhiṣṭhānena）」、

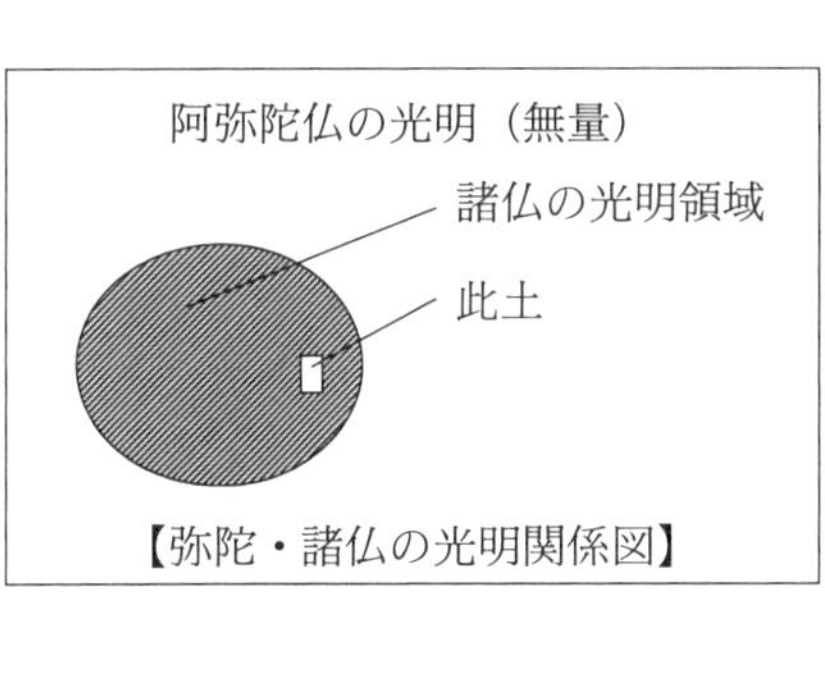

【弥陀・諸仏の光明関係図】

諸仏の中には「〔この〕世間にいたるまで（yāval lokaṃ）」照射する仏がいる。もし諸仏の光明領域を弥陀の光明範囲から除外するのであれば、弥陀と此土とは無関係となり、経典全体の文脈に齟齬をきたすのではないだろうか。したがって諸仏と弥陀の光明には照射区分があるのではない。sthāp の対象である諸仏の光明領域は、抵触しつつも弥陀の光明に包含された状態と考えることができる。言い換えると弥陀の光明は諸仏の光明を摂めつつ、いよいよ照射しない所はない無量・無碍の特質を具えているのである。

以上までの用例の検討をまとめると次のようになる。

最初に述べたように梵本の sthāp の特徴は、必ず具体的対象者の存在が示されることであった。そして彼等は全員、「除いて」とあるように、前文の内容と抵触した者達であった。しかしその対象者に着目すると、「（一）固有名詞」での対象者は、経典や段落において決して軽視できない存在であった。また「（二）浄土の菩薩」では対象者は利他行誓願者であり、普賢菩薩、釈尊の衆生教化といった概念を有していた。そして sthāp の文には旧来の〈無量寿経〉思想の枠組みでは含みきれなかった者を、枠組みは残しつつ、摂め取る意味合いが窺えた。さらに「（三）諸仏」では、sthāp の対象は前文と抵触しつつも、構造的に包含される関係であった。このような事から梵本における sthāp には、抵触する対象者を例外措置として「（そのまま）捨て置く」のではなく、包摂措置として「（そのまま）摂め置く」というニュアンスが垣間見えるのである

【②念仏往生願（第十九願）（八章）】もしも、世尊よ、わたくしが覚りを得たときに、無量・無数の仏国土における生ける者たちが、わたくしの名を聞いて、かしこの仏国土に対して心をかけ、〔そこに〕生まれるためにもろもろの善根をさし向けるとして、かれらが、――無間〔罪〕を犯した者たちと正法を誹謗するという障碍に覆われた生ける者たちとを除いて[46]――たとえ十たび心を起こすことによってでも、かしこの仏国土に生まれないようであるならば、その間は、わたくしは無上なる正等覚をさとりません。[47]

梵文の生因願は、『大経』『如来会』の三願に対し、第十九願と第十八願の二願である。『大経』と梵本の内容を比較した場合、およそ『大経』第十八願の内容は、梵本第十八願、第十九願に振り分けられている。[48]生因願は〈無量寿経〉全てに存在するが、〈無量寿経〉成立史[49]において生因願ほど諸本で種々変容していった箇所は存在しない。そのことは逆に往生の問題に大変大きな関心があった事を裏付けている。

さてsthāpの対象は逆謗者であるが、この対象も他例と同様、前文と抵触した存在といえる。すなわち逆謗者は往生の因法である「聞名（mama nāmadheyaṃ śrutvā）」から始まり、「欲生心（cittaṃ preṣayeyur）」、「善根回向（kuśalamūlāni pariṇāmayeyus）」といった内容を、「乃至十念（antaśo daśabhiś cittotpādaparivartaiḥ）」どころか、最初から行ずることのできない状況の者と見なすことができる。そういう意味において逆謗者は第十八願に示された往生の枠組みから除かれている。

しかし他例と同じsthāpのニュアンスを見るならば、逆謗者は弥陀の救済対象として決して軽視できない存在である。むしろ経典の趣意として往生させるべき相手だからこそ、sthāp の文として表現し顕しているといえる。

藤田氏もコメントされていた通り、この唯除の文は初期無量寿経の悪人往生の思想との深い連関が想定される。『大阿弥陀経』『平等覚経』には共に「前世作（為）悪[50]」の悪業者を対象とする願文が存在する。そして願文では彼等は聞名を契機に欲生し善業を為し往生すると誓われていた。

このような悪人往生の思想展開上に、sthāp の文は位置する。すなわち〈無量寿経〉が初期から後期に変容する際、他の〈華厳経〉などの思想導入と同様、「聞名→欲生・作善」といった従来の往生思想の枠組みに入っていなかった「逆謗者」の思想を導入したのである。その結果、従来の枠組みは残しつつ、〈無量寿経〉の利他思想の展開として、彼等も救済対象の枠組みに受け入れる意図で sthāp の文は附加されたと推論する。

たしかに生因願の率直な見方としては「逆謗以外のどのような悪行者も往生の対象となりうることを認めている」というのが妥当かもしれない。その場合、sthāp の文は初期無量寿経で述べられた悪人往生思想の補完的役割を果たす。だが梵本の他例との関連性を加味した場合、sthāp は単に限定の意味で留まっているとは考えがたい。

三、小　結

以上、甚だ大雑把ではあるが、〈無量寿経〉の梵本における sthāp の用例の検討を通して、第十八願「唯除の文」の意図、弥陀の救済対象の願意を考察した。梵本 sthāp の文には他の経典や「anyatra」の用例とは異なり、一様に「前文の内容と抵触する具体的対象者」が示されるという特徴があった。そしてその抵触者は、経典の文脈から決して除外、また軽視される位置づけではない。むしろ用例によっては、初期無量寿経で未だ示し残されていた、経典の趣意というべき利他的思想、大乗菩薩思想を積極的に取り入れる姿勢が窺えた。よって第十八願の sthāp の文も、単純に往生の因法に抵触した救済対象外の顕示とは言い難い。

sthāp の語義は基本的に「(そのままにして) 置く」であり、その意味の展開上、文言の例外を附言する際に、漢訳では「(唯) 除」として種々の経典では用いられている。しかしどういった経緯で例外を附言するのかは経典の趣旨によって異なる。各経典にはそれぞれの経意に則ったニュアンスが加味されている筈である。すなわち種々変容していった〈無量寿経〉生因願の成立史的背景を勘案した場合、第十八願の sthāp のニュアンスとしては、逆謗者を「捨て置く」のではなく、「摂め置く」というが相応しいと判断される。逆謗者の抵触性 (重罪性) を示しつつ、その者を救済の枠組みから放置しないのが sthāp から見出される〈無量寿経〉における唯除の文の意義である。そのことは最初述べた悪人正機の宗義に適合されると思われる。

註

(1) 今論文は『龍谷教学』第四十六号 (平成二十三年三月発行) の拙論「〈無量寿経〉における唯除の語義について」を一部改稿したものである。
(2) 『真宗聖教全書 (以下、真聖全)』第二巻 (大八木興文堂、一九四一年)、二一~三頁。
(3) 『真聖全』第一巻 (大八木興文堂、一九四一年)、九頁。
(4) 『真聖全』第一巻、九頁。
(5) 他にも慧遠『無量寿経義疏』下巻 (『大正新脩大蔵経 (以下、大正蔵)』第三十七巻、一〇七頁中四~一五行目) や、懐感『釈浄土群疑論』巻三では「十五家」の解釈があげられ (『大正蔵』第四十七巻、四三頁下~四四頁上)、また璟興『無量寿経連義述文讃』では十三説があげられる（『大正蔵』第三十七巻、一五一頁中〜一五二頁上）。

（6）『真聖全』第一巻、三〇七〜三一一頁。

（7）『真聖全』第一巻、五五五頁。

（8）『真聖全』第二巻、九七〜一〇二頁。

（9）「「唯除五逆誹謗正法」といふは、唯除といふはただのぞくといふことば也。五逆のつみびとをきらい、誹謗のおもきとがをしらせんと也。このふたつのつみのおもきことをしめして、十方一切の衆生みなもれず往生すべしとしらせむとなり。」（『真聖全』第二巻、五七八頁）

（10）唯除の文（抑止の文）の仏意は先哲によると「摂取せんがため」、「摂機をあらわさんがため」、「己信の機を保護せんがため」の三義がある（稲城選恵『仏説無量寿経講話』第二巻、二五二〜二五五頁）。

（11）以上参照、藤満正子「本願における「唯除逆謗」の一考察」（『宗学院論集』第六十一号、永田文昌堂、一九八九年）、一三一〜四三頁。

（12）『真聖全』第一巻、一九〇頁。

（13）大田利生編『漢訳五本梵本蔵訳対照　無量寿経』永田文昌堂、二〇〇五年（以下、大田本）、五五頁二八〜三〇行目（行数は頁左側にある梵本を示す）。

（14）藤田宏達『梵文和訳　無量寿経・阿弥陀経』法蔵館、一九七五年（以下、藤田訳）、六二頁。

（15）たとえばモニエルの辞書（Monier Williams, *Sanskrit-English dictionary*）では varjayitvā（√vṛj: twist）、apāsya（√as: be, throw）、apahāya（√hā: leave）、また vinā、anyatra、antareṇa、vyatirekeṇa、pṛthak などが挙げられる。

（16）阿理生「“sthāpayitvā”の語義について—経論における用例を通じて—」（『印度学仏教学研究』第四十九巻第二号、二〇〇一年）、九二八頁。

（17）エジャトンの辞書には sthāp の項目に「putting aside」そして「except」とある（Franklin Edgerton, *Buddhist hybrid Sanskrit grammar and dictionary*, vol. 2, New Haven : Yale University Press, 1953, p. 610 ）。

（18）阿前掲論文、九二四〜九二五頁。

(19) 藤田宏達『浄土三部経の研究』（岩波書店、二〇〇七年）、三三二〜三三三頁。

(20) 藤田前掲書、三三三頁。

(21) 『大乗仏典（四）　法華経Ⅰ』（中公文庫、二〇〇一年）、五八頁。「……sthāpayitvā parinirvṛtasya tathāgatasya」（荻原雲来・土田勝弥編『梵文法華経』山喜房仏書林、一九三四〜一九三五年、（以下、荻原・土田本）、四〇頁）。

(22) anyatra と sthāp の語の相違については稲城前掲書（二五一頁）でも注目されてある。

(23) 大田本、四三頁一九〜二〇行目・五三頁一三行目・一六一頁三行目・一七五頁五行目・二六七頁二九行目。

(24) 「……anyatra nāmasaṃketasaṃvṛtivyavahāramātrā devā manuṣyā iti saṃkhyāgaṇanāto」（大田本、四三頁一九〜二一行目）。

(25) 藤田訳、五八頁。

(26) 梵本第十四願「聖衆の寿命は無量である」に使用される anyatra は単に表現上の例外を示したものではない。だが sthāp とは異なり、対象者を具体的に述べておらず「誓願の力（praṇidhānavaśa）」とあるのみである（大田本、五三頁一三行目）。

(27) 「……sthāpayitvā śaikṣapratipady uttarikaraṇīyaṃ yad idam: āyuṣmantam ānandam」（大田本、七頁二六行目）。

(28) 藤田訳、八二頁。

(29) 「……sthāpayitvā dvau bodhisattvau, yayoḥ prabhayā sā lokadhātuḥ satatasamitaṃ nityāvabhāsasphuṭā」（大田本、二一一頁四〜六行目）。

(30) 藤田訳、一一九頁。

(31) 大田本、二一〇頁。

(32) 初期無量寿経では弥陀が般涅槃後、次に観音・勢至が仏国土を継承することが描写される（『真聖全』第一巻、一〇七、一五八〜一五九頁）。

(33) 「……sthāpayitvā praṇidhānaviśeṣāṃs teṣām eva bodhisattvānāṃ mahāsattvānāṃ mahāsaṃnāhasaṃnadd-

hānāṃ, sarvalokārthasaṃnaddhānāṃ, sarvalokārthābhiyuktānāṃ, sarvalokaparinirvāpitābhiyuktānāṃ, sarvalokadhātuṣu bodhisattvacaryāṃ caritukāmānāṃ, sarvabuddhān satkartukāmānāṃ, gaṅgānadīvālukāsamān sattvān anuttarāyāṃ samyaksaṃbodhau pratiṣṭhāpakānāṃ, bhūyaś cottaricaryābhimukhānāṃ samantabhadracaryāniyatānāṃ」（大田本、五七頁一一～二〇行目）。

（34）藤田訳、六三頁。

（35）『真聖全』第一巻、七九頁。

（36）『真聖全』第一巻、一・二・一八四・一八六・二一三頁。また〈華厳経〉の影響として『大経』には「仏華厳三昧」、『如来会』には「仏華三昧」という語がある（『真聖全』第一巻、三・一八六頁）。

（37）〈無量寿経〉と〈華厳経〉との影響関係については大田利生『増訂　無量寿経の研究―思想とその展開―』（永田文昌堂、二〇〇〇年）、一二四～一二五・一二四～一三〇頁参照。

（38）藤田訳、一一五～一一六頁。大田本、二〇三頁三〇～四一行目。

（39）この「一生の間」を一生補処の意と理解するかは諸学者で意見が異なる。藤田氏はこの箇所を一生補処とする説に疑問視される（藤田訳、二一七頁）。だが福井氏はこの箇所を一生補処と推測される（福井真「sukhāvatīvyūha『梵本無量寿経』東方偈の研究　ekajātipratibaddha を中心にして」『教学研究所紀要』第七巻、一九九九年、二八一頁）。これについて東方偈の初期段階の形を残す『平等覚経』を調べると、願文と東方偈には種々の連関性が見つかり、また「一生」という訳語は必至補処願と東方偈の当該箇所のみである。その事から東方偈の「一生の間」は、必至補処願との連関が強いと思われる（「『平等覚経』における生因思想の展開」『山口真宗教学』第十七号、二〇〇五年、四八～五二頁）。

（40）〈法華経〉には、功徳や仏国土への往生を捨て（sthāp）、衆生済度のために此土にあらわれる善男子善女人について述べられた箇所がある（荻原・土田本、一九七～一九八頁。『大乗仏典（五）　法華経Ⅱ』中公文庫、二〇〇一年、一〇頁）。

（41）藤田訳、一二〇頁。「……sthāpayitvā tathārūpeṣu kalpasaṃkṣobheṣu ye pūrvasthānapraṇihitāḥ pañcasu kaṣāyeṣu vartamāneṣu, yadā buddhānāṃ bhagavatāṃ loke prādurbhāvo bhavati, tad yathāpi nāma mamaitarhi」（大田本、二一三頁一二〜一六行目）。

（42）藤田前掲書、一四六頁。また大田前掲書、三八一頁。

（43）藤田訳、八二〜八三頁。「……sthāpayitvā buddhān bhagavataḥ pūrvapraṇidhānādhiṣṭhānena ye vyāmaprabhayaikadvitricatuḥpañcadaśaviṃśatitriṃśaccatvāriṃśadyojanaprabhayā, yojanaśataprabhayā, yojanasahasraprabhayā, yojanaśatasahasraprabhayā, yāvad anekayojanakoṭīnayutaśatasahasraprabhayā, yāval lokaṃ spharitvā tiṣṭhanti）」（大田本、一〇九頁一八〜二四行目）。

（44）拙稿「光明無量段考」（『宗学院論集』第八十一号、二〇〇九年）、七九〜九八頁参照。

（45）『真聖全』第一巻、一九六頁。

（46）「……sthāpayitvānantaryakāriṇaḥ saddharmapratikṣepāvaraṇāvṛtāṃś ca sattvān」（大田本、五五頁二八〜三〇行目）。

（47）藤田訳、六二頁。

（48）『大経』第十八願の「（至心）信楽」の原語「prasannacitta」は梵本第十八願にある。

（49）経典の成立順序については多くの研究者が支持する通り「『大阿弥陀経』→『平等覚経』→『大経』→『如来会』→梵本・蔵訳」と考える。

（50）『真聖全』第一巻、七九・一三七頁。

唯除五逆誹謗正法の一考察

岡崎秀麿

はじめに

親鸞聖人（以下、親鸞と記す）は『仏説無量寿経』（以下、『大経』と記す）を「真実教」と定め、その『大経』に説かれる四十八願の中、第十八願を「本願」「選択本願」と称し、阿弥陀仏による衆生救済の根本願とした。

設我得仏十方衆生至心信楽欲生我国乃至十念若不生者不取正覚。唯除五逆誹謗正法

とある十八願には「唯除五逆誹謗正法」（以下、「唯除」と記す）という排除規定と見なされる文言が付されている点において他の四十七願とは決定的に異なる。「唯除」は、『観無量寿経』（以下、『観経』と記す）を中心として各々の教学を構築した中国の仏教者において、『観経』下々品に、

或有衆生作不善業五逆十悪具諸不善。～〈中略〉～此人苦逼不遑念仏善友告言汝若不能念者応称無量寿仏如是至心令声不絶具足十念称南無阿弥陀仏称仏名故於念念中除八十億劫生死之罪。(1)（中略筆者）

と述べられる経説との相違を問う中で議論されてきた。『大経』では五逆と誹謗正法の者が除かれるのに対し、『観

経』では五逆の者が往生しうるという二経の相違が問題とされたのである。中国での議論が盛んであったことは、懐感『釈浄土群疑論』には十五の説を挙げ、璟興『無量寿経連義述文賛』には百家の説があると記していることから窺われる。[2]真宗学においては「逆謗除取」の題目の下、曇鸞の『往生論註』（以下、『論註』と記す）上巻・八番問答、善導の『観経四帖疏』散善義（以下、「散善義」と記す）下品下生釈、及び曇鸞、善導の釈を引用した親鸞の『顕浄土真実教行証文類』（以下、『教行信証』と記す）信巻・逆謗摂取釈を中心として研究が続けられてきた。

こうした曇鸞や善導等の釈義に対する教義的研究だけでなく文献学的視点からの「唯除」に対する研究も行われているが、その中でも玉城康四郎の研究（以下、「玉城」と記す）は注意を引く。[3]なぜなら、「玉城」は中国・日本における「唯除」に対する諸解釈を提示した上で、特に注目すべき解釈として石泉僧叡（以下、石泉と記す）・興隆という浄土真宗における宗学者二師を提示しているからである。特に石泉の解釈に対しては、

所廃の非本願行を、その行体の本質を改変せざるままに、弘願法中に摂容収受すべき原理を深く本願に探り得て、「唯除五逆誹謗正法」の抑止に基盤せしめしことは、蓋し、古今未曽有の巧釈と賞せられて然るべきである。[4]

とまで評す研究者もいる。これは、親鸞教義の中で信後における行の根拠をどこに求めるのかを研究する際に、石泉が「唯除」を根拠として称名以外の行を論じたことを指摘したものである。

本論では、曇鸞、善導、親鸞の逆謗摂取に対する解釈とその展開に対する研究を目的とする。既に研究成果は多く提出されているが、従来は親鸞の解釈を基にしていることが多く、個々の独自性や問題点を指摘したものは少ないと考えているため、先行研究を見直しながら、特徴や問題点を指摘しつつ、「唯除」に対する解釈を明らかにし

ていきたい。

一、『大経』における「唯除」の文

先ず「玉城」の所論の要点を確認する。「玉城」は、中国・日本における「唯除」に対する解釈を「混乱の一語に尽きている」と評す。そこで「玉城」は、石泉等の解釈を一面において評価しながらも、ではそのような独特な解釈が生じる原因はどこにあるのか、という問題意識を根本的な論点として提示する。そこで、「唯除」は『大経』というテキスト、資料そのものが持つ問題を内包しているということに注目し、ここを起点に論を展開する。「資料そのものが持つ問題」とは、梵本無量寿経を見る限り、第十八願文では「五逆誹謗正法」を往生しえない者として「除き」ながらも、後半部分、いわゆる胎化段と称される部分では、疑惑がありながらも「紅蓮華の胎内に住す」というあり方で往生を認めているという経典そのものが有する「不整合性」を意味する。「玉城」はその「不整合性」を解除するために、「唯除」の「除 sthāpayitvā」を「抑留する」と解釈すべきであると結論する。

「玉城」の所論に対しては種々意見が提示されている。例えば、藤田宏達は『大経』異本を確認し[5]、「唯除」がいわゆる「後期無量寿経[6]」において附加されたこと、及び、「唯除」が思想的には『大阿弥陀経』『平等覚経』の「初期無量寿経」に見られる悪人往生の思想、及び両経における下輩段相当文の所説と関係を持つことを指摘することで、

第十八願は、この唯除の文によって「初期無量寿経」に見られる悪人往生の思想を、大乗仏教の歴史的現実に

即した形で限定を加えながら継承したものと見ることができるのである。(7)と結論する。藤田は「玉城」の所論を支持しがたいとし、従来の通り「唯除」は「ただ除く」とする伝統的解釈を妥当とする。弘中満雄は藤田などの研究成果を受け、〈無量寿経〉(8)における sthāpayitvā の全用例を検討し次のように結論する。

〈無量寿経〉生因願の成立史的背景を勘案した場合、第十八願の sthāp のニュアンスとしては、逆謗者を「捨て置く」のではなく、「摂め置く」というのが相応しいと判断される。逆謗者の抵触性（重罪性）を示しつつ、その者を救済の枠組みから放置しないのが sthāp から見出される唯除の語義であり、それは最初述べた悪人正機の宗義に適合されると思われる。(9)

「最初述べた悪人正機の宗義」とは、曇鸞、善導、親鸞へと相承される「唯除」の文に対する解釈を指す。「唯除」に対する文献学的研究は、「現代の客観的・実証的視点からすれば、『大経』と『観経』の所説に矛盾があるとしても、これを会通しなければならぬ必要はない」(10)という立場に立ちながらも、他方でその研究成果が浄土教でなされる解釈を支持する結論となっていることは注目すべきであろう。

また、玉城が「唯除」と、

若有衆生以疑惑心修諸功徳願生彼国不了仏智不思議智不可称智大乗広智無等無倫最上勝智於諸智疑惑不信然猶信罪福修習善本願生其国此諸衆生生彼宮殿寿五百歳常不見仏不聞経法不見菩薩声聞聖衆是故於彼国土謂之胎生。(11)

とある胎化段とを関連づけていたが、その立場も文献学的には「本願文と胎化段の内容を直接関連づけてみることは、〈無量寿経〉そのものの中からは出てこないといってよかろう」(12)と指摘されながらも、同時に、浄土教独自の立場をあらわすものとしてこれまで論じられている。尾畑文正は、「この唯除の文が構造的には『大経』下巻の「悲化段」と「智慧段」に相当することに注意をはらいたい[13]」と、五逆が悲化段（五悪段）に、誹謗正法が智慧段（胎化段）に相当すると指摘する。五悪段に対しては、その成立についてインド撰述・中国撰述説などが提起され、「三毒・五悪段がかかる道家的、神仙家的思想を持ち込んで作られたものであることは、疑う余地がないのである[14]」、「『大経』においてこの一段がなくても、その宗教的価値が半減するものとは思われない[15]」などと指摘されている。小野蓮明は、信・疑の問題に着目し、「唯除」と第二十願とを関わらせ、

　「唯除」の絶対現実、本願における「唯除」の悲心の具体相を、「果遂の誓い」と呼ばれる第二十願の世界に看取される。[16]

という。「唯除」にある「誹謗正法」を胎化段と関わらせ、第二十願・化土往生といった問題と第十八願とを関連させ論究している。

「唯除」に対しては種々な立場から研究が行われているが、浄土教における解釈に関する限り『大経』と『観経』の経説の関係が中心となる。また、解釈の独自性という面から言えば、胎化段・五悪段を関連づけることであり、『大経』の科文（科段[17]）から考えれば、それらは『大経』正宗分で対告者が阿難から弥勒へと変わる箇所の後段、いわゆる釈迦発遣（指勧）分とされる箇所に含まれることになるため、弥陀・釈迦二尊による衆生救済と経説との関係という問題も含んでいるといいうる。

二、曇鸞による「唯除」解釈

曇鸞は『論註』上巻にある八番問答において「唯除」[18]を取りあげる。第一問答において、『観経』下々品の文を引用した後、「以二此経一証、明知、下品凡夫但令不三誹二謗正法一、信レ仏因縁皆得二往生一」と結論する。「信仏因縁」とは、『論註』冒頭に龍樹の『十住毘婆沙論』によって難行道・易行道を明かす中に「易行道者謂但以信仏因縁願生浄土」とある文に応じていると考えられ、曇鸞が下々品の者の往生を易行道と捉えていたことが窺える。第二問答において、

> 問曰無量寿経言願二往生一者皆得二往生一。唯除二五逆誹謗正法一。観無量寿経言五逆十悪具二諸不善一亦得二往生一。此二経云何会。[19]

と『大経』と『観経』の相違を問い、『大経』は五逆と謗法の二罪だから往生できず、『観経』は正法を誹謗するとはいわず、ただ五逆の一罪のみであるから往生できる、と答える。問答の最後には「以レ不レ謗二正法一故、是故得レ生」と、謗法でないから往生できるといい、あくまで謗法不生なることを強調し問答を展開させる。第三問答では、

> 問曰仮使一人具二五逆罪一而不三誹二謗正法一経許レ得レ生。復有二一人一但誹二謗正法一而無二五逆諸罪一願二往生一者得レ生以不。[20]

と、第二問答の結論よりすれば罪の単復が往生しうるか否かに関わるように思われることから、では謗法の一罪であれば往生できるのかと問う中で謗法が往生できない理由を明らかにする。「但令誹二謗正法一雖三更無二余罪一必不レ

得レ生」と、謗法であればたとえ他の罪がないとしても往生できないといい、その理由を、『大品般若経』の引用により「以二誹謗正法罪極重一故」と謗法が極重罪であることと、

又正法者即是仏法。此愚痴人既生二誹謗一安有下願レ生二仏土一之理上。(21)

と、謗法の者にはそもそも願生する理がないことの二点に求めている。なぜそれほど謗法が重罪であるのか。第四問答では謗法の相を問い、「言下無レ仏無二仏法一無二菩薩一無中菩薩法上」と、仏・法・僧の三宝(22)を謗ることであると規定し、第五問答では五逆罪が重罪であるという前提の上で、個人的な罪である謗法がなぜ他に害を及ぼす五逆罪よりも重罪となるのかと問い、

汝但知二五逆罪重一為レ重而不レ知下五逆罪従レ無二正法一生上。是故謗二正法一人其罪最重。(23)

と、五逆罪は「無正法」より生じるのであるから、謗法は五逆よりも重罪であると答える曇鸞の論旨は、五逆・謗法の罪の単復を問題にしながら、問答が進むにつれ五逆・謗法の軽重へと移行しているが、謗法不生で一貫している。従来から問題とされているのは、このような曇鸞の論証の中で、第二・第三問答での罪の単復と第五問答での「五逆罪従無正法生」という主張が両立しえないのではないか、という点である。つまり、五逆罪が「無正法」より生ずるならば、五逆罪と謗法罪とは不離の関係にあるのだから単罪の五逆罪はありえず、この点に論理の一貫性がないというのである。この点について、普賢保之の論考(以下、「普賢」と記す)(24)にそって確認していく。

「普賢」は、この問題に対する真宗学における議論が「単罪としての五逆を認めて、問答の間の会通をはかる」ものであったことを指摘し、「しかし曇鸞が敢えて謗法より五逆を生ずといったところにむしろ曇鸞の五逆罪謗法罪に対する考え方を見て取ることができるのではなかろうか」(下線筆者挿入)といい次のように主張する。曇鸞

は、願生心が欠如していることを謗法の者の往生不生の理由とするのであるから、そこには暗に廻心、願生心を生起すれば往生できることを示していると理解され、謗法は「今」、五逆は「経験」の問題だと規定することができる。この点を前提として、

第三問答等では五逆罪の往生を許し、謗法罪の者の罪が重いという理由でその往生が許されないと言いつつも、第五問答では五逆は謗法より生ずと言い、他の問答で五逆罪の者の往生が許されるということは、つまるところ謗法罪の者の往生を暗に認めようとするものであって、謗法罪と五逆罪の間に本質的な違いを認めず、問題は今仏法を信じているかどうかという一点にあることを示すものではなかろうか。

といい、結論的には『大経』『観経』にみる五逆・謗法の問題は「信じているかどうか」、つまり廻心・未廻心の問題へと集約され、『大経』は未廻心なるが故に不生、『観経』はすでに廻心しているが故に往生できることが述べられているとする。

曇鸞において廻心・未廻心が重要な問題であったこと、及び謗法の者も廻心すれば往生できると考えていたことは、『論註』下巻・口業功徳釈に、

衆生以㆓驕慢㆒故誹謗正法毀㆓呰賢聖㆒～〈中略〉～如㆑是等種種諸苦衆生聞㆓阿弥陀如来至徳名号説法音声㆒、如㆑上種々口業繋縛皆得㆓解脱㆒入㆓如来家㆒畢竟得㆓平等口業㆒。(中略筆者)[25]

とあることより認められる。しかしながら、一点疑問が残るため以下その点について確認していきたい。

曇鸞における『観経』下々品の引用は、『大経』の「唯除」と異なり「既に廻心している」とされる点に注目したい。『観経』で説示される九品ではそれぞれ、(一)往生のための実践内容、(二)臨終と往生の様子、(三)往生

後の浄土における状態が説かれ、特に下品下生段は善行を成し得ない悪人の者が説示されている。(26)そのため、『観経』の九品の経説から下々品の者のみが廻心しているとはいいえない。また、『論註』八番問答以外の箇所で下々品の者が既に廻心していると曇鸞が考えていたことを証明しうる文も見当たらない。つまり、「普賢」が「第五問答を中心に据えて他の四問答を見たならば」というように、八番問答に引用される『観経』下々品の者が「既に廻心している」と解しうる根拠は第五問答のみに求められていることになる。

では、第一・第二・第三問答における下々品の者が既に廻心しているのならば、続く第六問答における『観経』下々品の引用、及び十念の説示はいかに理解すべきであろうか。第六問答では「問曰業道経言業道如レ称。重者先牽」と、「業道経」を根拠とした重者先牽・有漏繋業の義より下々品に説かれる五逆の者の十念往生を問題にする。下々品の引用は、

> 如二観無量寿経言一有レ人造二五逆十念一具諸不善。応下堕二悪道一経二歴多劫一受中無量苦上。臨二命終時一遇二善知識教一称二南無無量寿仏一。如レ是至レ心令二声不レ絶具二足十念一便得三往二生安楽浄土一即入二大乗正定之聚一畢竟不退。与二三塗諸苦一永隔。(27)

とあるが、これは第一問答において引用された下々品の文を略引(28)しただけでなく、「大乗正定聚・不退」の語を挿入することで、先の「信仏因縁」と同じく『論註』冒頭の易行道と照応する形に改変されていると考えられる。第六問答の中心課題は、重者先牽・有漏繋業の義からすれば『観経』下々品の五逆・十悪の罪を犯したものが命終時になす十念によって「得往生安楽浄土即入大乗正定之聚」することは受け入れられないと疑義を提示し、在心・在縁・在決定の三在釈によって「曠劫已来」と「但十念阿弥陀仏」の時節の久近と「備造諸行」と「但十念阿弥陀

仏」という量の多少ではなく、軽重を主題とし、「挍二量三義一十念者重。重者先牽能出二三有一」(29)と結論することである。

八番問答中の第一・第二問答と第六問答において引用される『観経』下々品の文は全く同文ではない。しかし、八番問答が一連の問答である限り、一方が「廻心した」者で他方が「廻心していない」者と理解するよりは、共に「廻心した」者であるか、共に「廻心していない」者であると考えるほうが妥当である。そこで、「普賢」の説を前提とすると、第六問答では「既に廻心した」者の「十念」が五逆・十悪がもたらす繋業よりも重いことを論証することになり、これでは「十念」の「重」が主張されているとは単純に主張できない。「十念せしめた」、または「廻心せしめた」何かが「重」であることも同時に論証しなければ重者先牽の問いに対する十分な応答とはいいえないからである。また、『論註』において十念往生がいかに説示されているかを見ると、入第一義諦釈下にある「問曰上言レ知二生無生一当三是上品生者一。若下々品人乗二十念一往生豈非レ取二実生一耶」で始まる問答では、

若人雖レ有二無量生死罪濁一聞二彼阿弥陀如来至極無生清浄宝珠名号一投二之濁心一念念之中罪滅心浄即得二往生一。

彼下品人雖レ不レ知二法性無生一但以下称二仏名一力上作二往生意一願レ生二彼土一彼土是無生界見生之火自然而滅。(30)

とあり、下品の者の十念往生が阿弥陀如来の名号を聞くこと、仏名を称する力によることが説いてあり、「既に廻心している」とはいいえない。

第六問答は、あくまで十念と下々品の者の罪との軽重を比較する。単純な軽重ではなく、軽重を生ぜしめる根拠こそが三在釈の要点ともいいうるが、それは十念が「廻心している」者によることを主張するのではない。また、軽重という視点を、問いにある下々品の文の引用が易行道の文と対応していること、引文中の「多劫経歴」は第三

問答において謗法の相を明かした『大品般若経』の内容と一致していること、三在釈によって「造罪人」の相を明かして十念の重と比較していることと考え合わせるならば、軽重の比較はそのまま十念ならばこそ往生しうる機の相を明かしていると考えられる。従って、続く第七・第八問答は十念の説明に終始していることを考え合わせるならば、第六問答までにおいて第一問答の問い、すなわち天親がいう「普共諸衆生」の「衆生」を釈し終わったという側面も有するのである。

「普賢」では第六問答以下の問答には言及されていないため、どのように解釈されるのかわからない。また、言及されていない箇所にまでその主張を当てはめて疑義を提示することは、「普賢」の説を曲解していると批判される可能性も拭えない。しかし、八番問答を一連の流れを持ったものと捉え、第六問答まで含めて考えるならば、『観経』下々品の文は「既に廻心している」のではなく、単罪の五逆罪の者が往生しうることを明かす文として考えられていたと解することも可能となるであろう。つまり、八番問答において曇鸞が主題としたのは、あくまで五逆・謗法の軽重の比較であったのである。それでこそ、第二問答での「以不謗正法故是故得生」の理由が、第三問答では「以誹謗正法罪極重故」、第五問答では「是故謗正法人其罪最重」とされ、その上での第六問答での重者先牽の問い、及び「十念者重」という結論へという問答の展開が把握できるように考えられる。

しかしながら問題が一つ残る。「普賢」が問題提起した「不知五逆罪従無正法生」の解釈である。「無正法」とあるのを「普賢（上記下線部）」では「敢えて謗法より五逆が生ず」と理解され、「無正法＝謗法」と考えられている。(31) そのため、五逆あるところには誹謗ありと解釈されたわけであるが、曇鸞が「是故謗正法其罪最重」といい、謗法の重罪なることを結論としていることから次のように捉えることもできよう。謗法があれば必ず五逆はあるが、五逆あるところに謗法があるとは限らない。必ず五逆を生じさせることにおいて謗法は重罪であることを述べ、あくまで曇鸞は五逆・謗法を罪の軽重という視点で問題にし、謗法ならば不生であることを主張することに主眼があった。

ではなぜ、謗法も廻心すれば往生できると考えていた曇鸞が八番問答においてそれを積極的に説かなかったのか。これに対して、「曇鸞は謗法得生を積極的に主張することがなかったのである。これは全く、彼が『無量寿経』の立場にたって、『観経』の五逆得生を問題にしたからである」[32]との指摘がある。この点については、『論註』冒頭の、

無量寿是安楽浄土如来別号。釈迦牟尼仏在二王舎城及舎衛国一於二大衆之中一説二無量寿仏荘厳功徳一。即以二仏名号一為二経体一。[33]

とある言葉よりすれば、曇鸞は『大経』『観経』『小経』はすべて無量寿仏の荘厳を説き、「名号為体」において一致すると理解していたのだから、八番問答における『大経』『観経』における逆謗摂取は「此二経云何会」とあるように、「体」が同じである二経を同等とし、その上で両経の経説にある矛盾を問題にした、と考えることができるのではないか。曇鸞は、『大経』『観経』ともに排除されるのは極重罪たる謗法であることを強調したのである。

三、善導による「唯除」の文解釈

「逆謗摂取の課題に根本的な解決を与えた人は善導である」[34]と評される善導の解釈を見ていく。善導は「散善義」下品下生釈において、

問曰如二四十八願中一唯除二五逆誹謗正法一不レ得二往生一。今此観経下品下生中簡二謗法一摂二五逆一者有二何意一也。答曰此義仰就二抑止門中一解。如二四十八願中一除二謗法五逆一者然此之二業其障極重。衆生若造直入二阿鼻一歴劫周慞無レ由レ可レ出。但如来恐三其造二斯二過一方便止言レ不レ得二往生一。亦不二是不レ摂。[35]

という。問答の最後にも「此義就抑止門解竟」というように、善導は抑止門という独自の立場から『大経』『観経』の相違を解釈していく。

『大経』に対して善導は「如四十八願中」という。これは、

又無量寿経云法蔵比丘在二世饒王仏所一行二菩薩道一時発二四十八願一。一一願言若我得レ仏十方衆生称二我名号一願レ生二我国一下至二十念一若不レ生者不レ取二正覚一。[36]

とある文と同じように、四十八願を十八願に集約して示すものである。十八願に五逆・謗法が除かれているのは、五逆・謗法の二罪は仮に造ったならば歴劫周章して出離する可能性がないほどの重罪であるため、如来は五逆・謗法を凡夫が造ることを予め誡めるために抑止したのであるが、摂取しないわけではない、という。そのため、「唯除」は、未だ造っていない罪（未造業）である五逆・謗法を抑止したものとする。『観経』下々品に対しては、

又下品下生中取二五逆一除二謗法一者其五逆已作不レ可三捨令二流転一。還発二大悲一摂取往生。然謗法之罪未レ為。又止言下若起二謗法一即不上レ得レ生。此就二未造業一而解也。若造還摂得レ生。[37]

という。五逆は已に作られた罪（已造業）、謗法は未造業と解し、五逆は摂取、謗法は未造業であり、仮に作れば往生できないと抑止するが、謗法罪をなしてしまったとしても摂取されるという。

『観経』の五逆が已造業とされたのは、『観経』が説かれた機縁、阿闍世・提婆達多の逆害の事実があるからで

ある。謗法が未造業とされたのは、曇鸞が五逆単罪を認めていたとする『観経』下々品に対する解釈と符合するかのようであるが、善導は「散善義」下輩総讃においては、

下輩下行下根人　十悪五逆等貪瞋　四重偸僧謗正法　未㆔曾慚愧悔㆓前搬㆒
終時苦相如雲集　地獄猛火罪人前　忽遇㆔往生善知識　急勧専称㆓彼仏名㆒
化仏菩薩尋㆑声到　一念傾㆑心入㆓宝蓮㆒(38)

といい、世・戒・行の三福行すらも修しえない下三品については、「或有㆓人等㆒三福倶不㆑行者即名㆓十悪邪見闡提人㆒也」(39)ともいう。また、善導は浄影寺慧遠等の聖道門諸師と異なり『観経』で説示される九品を遇縁の差があるのみとする九品唯凡を説くが、その凡夫がいかなる存在であるかについては、「善導が定散ともに心想羸劣の凡夫と決定したその凡夫とは、このような五逆・謗法・闡提等の罪を造ってきた凡夫ということになる」(40)との指摘がある。つまり、善導は逆謗摂取の問答の際には下々品における謗法は未造業としながらも、また他面、已造業とする理解があったといわねばならない。

善導は『大経』「唯除」の文にある五逆・謗法を未造業とし、それらは重罪であるから抑止され、『観経』にある五逆は已造業であるから摂取し、謗法は未造業であるから抑止されたとする。この解釈によって逆謗摂取の問題は会通されたように考えられるが、『大経』『観経』ともに未造業とされた謗法を既に犯している已造業のものが『観経』における主たる救済対象である「凡夫」と考えられることもあり、ここに問題が見出される。

善導が抑止門、未造業・已造業の概念を用いて明らかにしたのは何か。それは、善導が逆謗摂取の問題をあらゆる凡夫を救済しうるとする第十八願において五逆・謗法が唯除されているにもかかわらず、『観経』では五逆の往

生を論じていることを矛盾とした立場、すなわち、『大経』弘願の立場から『観経』を問題としたことを意味する。(41)この点において曇鸞とは異なる立場となり、この相違こそが曇鸞の五逆・謗法の軽重比較の立場を承けつつも新たに「抑止門」を説示した善導の特徴につながる。逆に曇鸞と同じ立場であるのは、五逆・謗法が共に重罪であるとしながら、説明には「入阿鼻歴劫周慞無由可出」と、八番問答中の第三問答において謗法が重罪なることを『大品般若経』によって引証したことと同意趣によって謗法重罪を主張している点である。

『大経』『観経』ともに抑止された五逆・謗法已造の者は、謗法を未造業とした後に「若造還摂得生」というように、浄土往生しうると善導は捉えていた。しかしながら、従来から指摘されているように、善導において浄土往生への不可欠な要素は、『法事讃』に「乃由下弥陀因地世饒王仏所捨レ位出レ家即起二悲智之心広弘四十八願一。以二仏願力二五逆之与二十悪一罪滅得レ生。謗法闡提廻心皆往上」(42)とあるように、廻心である。廻心とは、『観経』の宗体を「今此観経即以二観仏三昧一為レ宗亦以二念仏三昧一為レ宗。一心廻願往二生浄土一為レ体」(43)と規定した際にいう「一心廻願」、願生心を発起することである。

廻心の問題は、曇鸞において次のような形で暗に示されていたと考えられる。第三問答において「復有一人但誹謗正法而無五逆諸罪願往生者得生以不」と問い、「此愚痴人既生誹謗安有願生仏土之理」と答えていた。すなわち、問いには「謗法の者が願生すれば」と謗法の願生を認め、答えには「謗法には願生がない」と謗法の願生を否定している。共に謗法の者でありながら、一方は願生を認め、一方では否定するということは、仏法を否定しながらも願生するものを予想していることを意味し、「願生」といっても差異があることを暗示するもので、これこそ廻心・未廻心の問題であろう。この点が抑止門によって明示されたと考えられる。

善導は、抑止門、未造業・已造業の概念によって曇鸞と異なり「方便止」「摂取往生」の大悲を明らかにした。已造・摂取とは、摂取する大悲のはたらきを「言㆓弘願㆒者如大経説。一切善悪凡夫得㆑生者莫㆑不㆘皆乗㆓阿弥陀仏大願業力㆒為㆗増上縁㆖也」(44)とある十八願、大願業力に求め、「一心廻願」、廻心することにおいて浄土往生しうるということでなければならない。已造・摂取が廻心を内包するのならば、未造・抑止とは重罪なるが故に抑止するという教化の側面だけでなく、未廻心ならば浄土往生できないという意味をも有している。それゆえ「方便止」とは、積極的には未廻心ならば不生を主張する。ただし、下々品の五逆の者が往生するとされたのは、既に謗法廻心したものと捉えることはできない。「然謗法之罪未為」といわれている限り未造業とするべきで、善導の問答における下々品の者の謗法未造とは、『観経』下々品には謗法が明示されていないために、それにそって未造業とされたのだと考えるしかない。善導は、弘願・本願の大悲が、未造業には抑止、已造業には摂取の力用としてはたらき、摂取には廻心が契機となることを抑止門の義によって明示したのである。

最後に、善導において廻心は懺悔が不可欠な要素として提示されていることを指摘しておきたい。日想観には、

行者若見㆓此相㆒即須㆘厳㆓飾道場㆒安㆓置仏像㆒清浄洗浴著㆓浄衣㆒又焼㆓名香㆒表㆓白諸仏一切賢聖㆒向㆓仏形像㆒現在一生懺㆗悔無始已来乃身口意業所㆑造十悪五逆四重謗法闡提等罪㆖。(45)

と逆謗等の罪を懺悔すべきことが説かれている。『般舟讃』には称名と懺悔の関係について、「一切善業廻生利　不㆑如㆔専念㆓弥陀号㆒　念念称名常懺悔」(46)とある。善導教義における懺悔思想に対してなされた、

善導浄土教における教義的位置づけは、すべて懺悔から始まるといってよく、懺悔にあるといえるであろう。すなわち五念門も三心もすべて懺悔思想の具体的あらわれであることが知られる。懺悔はやがて阿弥陀仏の浄

土に往生したいという願生心をおこすというように、懺悔から発願へと移行し、阿弥陀仏への絶対帰依が滅罪となり、浄土へ往生することとなる。(47)

との指摘によれば、善導において懺悔は行道の最も基本に位置づけられるものであるといいうる。この点、日想観では、自らの業障を除くために懺悔し、「懺悔已還如二前坐法一安心取レ境。境若現時如レ前三障尽除所観浄境朗然明浄」といっているから、懺悔した後に更に所観の境が明らかになってくると説いていることと符合する。しかし、では善導においては謗法―懺悔―称名という構造なのであろうか。ここでは自ら懺悔することで弘願のはたらきにあずかれるとも、懺悔も弘願のはたらきによるとも考えられるため、善導において懺悔が廻心に不可欠なものであったことだけを指摘しておく。(48)

善導の抑止門は、曇鸞と同じく謗法極重を根底に据えながら、曇鸞が恐らく敢えて八番問答の中で積極的に語らなかった謗法得生を明かす。謗法は重罪なるが故に抑止されつつも、仮に謗法を犯してしまったのなら、更に本願力は廻心して浄土往生せしめるべくはたらく。極重罪なるが故にとの理由から逆謗を排除した本願の立場から、すでに五逆をなし摂取されるべき機を明かす『観経』を解釈し、会通した善導だからこそ本願力のはたらきの中に「抑止」を捉えられたのだと考えられる。

四、親鸞による「唯除」の文解釈

親鸞における「唯除」の解釈は、『教行信証』信巻末の逆謗摂取釈（明所被機）においてなされる。逆謗摂取釈は「それ仏、難治の機を説きて、『涅槃経』にのたまはく」との『涅槃経』現病品引文からはじまり、梵行品、迦葉品の引文をもって、五逆・誹謗・一闡提の難治の三機である逆謗闡提が救済の対象となることを最初に説示する。難治の三機の具体的人物として阿闍世が挙げられるが、この点を普賢晃寿は、親鸞においては「涅槃経」に出る阿闍世王とは歴史的現実、時間上における一個の人格としてではなく、現在の我々をもふくめた一切の逆謗闡提の具体的代表としてとらえることにより、阿闍世王の救済を通じて逆謗闡提が成仏しうる可能性を論証されたものといえよう。(49)

という。『涅槃経』の引用の後、

ここをもって今大聖の真説によるに、難化の三機、難治の三病は、大悲の弘誓を憑み、利他の信海に帰すれば、これを矜哀して治す、これを憐愍して療したまふ。たとへば醍醐の妙薬の、一切の病を療するがごとし。(50)

と、逆謗闡提なる難化の三機が「大悲の弘誓を憑み、利他の信海に帰すれば」救済されることを述べ、続けて、

それ諸大乗によるに、難化の機を説けり。いま『大経』には「唯除五逆誹謗正法」といひ、あるいは「唯除造無間悪業誹謗正法及諸聖人」とのたまへり。『観経』には五逆の往生を明かして謗法を説かず。『涅槃経』には難治の機と病とを説けり。これらの真教、いかんが思量せんや。(51)

と問いが起こされ、『論註』八番問答、『散善義』、『法事讃』等の引用をもって答えられ、親鸞の私釈はない。

逆謗摂取釈の特徴について井上善幸の研究(52)によれば、(一)懺悔の理解、(二)慚愧の重視、(三)発菩提心理解の独自性、(四)「無根の信」「本願力」の強調、(五)阿闍世王説話を論拠とする、(六)『涅槃経』に説かれる仏性に着目し、逆謗摂取を往生論だけでなく成仏論としての性格をもった問題とした、という六点があると提示されて

いる。懺悔については、「親鸞は『涅槃経』引文から懺悔滅罪の思想を削除するだけでなく、善導が説く懺悔滅罪の思想にも積極的な評価を与えていない」と指摘され、善導との明確な相違が指摘されている。また親鸞は、三乗（小乗）と大乗の逆謗についての相違を明かすために『往生十因』、『薩遮尼乾子経』を引用している。『薩遮尼乾子経』を引用し大乗の五逆を明かすことで五逆の範囲が拡大され、五逆の五つ目には「五つには謗じて因果なく、長夜につねに十不善業を行ずるなり」と、五逆の中に謗法が含まれた上で「十不善業」を行じるとある。「十不善業」とは、『観経』下々品でいう「不善業たる五逆・十悪を作り、もろもろの不善を具せん」に関わるものであろう。従って、『涅槃経』の引用より始まる逆謗摂取釈は、「現在の我々をもふくめた」凡夫の相を阿闍世に代表させ、その相を既に五逆・謗法の者、すなわち唯除される「五逆誹謗正法」の者と規定し、そのような者が救われることを明かしていることになる。

逆謗のものこそが本願に救われるものの本来のすがたとみた親鸞は、「唯除」に対して、

唯除はただのぞくといふことばなり。五逆のつみびとをきらい、謗法のおもきとがをしらせむとなり。このふたつのつみのおもきことをしめして、十方一切の衆生みなもれず往生すべしとしらせむとなり。(53)

と述べる。「ただのぞく」ことを表す言葉である「唯除」には、五逆・謗法の重罪なることを「しらせむ」ことがそのまま重罪なることを示し、「十方一切の衆生みなもれず往生すべし」と「しらせむ」はたらきがあるというのである。(54) 親鸞において善導が用いた未造業・已造業という概念は、罪を造っている、造っていないということを単に述べるものではない。未造業とは、罪を造らないように抑止するという意味とともに、罪を罪として自覚していないものを、已造業とは、既に罪を自覚しているものを述べていると考えなければならない。つまり、親鸞は「唯

除」の文において衆生の相そのものを問題としたのであり、善導が「抑止」で理解した「唯除（ただのぞく）」とは、衆生を救済する本願力のはたらきそのものを表す言葉とされたのである。この「しらされる」ことがそのまま、曇鸞・善導・親鸞の共通した結論として提示される「廻心」を述べるものであり、『法事讃』でいう「謗法闡提廻心皆往」であろう。

四、小結

本論の小結として主張したいのは次の二点である。

第一に、逆謗摂取で問題とされる『観経』下々品の五逆の者の往生は「既に廻心した」者とされることが多かったが、曇鸞・善導の釈そのものからはそうした理解はしえないのではないか、ということである。そうした理解がなされるのは、親鸞の解釈から遡る限りで可能である。それは、親鸞において浄土往生しうるか否かは、罪を造る・造らないではなく、自身が逆謗の存在であったかどうかを認めているか否かが中心となっているからであり、この点からこそ『観経』の五逆のものの往生が既に「廻心している」者であるといいうるのであろう。

第二に、曇鸞、善導、親鸞それぞれの「唯除」に対する解釈の相違は、その経典観、『大経』と『観経』の取り扱いに起因するのではないか、ということである。「唯除」は、『大経』『観経』を並列的に扱う曇鸞において取りあげられ、『観経』（の救済）の成立根拠に『大経』（弘願）を置いた善導に受け継がれ、『大経』『観経』に顕彰隠密の義を見る親鸞において逆謗摂取の解釈は結実したと考えられる。親鸞は、「唯除」を「しらせむ」という本願力・大悲のはたらきであると捉えることで、凡夫の相が「五逆誹謗正法」でありながら、そのような凡夫こそが本願力救済の対象としてあることを示しているとした。親鸞において「唯除」は「除く」という言葉がそのまま本願の「救い」を表した言葉として受けとられたのである。しかし、こうした相違がありながら、三者が「廻心皆往」で一致するのは、ともに十八願による救済を説示しているからである。

論証が不十分であり、また、残された課題も多いが、本論の一応の結論と今後の課題を提示しておきたい。曇鸞、善導、親鸞の相違を端的に述べるならば、「唯除」によって曇鸞、善導は本願の救済を明らかにすることに、親鸞は衆生のすがたを明らかにすることに主眼を置いた。しかし、では、そうした相違がなぜ起こったのかは、上述した経典観や、化土・化土往生など関連する論点とあわせ研究を行っていきたい。(55)

註

(1)『浄土真宗聖典　七祖篇』(本願寺出版社、一九九二)以下、『原典版　七祖篇』。一四三頁

(2)懐感『釈浄土群疑論』(『大正蔵』四七巻、四三c～四四a)、璟興『無量寿経連義述文讃』(『大正蔵』三七巻、一五一b～一五二a)

(3)「「唯除五逆誹謗正法」の意味について―中国・日本篇―」(『東方学論集』、一九八七)、「「唯除五逆誹謗正法」の意味について―インド・総結篇―」(『成田山仏教研究所紀要』十一号、一九八八)。玉城は、中国・日本における「唯除」の解釈を評価する際、浄土教系以外の諸師として、浄影寺慧遠、吉蔵、璟興、元暁、知礼、続法集『観経直指疏』を、浄土教系の諸師として、曇鸞、懐感、迦才、善導、法然とその門下の諸師として、法然、隆寛、弁長、証空、親鸞、浄土真宗系の諸師として、覚如、存覚、性海、慧雲、道隠、興隆、僧叡の所説を挙げ、隆寛、興隆、僧叡の解釈に注目しながら、特に僧叡の解釈に対しては「石泉僧叡が「唯除」を逆手にとって「特摂」と改めたことを、とくに記憶にとどめて置きたいと思う」と述べている。

（4）加藤仏眼『第十八願の研究』（明治書院、一九四三）三九七頁。

（5）『如来会』とサンスクリット本・チベット訳のみに相当句が見られる（香川孝雄『無量寿経の諸本対象研究』永田文昌堂、一九八四　一二〇～一二一頁参照）。諸異本における「唯除」の具欠に対しては、真宗学（特に伝統宗学）においても指摘されているが、それ程重要な論点として提示されていないようである。例えば異本の問題を取りあげる覚音（「真宗百論題　逆謗除取」、『真宗叢書』一巻五四九下頁）にしても、『如来会』『悲華経』の願文には魏訳第十八願文と同様に「唯除」の文があるのに、漢（『平等覚経』）・呉（『大阿弥陀経』）・宋（『荘厳経』）には「唯除」を欠くことを問いながら、「訳人の意楽和会しがたし」と答えるに終わっている。

（6）『無量寿経』、『如来会』、『荘厳経』、サンスクリット本、チベット訳を指す（藤田宏達『大無量寿経講究』東本願寺出版部、一九九〇　四二～四八頁）

（7）藤田宏達前掲書　一〇四頁

（8）〈無量寿経〉という表記は、「無量寿経」諸異本のもとになった種々な原本の全体を総称する経名として用いられている。

（9）「〈無量寿経〉における唯除の語義について」（『龍谷教学』四六号、二〇一一）。また、〈無量寿経〉におけるsthāpayitvā の研究には中川英尚（「『無量寿経』における「唯除五逆誹謗正法」」（『仏教万華　種智院大学学舎竣工記念論文集』、一九九二）がある。

（10）藤田宏達前掲書　一〇六頁

（11）『原典版　七祖篇』　九六頁

（12）大田利生『増訂　無量寿経の研究』　二三八頁

（13）尾畑文正「浄土荘厳の意義―唯除の自覚―」（『同朋仏教』二〇・二一号、一九八六）。経隆優（「唯除の問題」、『親鸞教学』三一号、一九七七）も同様の指摘をなす。また『浄土真宗聖典　註釈版』（以下、『註釈版』）「補註五業・宿業」の項には、「浄土真宗では『大経』の「五悪段」は、第十八願成就文の逆謗抑止の教意を広く説かれたものと領解されてきた。すなわち、未信者に対しては、悪を誡めつつ自身の罪悪を知らしめて本願の念仏に導き、信者に対しては、機の深信の立場から、自身をつねに顧みて、五悪をつつしみ、五善をつとめるように信後の倫理生活を勧誡されたものと受けとめられてきたのである」（一五六〇頁下）と明確に、「唯除」の文と五悪段が「誡め」と「倫理」という側面に関連づけて解釈されてきたことを述べている。

(14) 藤田宏達前掲書　五四頁。五悪段の成立・撰述に関しては、大田利生前掲書八六〜一一五頁参照。

(15) 藤田宏達前掲書　五七頁。撰述意図に対しては、一、衆悪を滅する仏の威神力を示すこと、二、善を修すること、三、因果応報の思想等が指摘されている（大田利生前掲書　八六〜一一五頁）

(16) 小野蓮明「如来の本願と「唯除」—大悲の論理—」（『親鸞教学』三二号、一九七八）。また、経隆優（前掲論文）、義盛幸規「唯除と果遂」（『真宗研究』五一号、二〇〇七）も同様の指摘をなす。これは、「唯除」の用きの具体相である二十願が、人間の罪悪を明らかにするという働きをなすことを言うのであろうが、経隆の「如来の本願において唯除されている五逆誹謗正法も二十願の果遂の誓によって救済される」との文言は、十八願で救われないものが二十願では救い得るとも受け取れる表現であり、十八願よりも二十願のほうが救済する力用が強いとも判断されかねず、そうであるならば否定すべきであると考える。

(17) 『大経』の科文については、藤田宏達前掲書（五九〜六六頁）参照。

(18) 曇鸞は十八願文ではなく、成就文を引用している。

(19) 『原典版　七祖篇』一〇七頁

(20) 『原典版　七祖篇』一〇七頁

(21) 『原典版　七祖篇』一〇八頁

(22) 第四問答の「謗る」を説明して早島鏡正・大谷光真『浄土論註』（大蔵出版、一九八七）では「ここにいう「謗る」とは、ただ「けなす」とか「ののしる」というのではなく、仏・法・僧の三宝の存在を根底から否定してしまうことである」（二一六頁）という。

(23) 『原典版　七祖篇』一〇九頁

(24) 「曇鸞における八番問答の意義」、『曇鸞の世界—往生論註の基礎的研究』永田文昌堂、一九九六

(25) 『原典版　七祖篇』一四六頁

(26) 末木文美士・梶山雄一『浄土仏教の思想　第二巻　観無量寿経　般舟三昧経』（講談社、一九九二）一六二頁

(27)『原典版　七祖篇』一〇九頁

(28)略引の要点は次の二点だと考える。第一に、下々品の要旨、即ち五逆の者が十念によって往生するということに限定する。第二に、十念によって浄土往生し大乗正定聚に入ることを強調するために、下々品にあった「於蓮華中満十二大劫蓮華方開」といった、いわゆる化土に関する部分は省略されている。

(29)『原典版　七祖篇』一一一頁

(30)『原典版　七祖篇』一四三頁。同引用文に対して、殿内恒は、「いまこの文ではこの無生の生をさとる者を「上品生者」とし、これに対するかたちで「下下品人」の十念往生釈示されている。そこでは、無生をさとらない下品の者であっても、名号の功徳により浄土に往生し、そこで無生をさとるという内容が、「浄摩尼珠」「氷上燃火」といった譬えを通して示されている。これは、凡夫の十念往生の法門をもっぱら名号の功徳の上に釈示したものといえるが、ここで注目しておきたいのは、この十念往生が上品の者の往生とは別の位置づけのもとに示されていることである」(「真宗相承における五念門の意義」『真宗研究』四八号、二〇〇四)という。また石川琢道は、「この問答は、無生の道理を知ることのない下品下生の者が、十念によって往生するというが、実際には往生を得ることができず、もしくは惑いを生ずるのではないかとの問いに対し、下品下生の者の往生が可能であることの論理的解明を試みたものである。このなか下品下生の者の行業に注目すると、問いにおいてその行業を十念による往生としているにもかかわらず、傍線部分にあるように、その行業を称名に置き換え、それにより得生が可能であるとの認識を示しているのである。ここでの説示からも十念と称名が不可分であるとの認識を曇鸞が有していたことが推察されるのである」(『曇鸞浄土教形成論』法蔵館、二〇〇九　二二〇〜二二一頁)という。

(31)深励は「無正法と云うは謗法罪ことなり」(『浄土論註講義』三五七頁上)、早島鏡正・大谷光真では「五逆罪が「正法はない」という誤った見解から生じている」(『浄土論註』二一七頁)と訳し、相馬一意は「五逆罪といった重罪も、正法が失われているからこそ生じてくるのである」(『往生論註講読』百華苑、二〇〇〇　一六四頁)と解釈している。第四問答に「無仏無仏法」等とあることを「無正法＝謗法」の論拠とするのであろうが、単に「無正法」といえばそれは正法が存在していない状態を指し示すと考えられようし、そもそもなぜ直接的に「五逆罪従謗法生」とは言わなかったのかという疑問も提示できる。また、曇鸞が『論註』冒頭で難行道の理由を述べるに「五濁世無仏時」と言っているように、曇鸞において「無正法＝無仏法」は「誹謗正法」というだけに止まらない意味があるのではないか。ここでは十分に研究しえないが、「無正法」は、「正法を聞いているにもかかわらずこれを誹謗する謗法の者」と「正法を聞いたことがないのでこれを知らない者」という二種の人間状態を示しているのではないか、と筆者は考えていることを付記しておく。

(32) 小林尚英「中国浄土教祖師の凡夫観—特に『観経』下々品の解釈を中心として—」『仏教文化研究』二六号、一九八〇

(33) 『原典版　七祖篇』五四頁

(34) 小林尚英前掲論文

(35) 『原典版　七祖篇』五六〇頁

(36) 『原典版　七祖篇』三六七頁

(37) 『原典版　七祖篇』五六一頁

(38) 『原典版　七祖篇』五六三頁

(39) 『原典版　七祖篇』五一三頁

(40) 小林尚英前掲論文

(41) 「善導にとって『大経』所説の本願とは、『観経』に示された凡夫往生の法門そのものを成立させるものとしてあったといえ、そこでは、凡夫の往生には必ず、増上縁として阿弥陀仏の本願成就の力用がはたらき、そしてその力用の上に、はじめて『観経』所説の法門が成立しているということになる」（殿内恒「中国浄土三祖における本願観の変遷」『行信学報』七号、一九九四）

(42) 『原典版　七祖篇』五八七頁

(43) 『原典版　七祖篇』三四四頁

(44) 『原典版　七祖篇』三三九頁

(45) 『原典版　七祖篇』四五〇頁

(46) 『原典版　七祖篇』八五一頁。福原隆善は『般舟讃』の文について「いずれにしても念仏と懺悔との直接の関係

を述べたものはこの『般舟讃』のことばしかなく、また後世のものにとって非常に都合のよいものとして常に善導における懺悔の位置づけをする場合に用いられることが多い。しかし『般舟讃』にあるただ一回の使用例をもって善導における懺悔の位置づけをするには多少問題が残るのではないだろうか」（「善導大師の懺悔思想」『浄土宗学研究』十二号、一九七九）と言われている。善導の懺悔思想、及び懺悔と称名の関係については、稿を改めて研究することにしたい。

(47) 福原隆善前掲論文。また、柴田泰山も「善導にとって懺悔とは自己の一切の罪業を対象とした行為であり、しかも単なる自己批判ではなくこの懺悔を通じて「決定深信。自身現是罪悪生死凡夫、曠劫已来、常没、常流転、無レ有二出離之縁一。」ということを知覚する行為である。すなわちこの懺悔を通じて「自己の成仏の不可能性」＝「本来の自己のありよう」という絶対的な事実を自己が認知し、自らの業障の深さを自覚した時に「救済されるべき自己」を自覚することを示唆しているのである」（『善導教学の研究』山喜房仏書林、二〇〇六）という。

(48) この問題は、「定善義」に定散二善を受ける機を「一者謗法与二無信一八難及非人此等不レ受也。此乃朽林碩石不レ可レ有二生潤之期一此等衆生必無二受化之義一。除レ斯已外一心信楽求二願往生一上尽二一形一下収二十念一乗二仏願力一莫レ不二皆往一」として、謗法等を受化の義ではないと述べる箇所と関連させて考える必要があろう。

(49) 『日本浄土教思想史研究』（永田文昌堂、一九七二）五〇一頁

(50) 『註釈版』二九五～二九六頁

(51) 『註釈版』二九六頁

(52) 「親鸞における逆謗往生について」、『北陸宗教文化』十四号　二〇〇二。また宮島磨（「『観経疏』（「散善義」）における「抑止門」釈をめぐって—善導から親鸞へ」『哲学論文集』三十九号、二〇〇三）は親鸞の逆謗除取釈、特に抑止門解釈の特徴を「親鸞にあって「抑止門」釈は、「仏智疑惑」という—「謗法」と「自力」とが交錯する—地平において己れの〈信〉のありようを問うという、おそらくは善導思想それ自体の中にそのままの形で含まれているとはみなしがたい、よりいっそう己れの内面へと屈曲した位相、いうなれば煩悩の真相において受けとめられているのである」という。

(53) 『註釈版』六四四頁

(54)　「「唯除」のことばによびさまされ、仏法に背いているものであることを知らしめられて慚愧し、仏法を真実と仰ぎ帰依するものになることを回心といいます」（梯實圓『聖典セミナー　観無量寿経』本願寺出版社、二〇〇三　三四四頁）

(55)　徳永道雄は、「ふつうは救いの条件であるとされる信心と念仏は、聖人にとっては条件ではなく本願力回向のたまものなのであるから、そこに条件がはいる余地などないからである。すると唯除の文すなわち「逆謗は除かれる」はその意味を変えて「逆謗は本願に救われるもののすがた」という意味しかもちえなくなる」（千葉乗隆　徳永道雄『親鸞聖人　その教えと生涯に学ぶ』本願寺出版社、二〇〇九　一六六頁）と指摘している。

浄土教思想を見る

――七祖を中心に――

二條秀瑞

目次

あいさつ

この度、大学の恩師である大田利生先生よりお話を頂き、小論を掲載させて頂く運びとなりました。お話を頂いた当初、元より論文を書く能力は全くありませんので、お断りしようと思ったのですが、大学時代の論文で良いとの事でしたので、結局、誠にお恥ずかしながら学部生時代に書いた小論を探し出して来た次第であります。

ちなみに、当時の小論は本題と異なり、「脳死移植問題と宗教」という題でありました。当時、日本で初の脳死による臓器移植法が施行されて暫く経った時であり、折しも当時、私自身が移植に関しては無関係な立場ではなかった為、その様な題にした次第です。前半で医学的に見た脳死の解釈とその受容をみて、後半では宗教での生死観として、キリスト教と仏教を見、特に仏教においては、親鸞聖人に至るまでの教義がどの様なものであるかを掻い摘む程度に見ていき、脳死移植の是非を問うという意図では無く、様々な立場、思想から見ていき、自身のこれからの死や脳死に対する捉え方の糧となればという思いもあり書きました。

当初は、それをスリムにして掲載するつもりでしたが、構成の都合上、結局、その中の仏教部分のみを一部抜粋し、構成の変更と加筆修正を行い、基本的な仏教の流れとその教えの特徴を七祖を中心に簡素に見ていくのみの形にさせて頂きました。

そもそも各々が深遠な教義である為、つぶさに見ていく事はかなわず、基本的な事を粗々掻い摘む程度にしか書いておらず、誠に稚拙な出来でお恥ずかしい限りですが、自身も今一度、浄土教を再確認するつもりで再構成させて頂きました。

一、釈尊出世

現在世界には多くの宗教、宗派が存在しているが、その中で世界的に広まり、影響が大きかった宗教として、キリスト教、イスラム教、仏教の世界三大宗教があげられる。これらの中で、仏教においては、成仏、つまり仏に成る事が出来ると説く教えであり、他の宗教にはあまり見る事の出来ない特徴であると言えるだろう。他の二宗教もそうであるが、一般的に宗教においては、神なる絶対的な存在があり、それらの啓示を絶対的なものとして受け入れ信仰し、死後においては、それら神の世界に生まれる事を説くが、その国に生まれる事が出来ても神と成る事はない。しかし、仏教においては、仏と同じ覚りの境地に至れると説いたのである。果たして、その教えとはどの様なものであったのか、特に浄土教思想を中心に粗々ではあるが見ていきたいと思う。

そもそも仏教は、今より二千五百年以上前に出世した釈尊によって説き明かされた、仏による衆生救済の教えである。

釈尊は「四門出遊」と呼ばれる物語の中で描かれる様に、「老人・病人・死者・修行者」に出会い、その中でこの世に生きとし生ける者は無常である事をさとり、人生の儚さを嘆き、二十九歳で出家したとされる。その後、難行苦行を経た後、それでは苦を取り去る事は出来無い事に気づき、苦行を捨て、終に三十五歳の時にさとりを開いたとされている。

釈尊が、諦観（明らかに見る）、如実知見（事実をありのままに見る）という言葉の様に、徹底した現実直視の立場に立って観察していき、厳しい現実を直視した上で導き出した事は「全ては苦（一切皆苦）である」という事であった。

苦にも四苦八苦と言われる様に種々の苦があるが、釈尊はこの苦が何を原因に生じているかと言う事を「十二因縁」と呼ばれる、十二項目をたどって苦の原因を明らかにする観察方法によって、苦の原因が、「無明」である事を明らかにされたのである。無明は、物事をありのままに見られない事であるが、釈尊は、その様な私達が「明」、つまり、仏の智慧を得て、真実のあり方に生きる事が、正にこの人生を大切に生きる事につながる事であると捉え、四諦八聖道の教えを説き、生涯にわたり、その言葉によって、仏に至る道をあらゆる人々に説いたのである。

二、無仏の時代

さて、この釈尊の説いた教えは、インドからアジアへと伝わり、現在では各地に展開しているが、それらは、釈尊の入滅後百年頃に、釈尊の遺教の解釈の違いから、初期仏教教団の根本分裂が起こった事により、主に上座部仏教と大乗仏教とに大別されている。

仏教徒にとって、釈尊の入滅後、その死をどう捉えるかは大きな問題であったが、その解釈の違いが各々の派で見られるのである。

上座部仏教は、釈尊の生涯の上に「有余（依）涅槃」と「無余（依）涅槃」を分けて見、いくら煩悩を断ぜんと精神の高みに上れども、拠り所となる肉身がある限り、それにより苦が生じてしまう。故に、煩悩を滅した本当のさとりの姿は、肉体も精神も一切が無に帰す事、つまり、灰身滅智・身心都滅が最高の目的であるとしていた。

対して、大乗仏教においては菩薩道を説く。それは、菩薩が仏となる為に、自利行として、仏国土建立の為の修行を重ね、それが成就すれば、今度は利他行として、衆生救済に励む。これら自利利他円満する事で、はじめて仏となれると説き、特に、利他行という点において上座部仏教との違いが見られる。

特に大乗経典の『大般涅槃経』には、「一切衆生悉有仏性」や「一闡提成仏」などの教理が説かれており、一切の衆生は悉く仏の教化に応じて仏と成る素質がある事をとし、さらには、仏法を誹謗して仏と成る可能性を持たず、仏の教えでも救い難いとされる一闡提の者ですら成仏出来る可能性がある事を説いており、あらゆる者を救いの対象としている事が大乗仏教の特徴として見られる。

さて、これらの違いこそあれ、生死の苦海から脱し、煩悩の滅したさとりの境地へ至る事が目的である点では共通していると言えるだろう。しかし、このさとりを如何にして得るか、というアプローチの相違によって分かれるところであり、大別すると「現世での修行によってさとりを開く道」と「浄土にてさとりを開く道」とに二分する事が出来るだろう。前者は「自らの悟りの教え」であり、後者は「仏による救いの教え」であるとも言える。浄土教思想はこの後者であり、浄土に往生し、仏と成る事を説くものである。

ここで、そもそも何故この浄土教思想が広がっていったのかの理由を、内藤知康氏の『親鸞の往生思想より』から引用させて頂くと、

釈尊にはじまる仏教の歴史を通観したとき、この世において悟りを開くことを目指すのが仏教の主流・本流で

あったということも、否めない事実である。しかしながら、一方に、他の世界で悟りを開くことを目指すという往生思想が展開してくるのは、この世界において悟りを開くことの困難性、すなわち釈尊以後この世界において釈尊と同次元の悟りを開いたものが皆無であるという現実に起因すると考えられる。

とあり、さらに続けて、開悟を困難にしている要因を「外的要因」と「内的要因」に二分し、外的要因として、仏の不在（無仏）をあげている。覚者である釈尊在世の頃は、さとりへの適切な指導を受ける事が出来たが、釈尊入滅後久しく時が過ぎ、さとりへの道を歩む事が困難になっている時代になっているという事が要因であるという事である。そして、内的要因としては、そもそも自分自身の中にさとりへの道を歩むべき能力が乏しい、という事をあげて、この二つの要因により、この世においてさとりを開く事が困難になった原因としている。

また、これらは後述の道綽禅師の『安楽集』にも示されるところでもあるが、この様な者に対して示された道がまさに浄土往生の道であったという訳である。

ところで、この様に釈尊の入滅に伴い、さとりを開く者がいなくなり、時代変遷と共に仏教が衰退していく過程を「正・像・末」の三時観で表す末法思想があるが、後の『安楽集』にても引用されている『大集経（月蔵分）』には、釈尊入滅後二千五百年を五百年ごと五つの時期に分け、仏法の衰退を表す五五百歳の思想が示されており、無仏の世において、この末法思想が各経論に少なからず影響している事が伺える。

三、阿弥陀仏思想の成立

広くこの浄土教思想が展開するにつれ、一般的に浄土と言えば、阿弥陀仏が建立した西方極楽浄土の事を指す様になったのだが、そもそも釈尊在時の仏教においては、この阿弥陀仏思想は説かれていなかったとされている。それでは、一体いつ頃成立したのだろうか。

そもそも浄土思想は以前から存在し、東には阿閦仏の浄土、上方には弥勒仏の兜率天の浄土など、十方に様々な浄土が描かれていた。そして、阿弥陀仏の浄土もこの十方の中にある仏国土であるが、この阿弥陀仏については『無量寿経』に詳細に書かれているところである。その経典には、久遠劫の過去、世自在王仏在世の時に一人の国王がその説法を聞き、一切の衆生を救済せんが為、王位を捨て出家して法蔵菩薩と名のった。そして、この法蔵菩薩は自ら成仏し、浄土を建立し、あらゆる衆生を救済せんと願い、世自在王仏のもと五劫思惟し、四十八種の誓願を立て、それを成就すべく不可思議兆載劫の間修行し、ついに正覚をひらき四十八願を完成し、西方浄土を建立して阿弥陀仏となった。と、およそ以上の事がしるされており、阿弥陀仏の浄土の建立と、浄土への往生が阿弥陀仏の本願による事をあらわす経典であり、あらゆる衆生をさとりの世界である浄土に導こうとする教えが説かれている経典である。

しかし、その阿弥陀仏思想の成立となると、いまだ諸問題があり結論づけはされていないものと思われるが、信楽峻麿氏の『阿弥陀仏論』によると、この阿弥陀仏思想が、いつごろ、どのようにして成立したかについては、それを解明する客観的な資料がとぼしく、種々の問題が残るところである。しかし、現在にいたる研究成果によれば、この阿弥陀仏思想は、大乗仏教興起の初頭、紀元一世紀のころに成立したものと考えられ、（中略）最も妥当な見解としては、インド内外の諸思想の影響を認めつつも、基本的には、釈尊観の展開によるとする説であろう。すなわち、原始仏教以来の釈尊観の発展や、法蔵菩薩説話における仏伝の投影などからすれば、この阿弥陀仏思想は、基本的には、大乗仏教における菩薩思想の深化の中で、釈尊観の展開として、生成、発展してきたものと理解されるのである。

とあり、釈尊入滅後大乗仏教興隆の一世紀頃に、これらの理由により阿弥陀仏思想が根付いて来たのではないかとされている。

また、『無量寿経』については、サンスクリット本やチベット訳本の他に、漢訳として、法蔵菩薩の誓願が四十八種ある『無量寿経』や『無量寿如来会』の他に、三十六願の『荘厳経』、二十四願の『大阿弥陀経』『平等覚経』等の異訳本がある。またそれらは「五存七欠」といわれ、現存している五つの訳本の他に欠本として七つの訳本があり、全部で十二訳の異訳本があったとされている。これ程多く訳された経典も珍しいのではないだろうか。さらに、諸大乗経論においても、阿弥陀仏と浄土について言及するものは極めて多く有るとされており、それはつまり当時の仏教界において阿弥陀仏思想に大きな注目が寄せられていた事に他ならないと言えるだろう。

四、インドの浄土教思想 ―龍樹―

さて、インドにおいては、二世紀に大乗仏教哲学中観派の祖であり、浄土真宗の七高僧の第一祖でもある龍樹菩薩が、『中論』『十二門論』等を著し、「空」の理論を大成させたが、他には『大智度論』や『十住毘婆沙論』『十二禮』などを著した。特に『十住毘婆沙論』は、菩薩の修行を十段階に分け体系的に説く『十地経』をはじめ、諸大乗経典の大乗の菩薩道についての所説の要点を解釈した論書であり、親鸞聖人も『教行信証』に多く引用されている事から龍樹菩薩の書の中でも重要視されていた事が伺える。

そして、『十住毘婆沙論』の第九「易行品」には、

仏法に無量の門あり。世間の道に難あり易あり。陸道の歩行はすなはち苦しく、水道の乗船はすなはち楽しきがごとし。菩薩の道もまたかくのごとし。あるいは勤行精進のものあり、あるいは信方便易行をもつて、疾く阿惟越致に至るものあり。

とある様に、修行によって勤行精進する道を「難行道」とし、信方便によって救われていく道を「易行道」であるとし、初めて仏教に難易の二道が有る事を説き明かしたのである。ちなみに、易行については、同じく「易行品」で、「もし人疾く不退転地に至らんと欲せば、恭敬心をもつて、執持して名号を称すべしと。」とあり、仏の名を称える事を示している。

この阿惟越致は、阿毘跋致とも言い、不退・不退転を意味し、ここでは菩薩の十地の初地をいい、また歓喜地と

も言う。親鸞聖人の『一念多念証文』の中には

正定聚の位に定まるを「不退転に住す」とはのたまへるなり。この位に定まりぬれば、かならず無上大涅槃にいたるべき身となるがゆえに、「等正覚を成る」とも説き、「阿毘跋致にいたる」とも、「阿惟越致にいたる」とも説きたまふ。「即時入必定」とも申すなり。

とあり、この「阿毘跋致」の左訓には「ほとけになるべき身となるとなり」とある。

この様に龍樹菩薩は、仏を信じ、一心に称名憶念する信方便の易行により、即座に正定聚の位に住する事が出来るという、まさに現生不退の義を明らかにしたのである。

五、インドの浄土教思想 ―天親―

そして、その後四世紀には、瑜伽行唯識学派で真宗七高の僧第二祖である天親菩薩が現れ、『無量寿経』の注釈書である『浄土論』を著した。その『浄土論』の初めには、

世尊、われ一心に尽十方無礙光如来に帰命し、安楽国に生ぜんと願ふ

とあり、自身の仏への帰依と願生浄土の意を表白している。また、天親菩薩は、この「一心に帰命する」という願生の意は、行者の身口意の三業の上に起行（往生するための行為）としてあらわれるとし、さらに「解義分」において

いかんが観じ、いかんが信心を生ずる。もし善男子・善女人、五念門を修して行成就しぬれば、畢竟じて安楽

国土に生じて、かの阿弥陀仏を見たてまつることを得。なんらか五念門。一には礼拝門、二には讃歎門、三には作願門、四には観察門、五には回向門なり。

と示して、浄土往生の方法として「五念門」といわれる五種の行があると説き、行者自身がなさねばならない実践道として示した。

さらに、これらの行を行者が修める事により浄土に往生し得る事が出来る果報として「五功徳門（五果門）」をあげた。この五つは、現世で得られる益の「近門と大会衆門」、浄土で得られる益の「宅門・屋門・園林遊戯地門」である。そして、これら五門の第一門から第四門までは、浄土に往生する自利の利益として、これを「入の利益」とし、第五門は、浄土から再び出て利他の行に励む利益として、これを「出の功徳」と名づけ、これら五門を自利利他入出の二門に分類し、浄土往生の方法とその果報について明らかにされたのである。

この様に、龍樹・天親両菩薩らにより、浄土教思想が深められたのであるが、結局インドにおいてはその後、浄土教思想を基とした学派などが成立するには至らず、後述の中国において成立する事となったのである。

六、中国の浄土教思想 ―曇鸞―

さて、中国に仏教が伝来したのは一世紀の後漢第二代明帝の頃とされているが、浄土教系の経典が伝えられたのは、二世紀後半頃からとされている。また、六世紀の天台宗の二祖である南岳慧思による『立誓願文』には「正法五百年、像法千年、末法万年」とあり、特に隋・唐時代には浄土教思想の展開に末法思想が深く関係していた事が伺える。

この頃は、多くの浄土教学者が輩出し、特に五世紀から七世紀にかけては、浄土真宗七高僧である曇鸞大師、道綽禅師、善導大師の三祖師が出世したのである。

その第三祖である曇鸞大師は、元々龍樹系の四論宗（『中論』『百論』『十二門論』『大智度論』）の学者であり、『大集経』の注釈を完成させようとしていた。しかし時間が足りなかった為、不老長寿を説く仙経を求めたとされる。しかし仙経を手に入れた帰途にて菩提流支という僧に会い『観無量寿経』を授けられた事を機とし、求めた仙経を焼き捨てて浄土教に帰していったと伝えられている。

その後、天親菩薩の『浄土論』の注釈書である『浄土論註』（以下『論註』）を著し、中国浄土教の基礎を確立したのである。そしてその『論註』には、まず、

つつしみて龍樹菩薩の『十住毘婆沙』（易行品・意）を案ずるに、いはく、「菩薩、阿毘跋致を求むるに、二種の道あり。一には難行道、二には易行道なり」と。「難行道」とは、いはく、五濁の世、無仏の時において阿毘跋致を求むるを難となす。（中略）五にはただこれ自力にして他力の持つことなし。かくのごとき等の事、目に触るるにみなこれなり。たとへば陸路の歩行はすなはち苦しきがごとし。「易行道」とは、いはく、ただ信仏の因縁をもつて浄土に生ぜんと願ずれば、仏願力に乗じて、すなはちかの清浄の土に往生を得、仏力住持して、すなはち大乗正定の聚に入る。正定はすなはちこれ阿毘跋致なり。たとへば水路に船に乗ずればすなはち楽しきがごとし。

と龍樹菩薩の『十住毘婆沙論』について述べられている。そもそも『十住毘婆沙論』においては、信方便の念仏が

易行であるとされたが、その理由については詳しい説明が無く、それを曇鸞大師は「自力他力」という言葉を使い、難行道を自力とし、易行道については、信方便の念仏は仏の本願力、つまり、他力によるから易行である、と示されたのである。

また、「起観生信章」においては、

廻向に二種の相あり。一には往相、二には還相なり。往相とは、おのが功徳をもつて一切衆生に廻施して、ともにかの阿弥陀如来の安楽浄土に往生せんと作願するなり。還相とは、かの土に生じをはりて、奢摩他・毘婆舎那を得、方便力成就すれば、生死の稠林に廻入して一切衆生を教化して、ともに仏道に向かうなり。もしは往、もしは還、みな衆生を抜きて生死海を渡せんがためなり。このゆえに「廻向を首となす。大悲心を成就することを得んとするがゆえなり」といへり。

とある。先述の天親菩薩の『浄土論』において、五功徳門の第一から第四門までを「入の利益」とし、第五門は「出の功徳」として、自利利他入出の二門に分類したが、これらは浄土に往生する為に、行者が行う自利利他の実践行として説かれたのみであった。

しかし、曇鸞大師はこれらを、五功徳門の「園林遊戯地門」を「還相」とし、その他全てを「往相」とし、往還の二相に分けて説き、さらに『論註』の最後の方にある「覈求其本」の「三願的証」の釈において、『無量寿経』四十八願の第十八願、十一願、二十二願の三願を引用し、それらの往生の因果が全て他力による事を証明し、『浄土論』に説くところの五念五功徳の因果が全て阿弥陀仏の本願力の廻向によるものである事を明らかにしたのである。

『論註』は、以降にも大きな影響を与え、特に親鸞聖人の『教行信証』には『論註』の文が多く引用されている事から、教義の根底に『論註』が深く影響していた事が伺える。

七、中国の浄土教思想 ―道綽―

次に、第四祖の道綽禅師においては、当時、北周の武帝により仏教徒に対する迫害が行われていた最中、十四歳の頃に仏門に入ったとされている。そして、四十八歳の時、石壁の玄中寺にて曇鸞大師が浄土教に帰した事が書いてある碑文を目にし、感銘を受けて、浄土教に帰したとされ、その後、曇鸞大師の『論註』を元に『安楽集』を著したのである。

『安楽集』には、様々な経典が引用されており、浄土門の経論だけではなく、『大智度論』や『涅槃行』『華厳経』『維摩経』等の聖道門依拠の諸経論が引用されている事も特徴であり、これらの引用を以て『観経』の要義を示し、念仏の一行を勧めた書である。

この書は、全体が十二大門より構成されており、その中の「第三大門」においては、

大乗の聖教によるに、まことに二種の勝法を得て、もつて生死を排はざるによる。ここをもつて火宅を出でず。何者をか二となす。一にはいはく聖道、二にはいはく往生浄土なり。

とあり、龍樹菩薩の難易二道判と曇鸞大師の自力他力判を受けて、それらの義を合わせ、それぞれを聖道門と浄土門に分けられたのである。そして、続けて、

その聖道の一種は、今の時証しがたし。一には大聖（釈尊）を去ること遙遠なるによる。二には理は深く解は微なるによる。このゆえに『大集月蔵経』（意）にのたまはく、「わが末法の時のうちに、億々の衆生、行を起し道を修すれども、いまだ一人として得るものあらず」と。当今は末法にして、現にこれ五濁悪世なり。ただ浄土の一門のみありて、通入すべき路なり。このゆえに『大経』にのたまはく、「もし衆生ありて、たとひ一生悪を造れども、命終の時に臨みて、十念相続してわが名字を称せんに、もし生ぜずは正覚を取らじ」と。

と述べられており、現在の末法五濁悪世において、自力聖道門ではさとり難い、いや寧ろ、さとる事が不可能であるとし、その理由として「釈尊入滅から遙かな時が経ており、自力修行でさとりを得た者がいない事」と「聖道門の教える理は深遠であるのに、それに対する凡夫の理解力が乏しいから」と二つあげている。

さらに、同じく第三大門の「難易二道」には

ここにありて心を起し行を立て浄土に生ぜんと願ずるは、これはこれ自力なり。命終の時に臨みて、阿弥陀如来光台迎接して、つひに往生を得るをすなはち他力となす。故に『大経』（上・意）にのたまはく、「十方の人天、わが国に生ぜんと欲するものはみな阿弥陀如来の大願業力をもつて増上縁となさざるはなし」と。もしかくのごとくならずは、四十八願すなはちこれ徒設ならん。後学のものに語る。すでに他力の乗ずべきあり。みづからおのが分を局り、いたづらに火宅にあることを得ざれ。

とあり、浄土往生の方法にも「在此起心立行」の自力と、阿弥陀如来の「光台迎接」によって往生する他力との二種類がある事を示し、他力往生の道を歩むべきである事を説いている。

これらより、道綽禅師は、この末法無仏の世で救われる道はただ一つ、煩悩を具足したまま阿弥陀仏の本願に乗

じて往生出来る他力往生の浄土門こそ通入すべき道である、という事を説かれたのである。

八、中国の浄土教思想 ―善導―

次に、第五祖の善導大師は、幼少の頃出家して諸宗の学を修めたが、二十九歳の時に道綽禅師に会って弟子となり、浄土門に帰したとされている。

ちなみに、当時中国には道綽・善導二祖以外にも、浄影寺慧遠、天台智顗、嘉祥寺吉蔵などの浄土教の僧がいたが、真宗では彼らは諸師と呼ばれ、二祖と区別されている。善導大師は、それまでの諸師が説いていた『観無量寿経』（以下『観経』）の解釈を巡って、その正意があらわされていない事に歎き、『観経』の解釈の正しい基準を定めて、古今における諸師の誤解を正そうとする、いわゆる「古今楷定」をなした方である。そこで著したのが、『観経四帖疏』（以下『観経疏』）であった。それは『玄義分』『序分義』『定善義』『散善義』の四帖（巻）から成り、それまでの『観経』の解釈を一新した書であった。

また、その他に『法事讃』『観念法門』『往生礼讃』『般舟讃』も著し、いずれも浄土教の儀礼や実践を明らかにしたものである。

さて、その問題となった『観経』であるが、そもそも『観経』の解釈において、諸師によれば『観経』は観念の「定善」と廃悪修善の「散善」の「定散二膳」を主として説く経典であり、王舎城の悲劇に登場する韋提希夫人をはじめ、人物全てを菩薩の化身であると捉え、凡夫ではなく聖者の為の経典であると見ていた。

しかし、これに対し善導大師は、『観経』に

汝はこれ凡夫なり。心想羸劣にして未だ天眼を得ず、遠く観ることあたわず

とある様に、釈尊が韋提希夫人に「あなたは凡夫である」と言われた事に従い、韋提希夫人を「心が劣り智慧の眼が開かれていない実際の凡夫」として見て、一切の凡夫が如何にして救われていくか、という事を説いた経典である、として見られたのである。

そして『観経疏（定善義）』の流通分において、

上来定散両門の益を説くといへども、仏の本願に望むるに、意、衆生をして一向に専ら弥陀仏の名を称せしむるにあり。

とある様に、この『観経』は阿弥陀仏の名を称する「称名念仏」を教える経典であり、元来説かれてきた定散二善は、この弥陀の名を称える事を知らしめる為の方便であると見たのである。

また、この称名念仏は『無量寿経』の第十八願に誓われているところのものであるが、その第十八願には、

設我得佛　十方衆生　至心信樂　欲生我國　乃至十念　若不生者　不取正覺　唯除五逆誹謗正法

とある。それを『観念法門』においては

もしわれ成仏せんに、十方の衆生、わが国に生ぜんと願じて、わが名字を称すること、下十声に至るまで、わが願力に乗じて、もし生ぜずは正覚を取らじ

としている。「十念」を「十声」として解釈している事が特徴であり、この事に関しては、後の法然上人の『選択本願念仏集』の中の「二行章」の中に、

念・声は是一なり。なにをもつてか知ることを得る。『観経』の下品下生にのたまはく、「声をして絶えざらしめて、十念を具足して、「南無阿弥陀仏」と称せば、仏の名を称するがゆゑに、念々のうちにおいて八十億劫の生死の罪を除く」と。いまこの文によるに、声はこれ念なり、念はすなはちこれ声なり。

と示されている。さらに「乃至十念」は、白文では「下至十声」となっているのだが、この「下至」の事に関しても、同じく「二行章」において

乃至と下至とその意これ一なり。『経』に「乃至」といふは、多より少に向かふ言なり。多といふは上一形を尽すなり。少といふは下十声・一声等に至るなり。釈に「下至」といふは、下とは上に対する言なり。下とは下十声・一声等に至るなり。上とは上一形を尽すなり。（中略）これすなはち多より少に至り、下をもつて上に対する義なり。いまこの願の「乃至」はすなはちこれ下至なり。

と、示されている。

さらに、この誓願は法蔵菩薩が長い修行を経て西方浄土を建立し、既に成就（満足）されている事になるので、従ってこの『観念法門』では、衆生に「至心・信樂・欲生我國」の三心が起こり、わずか十声でも称名すれば必ず往生する事が出来る、という事を説き明かしたのである。

そして、その称名については、『観経疏（散善義）』にて、阿弥陀仏の浄土に往生する行として、「正行」と「雑行」に分類し、更にその「正行」を「読誦・観察・礼拝・称名・讃嘆供養」の五種に分けた。そして、その中の称名以外を「助業」と名づけ、さらに同書に、

一心に弥陀の名号を専念して、行住坐臥に時節の久近を問はず、念々に捨てざる者は是を正定の業と名づく、

彼の仏願に順ずるが故に。

とある様に、正行五種の中の称名こそが正しく衆生の浄土往生が決定する業因である「正定業」であると明かされたのである。

さらに、同書「上品上生釈」では、『観経』に説く、浄土往生に必要な心である「至誠心・深心・回向発願心」の「三心」について示された。

「至誠心」は真実心の事を言い、「回向発願心」は、自他所修の善根をもって、悉く真実の深信の心中に回向して浄土往生を願う事であるとしている。そして特に「深心」については、『観経疏（散善義）』の「深心釈」に

深心といふはすなはちこれ深く信ずる心なり。また二種あり。一には決定して深く、自身は現にこれ罪悪生死の凡夫、曠劫よりこのかたつねに没しつねに流転して、出離の縁あることなしと信ず。二には決定して深く、かの阿弥陀仏の、四十八願は衆生を摂受したまふこと、疑なく慮りなくかの願力に乗じてさだめて往生を得と信ず。」

とあり、さらに、『往生礼讃』の前序には

二には深心。すなはちこれ真実の信心なり。自身はこれ煩悩を具足する凡夫、善根薄少にして三界に流転して火宅を出でずと信知し、いま弥陀の本弘誓願は、名号を称すること下十声・一声等に至るに及ぶまで、さだめて往生を得と信知して、すなはち一念に至るまで疑心あることなし。ゆえに深心と名づく。

とある様に、深心は深信であり、それは、阿弥陀仏の本願の生起本末を聞いて疑わない心を言い、先述の『無量寿経』第十八願にある「至心、信楽、欲生」三心の「信楽」に相当する意である事を示している。そしてその心相を

機と法の二面から示されたのが「機の深信」と「法の深信」である。

この様に善導大師はこの『観経』により、一切の人間はすべて凡夫である事を説き、そして阿弥陀仏の浄土は、まさに凡夫往生の為のものである事をあらわした。そして、自身が凡夫であるが故に、自力無功で、出離の縁無き事を知らされ、疑心無く本願を信じ、称名すれば、必ず阿弥陀仏の本願力により往生する事が出来る事を説いたのである。

九、日本の浄土教思想 ―源信―

さて、最後に日本において見ていくと、日本に仏教が伝来したのは六世紀、飛鳥時代に百済より伝来したとされ、特に浄土教思想は七世紀前半に伝わったとされている。

その七世紀初頭に聖徳太子が法隆寺を建立し、また、『法華経』『維摩経』『勝鬘経』の三つの解説書である『三経義疏（法華義疏・維摩経義疏・勝鬘経義疏）』を著し、日本仏教を興隆させ、その後、奈良時代には教理研究が中心であった南都六宗と呼ばれる六つの宗派が起こり、平安時代には、天台宗の最澄や真言宗の空海が現れ「密教」が中心となって仏教が展開されていった。

特に天台宗においては、比叡山延暦寺の中興の祖と言われた良源僧正が現れ、その門に入ったのが浄土真宗第六祖の源信和尚である。

源信和尚は幼少の頃に父を亡くした後、母の勧めで出家し、比叡の門をくぐった。その後、天台の教学に研鑽を積み、若くして位の高い僧となった。そして、ある時天皇より下賜された褒美の品を嬉々として里の母親のもとに送ったところ、「この様な名利栄達を得意とする僧侶となる為に比叡の山に行かせたのでは無い。尊い聖となって、衆生の後生を救う僧になってもらいたい」という諌めの返事をもらい、それを機に、栄達の道を捨て、横川の恵心院に隠遁し、念仏三昧の道に専念され、その後四十四歳に『往生要集』を撰述したとされている。

この『往生要集』は、全体が「厭離穢土・欣求浄土・極楽証拠・正修念仏・助念方法・別時念仏・念仏利益・念仏証拠・往生諸行・問答料簡」の十大門から構成されている。最初の「厭離穢土」には八大地獄の様相と、餓鬼・畜生・修羅・人・天の世界について述べられて、これらの無常なる事を示し、六道輪廻の穢土を厭うべきであるとしている。そして、以降の大門で阿弥陀仏の浄土が如何に優れているかを説き、さらに浄土往生を願い往生する為の念仏一道を明らかにしている書である。

この書はまさに日本浄土教の基礎となり、平安時代の貴族や民衆にも浄土信仰を普及させると共に、特にこの「厭離穢土・欣求浄土」二大門に説くところの地獄・極楽観が多くの分野で受け入れられ、「源氏物語」「枕草子」等の文学や仏教美術に影響を与えたとされている。

ちなみに、この地獄思想については、飛鳥か奈良時代に伝来したと思われるが、その頃の地獄観は明確に定まっていなかったと見られ、実際に民衆の中で一般的な地獄観として根付いて来たのは、この『往生要集』に拠るところが大きい。そして、以降の浄土教思想の発展と共にこの地獄思想が強く結びつく様になり、地獄に行くか浄土に生まれるか、という事が大きな問題になっていったと思われる。

さて、源空和尚においては、親鸞聖人が『正信偈』にて「専雑執心判淺深　報化二土正辯立」とうたわれ、また得失を専雑に決判して、念仏の真実門に回入せしむ。ただ浅深を執心に定めて、報化二土正しく弁立せり、と。

とある様に、『往生要集』において、執心、つまり浄土を信ずる人の心に「専の執心」と「雑の執心」があるとし、それぞれ、一心に念仏する者（専修）は浄土を願う心が深く、その他の雑行に励む者（雑修）はその心が浅いと判じられた。そして、その深い浅いにより、往生する浄土が違うと述べられたのである。それが報化二土であり、専修の者は阿弥陀仏の真実報土に生まれ、雑修の者は懈慢界と言われる阿弥陀仏が自力の行者の為に仮に設けた方便の浄土（化土）に生まれる事を示したのである。

そもそも、これらの根底にあるのは、善導大師によるもので、『往生礼賛』の前序に専雑二修の得失が示され、『観経疏（定善義）』には、「往生を得といへども、華に含まれていまだ出でず。あるいは辺界に生じ、あるいは宮胎に堕す。」とあるところから、懈慢界に生まれる事がしるされていたが、源信和尚は、これらに加え、『往生要集』下巻の「報化得失」において、善導大師の弟子であった懐感禅師の『群疑論』から、

雑修のものは執心不牢の人となすなり。ゆえに懈慢国に生ず。もし雑修せずして、もつぱらにしてこの業を行ぜば、これすなはち執心牢固にして、さだめて極楽国に生ぜん。

という文を引く事によって、さらに区別を明確にし、未だ明瞭でなかった専雑二修の得失と報化二土の別の関係を明らかにした事が源信和尚の功績であった。

十、日本の浄土教思想　―法然（源空）―

最後に浄土真宗第七祖であり親鸞聖人の師でもある法然上人であるが、法然上人の生きられた時代は、ちょうど平安末期のから鎌倉時代へと移り変わる時代であり、この頃は武士階級（平氏・源氏）が力をつける様になり、平安末期には治承・寿永の乱が起こり、混乱の世を迎えた。

その様な世相の中、法然上人が出世した。上人が幼少の頃、父が殺害されてしまう事件が起こったのだが、その父が亡くなる際、「仇は討たず、出家せよ」との遺言を残して、法然上人はその言を守って出家し、十五歳頃に比叡山にのぼり、天台の教学を学んだとされている。

その後山を下り、法相宗の唯識や三論宗、華厳宗など、広く仏教を学ぶも、未だ救いの道が見つからず、再度、比叡山の黒谷の報恩蔵にて一切経を何度も読み、その時に出遇ったのが、先述した善導大師の『観経疏（散善義）』の「深心釈」にある「一心に弥陀の名号を専念して、行住坐臥に、時節の久近を問はず、念々に捨てざる者は、是を正定の業と名づく、彼の仏願に順ずるが故に」という一文であった。

法然上人はこの一文に回心し、以降「常に善導大師の教えにより」という意の「偏依善導大師一師」と言い、善導大師の教えの他に私の救われる道は無いとして、浄土門に帰したのである。その後、善導大師の称名念仏による往生の道を受け継ぎ、吉水の草庵にて阿弥陀仏を信じ一心に名号を称える「専修念仏」の教義を徹底して説かれ、終ぞ「浄土宗」という一宗を独立させたのである。

時に、親鸞聖人の『高僧和讃』において、

善導源信すすむとも　本師源空ひろめずは　片州濁世のともがらは　いかでか真宗をさとらまし

と詠われている様に、何よりそれまで既に阿弥陀仏による救いの義は説かれていたが、未だ一宗として成り立ってはおらず、法然上人が浄土宗を開き、その教えを弘めたお陰で念仏往生の義の真髄を知る事が出来た事は法然上人の大きな功績である。

この専修念仏の教えは多くの民衆に貴賤を問わず受け入れられ、さらに関白の九条兼実もこの法門に帰依し、その兼実の要請によって著されたのが『選択本願念仏集（以降『選択集』）』であり、浄土宗の根本聖典で、立教開宗の書である。

この『選択集』の標宗には「南無阿弥陀仏往生の業には、念仏を先となす」と標示されており、これは源信和尚の『往生要集』「助念方法」にある「往生の業は念仏を本となす」との言葉をうけた言葉である。そして、以降を十六章に分けてあるが、まず「二門章」においては、道綽禅師の聖浄二門の判を受け、浄土門を勧められているが、さらに同章にて、

往生浄土門とは、これにつきて二あり。一には正しく往生浄土を明かす教、二には傍らに往生浄土を明かす教なり。初めに正しく往生浄土を明かす教といふは、いはく三経一論これなり。「三経」とは、一には『無量寿経』、二には『観無量寿経』、三には『阿弥陀経』なり。「一論」とは、天親の『往生論』（浄土論）これなり。

あるいはこの三経を指して浄土の三部経と号す。

とある様に、浄土門の中にも二種あり、一つは聖道門を捨て、正しく往生浄土の法門を説く教えの事であり、二つ

目は聖道門を説く傍らにその方便法として往生浄土の法門を説いている教えの事であると示している。そしてその前者の教こそが『浄土三部経』と『浄土論』の三経一論であり、それらが正依の経論である事を示している。

また、次の「二行章」では、善導大師の『観経疏（散善義）』の就行立信釈について引用し、私釈にて、善導大師の釈には「往生の行相を明かす」事と「二行の得失を判ず」事の二つの意があるとし、五正行の称名念仏こそ仏願にかなった往生の正定業である旨を明かした。さらに、五正行に対して「読誦・観察・礼拝・称名・讃嘆供養」の五種雑行がある事をあげる。さらに、正雑二行に「親疎対、近遠対、有間無間対、回向不回向対、純雑対」の五番の相対がある事を二行の得失に判じ、念仏以外の雑行を捨てるべきであると示した。

さらに次の「本願章」では、標章に「弥陀如来、余行をもつて往生の本願となさず、ただ念仏をもつて往生の本願となしたまへる文」とあり、本書の要義が示されている。この章においては『無量寿経』の第十八願を引き、「何故第十八願において阿弥陀仏は一切の余行を選捨して、ただ一つ念仏一行を選取されて往生の本願としたのか」という事について、その理由として、

いま試みに二の義をもつてこれを解せば、一には勝劣の義、二には難易の義なり。

とあり、その後に、

勝劣とは、念仏はこれ勝、余行はこれ劣なり。所以はいかんとならば、名号はこれ万徳の帰するところなり（中略）しかればすなはち仏の名号の功徳、余の一切の功徳に勝れたり。故に劣を捨てて勝を取りてもって本願となしたまへるか。

次に難易の義とは、念仏は修しやすし、諸行は修しがたし。（中略）故に知りぬ、念仏は易きが故に、一切に

通ず。諸行は難きが故に諸機に通ぜず。しかればすなはち一切衆生をして平等に往生せしめんがために、難を捨て易を取りて、本願となしたまへるか。

と示されている。つまり、念仏は万徳の帰するところで、全ての行において勝れているとし、また、容易に修する事が出来る行である故に、全てに通ずる正行である。だからこそ阿弥陀仏は他の一切の諸行を選捨して、ひとえに念仏一行を勧めたのであり、ここにこそ阿弥陀仏の本願の正意があるという事を明らかにされたのである。

さらに、「三心章」では、『観経』の三心と先述の善導大師の義を受け、

深心とは、いはく深信の心なり。まさに知るべし、生死の家には疑をもつて所止となし、涅槃の城には信をもつて能入となす。ゆえにいま二種の信心を建立して、九品の往生を決定するものなり。

と述べ、念仏一行を修せども、本願を信ずるが故に往生出来るのであり、それ無くしては往生かなわず、生死輪廻の迷いの世界を出る事が出来ない事を説き明かしている。

よく、法然上人の教義は念仏を要とし、親鸞聖人の教えは信心を要とするとして対比されるが、法然上人は『選択集』において、念仏が信心の上に基づき、それなくしては成り立たぬ事を明らかにされている。故に親鸞聖人は『教行信証』の後序において『選択集』を

真宗の簡要、念仏の奥義、これに摂在せり。見るもの諭り易し。まことにこれ希有最勝の華文、無上甚深の宝典なり

と称賛され、『高僧和讃』において「本師源空いまさずは　このたびむなしくすぎなまし」

と詠われた様に、正に浄土を顕かにする真の教えを明かした法然上人を仰がれたのである。

おわりに

さて、釈尊から七祖に至るまでを粗々と見てきたが、各祖師方が生死出離の道を求め、終ぞ浄土教に帰し、阿弥陀仏の本願と往生の正行を明らかにされた経緯に、並々ならぬ真実の救いへの求道心が感じられる。そして各祖師方の義が相承されて行くに従い、各々の解によってさらに教義として深化していき、終ぞ親鸞聖人に至っては、本願力回向の思想に立脚した、徹底した他力観により、浄土教思想の完成を迎えたと言えるのではないかと思う。

今回は七祖を中心に見ていき、親鸞聖人の教義については、敢えて省かせて頂いたが、時に、『宗報』の平成八年四月号に掲載された、梯實圓和上の『七祖聖教の「当面読み」について』というお話の中に、

七高僧のお聖教を子細に拝読すると、曇鸞大師にせよ、道綽禅師にせよ、善導大師にせよ、法然聖人にせよ、お一人お一人がそれぞれ画期的な浄土教学を展開されていた事がわかります。そうした七高僧の独自性は、まず祖師方のお聖教を正確に拝読する事によってのみ知る事ができます。そして、さらに親鸞聖人のご指南を受ける時はじめて、祖師方のお聖教を一貫している深義を領解する事もでき、また、浄土真宗の伝統の祖師としてこの七人を選び取られた親鸞聖人の卓越した七祖観を知ることもできるわけです。

とある様に、親鸞聖人の徹底した他力観を見させて頂く上で、まず七高僧の各論釈をありのままに見ていく、というプロセスも大切な事だと思う。なかなか全てを原典で読み熟す事は大変ではあるが、そこから親鸞聖人の義に触れた時に得られるものが、正に親鸞聖人のお心であったと言えるのではないだろうか。

最後に、無学無識の私ではあるが、これからも、少しずつ聖人のお心を味わっていきたいと思うところである。

参考資料一覧

『真宗新辞典』（法蔵館）
『浄土真宗聖典（注釈版）』（本願寺出版社）
『浄土真宗聖典　七祖篇（注釈版）』（本願寺出版社）
『真宗概要　教化研究所版』（法蔵館）
『宗報』平成八年四月号（本願寺出版社）
中村元『浄土経典』（東京書籍）
小川一乗『仏教に学ぶ命の尊さ』（法蔵館）
大岡　信『死生私見』（岩波講座　宗教と科学七）
桜井鎔俊『浄土のすくい　釈尊と七高祖』（法蔵館）
信楽峻麿『阿弥陀仏論』（仏教文化研究所紀要　第二十集）
内藤知康『親鸞の往生思想より』
吉原浩人『東洋における死の思想』（春秋社）

禅と浄土の接点

真名子晃征

はじめに

禅と念仏、あるいは禅宗と浄土教の関係については「日本では機根論（禅師と凡夫）、行業論（坐禅と念仏）、仏土論（無相と西方）、行果論（悟りと往生）などの点において対照的ゆえに論理的に一致しないようである」[1]といわれるように、教相判釈が発達し、宗派意識が確立されて以後の仏教においては、対立的なものに捉えられがちである。なかでも、無相を説く禅と、西方極楽世界という有相を説く浄土という対比で考えれば、両者は隔絶されたもののようにも思えてくる。ところが、中国仏教においては、それらは必ずしも対立するものではなく、両者の接点が見出される。

これまでに、浄土教の祖とされる曇鸞（四七六―五四二）の意図した実践とは何か、という課題について論じたことがある。そのうちの一つにおいて、彼の著述に見られる諸思想の分析という方法とは別に、当時の北魏仏教界の信仰や実践の状況から、そこに生きた仏教者である曇鸞に影響を与えたであろう思想を想定し、その影響関係を考察するという方法を採った。(2) そこで注目したのが従来それほど考慮されていなかった禅観思想の影響である。これは、主著『往生論註』に示される、阿弥陀仏およびその浄土の観想によって見仏に至る過程が、禅観思想を背景に構築されたものではないかと考えたことによる。曇鸞を禅と浄土の接点となる人物の一人と位置づけるものである。

このような意図のもと、禅観経典に示される内容や、北魏・北斉時代の禅観実践の状況を追うなかで、また別の点に関心を抱いた。それは、曇鸞の他にも禅と浄土の接点となる事例が複数確認できるということである。そして、それらは多く『観無量寿経』に依拠している。本論考は、南北朝時代から唐初にかけてのいくつかの事例をもとに、そのような禅と浄土の接点を探っていくものである。なかでも『観無量寿経』の影響を中心に検討しながら、当時の禅観思想について考察を試みたい。

一、禅浄双修と禅観

中国における禅と浄土の関係については、これまでにも多く研究がなされている。そのなかに「禅浄双修」とよばれるものを扱った藤吉慈海氏の一連の研究がある。藤吉氏は禅浄双修の全体的な流れをつぎのようにまとめている。

念仏はもと念仏・念法・念僧といわれるごとく、仏を憶念することであったから、瞑想を主とする禅と密接に関係していた。しかし念仏が阿弥陀仏を念ずることに限られるようになると、称名念仏が重視され、念仏といえば、阿弥陀仏の名を称える称名念仏を意味するようになり、禅と念仏とは遠くはなれ、互に対立するものであるかのように考えられた。…しかし、そのように極端にわかれてしまった禅と念仏は、またもめぐりあう運命にあると言うべきであろう。歴史をかえりみても、禅と念仏との接点に生きた仏教者は必ずしも少なしとしない。[3]

当初、密接に関係するものであった禅と念仏、あるいは禅と浄土は、道綽（五六二―六四五）・善導（六一三―六八一）といった浄土教者による、阿弥陀仏に対する称名念仏の主張により一旦は相反していくが、その後再び結びつくという。中国仏教史上、禅と浄土には二度の接点があったことになる。その他の先行研究においても、この全体的な流れについては同様の見解が示されているようである。[4]また、禅浄双修は廬山慧遠（三三四―四一六）あるいは彼が依拠した『般舟三昧経』をその淵源と見る点も共通する。いま仮に、道綽・善導といった浄土教者の登場によって相反する前後の、禅と浄土の接点を、初期・後期の接点と呼ぶことにする。

ただし、用語の定義や判定の基準が必ずしも一致しないので、ここで、一定の基準を設ける柴田氏の指摘によりながら、その相違を確認しておきたい。[5]

一つ目に、禅と浄土が相反する前の初期の接点をも禅浄双修と呼ぶか、という問題がある。柴田氏は、双修とは本来異質の思想に対して用いるものであり、浄土側に禅的要因が見られることは当然とし、廬山慧遠の事例を禅浄双修とは呼ばない。

二つ目は主として後期の接点に関するものであるが、どのような基準をもって禅浄双修の成立とするか、という判定の基準が問題となる。これについても柴田氏は先の理由から、禅側の浄土教受容を一つの転機とする。宋代に入って浄土側が唯心浄土を主張するようになり、禅側にも積極的に受容されていくのだが、彼らが浄土を対等に主張する段階を禅浄双修と捉えるべきというものである。従来、禅浄双修のはじまりとしては、宋代の永明延寿（九〇四―九七五）の事例がしばしば挙げられるが、柴田氏は延寿が西方浄土を低く位置づけていることなどを理由にその見解を訂正し、十一世紀後半の長蘆宗賾（生没年不詳）、あるいは十三世紀後半の元代へとその年代を引き下げている。(6)

このように、禅浄双修については、思想史全体を捉えた上でその基準を定めなければならないという問題がある。よって、本論考ではある程度範囲を限定して、この禅と浄土の接点について検討してみたい。課題とするのは、初期の接点から、両者が相反していく過程の事例である。そして、取り扱う事例はより単純に、西方浄土を対象とした「禅観」の実修とする。

禅観とは何らかの対象を観ずる修行法である。(7)初期の漢訳経典に説かれる禅定や三昧といった実践は、後世へと受け継がれ、禅観思想として発展をとげる。五世紀前半、仏・菩薩を対象とした禅観を説く漢訳経典が成立する。禅観経典といわれる一群、とりわけ畺良耶舎（三八三―四四二?）訳出とされる『観無量寿経』は多くの注目を浴びる。関心を向けたのは浄土教者だけに限らない。浄影寺慧遠（五二三―五九二）や吉蔵（五四八―六二三）、あるいは智顗（五三八―五九七）の撰述とされる諸観経疏をはじめ、隋・唐代に盛んに研究されることとなる。そして、北魏・北斉といった時代の習禅者の中にも、阿弥陀仏や西方浄土を意識し、『観無量寿経』に注目した者がいる。

以下に、それらの事例をもとに禅と浄土の接点を探ってみたい。まず『観無量寿経』受容の最初期の事例として、北魏・北斉時代の事例となる、曇鸞と僧稠をとりあげる。曇鸞『往生論註』は『観無量寿経』を依用した最初期の文献であり、同時期に活躍した習禅者・僧稠が造営に関わった小南海中窟には『観無量寿経』の影響が見られる。彼らの思想を追うことで、訳出間もない『観無量寿経』受容の様子をうかがっていく。続いて、習禅者である智舜（五三三―六〇四）と道信（五八〇―六五一）をとりあげてみたい。智舜は曇鸞や僧稠から少しの時を隔てて、浄影寺慧遠・智顗・吉蔵らと同時代を生き、道信はさらにその後、年齢的には道綽・善導の間を生きた人物となる。智舜・道信の事例は浄土教研究においてはそれほど注目されていない。彼らの思想から、習禅者の浄土への関心の詳細をうかがっていく。(8)

二、禅と浄土の接点

二―一『往生論註』と『観無量寿経』

まずは曇鸞の事例を見ていこう。曇鸞は『往生論註』において、天親『浄土論』に説示される礼拝門・讃嘆門・作願門・観察門・回向門からなる五念門の一々を、自身の理解に基づいて細かく定義していく。そのうち、作願門釈・観察門釈において、禅定の一種である奢摩他・毘婆舎那に対して『浄土論』には見られない独自の理解を示しているが、そこに禅観経典の影響が見出される。(9)曇鸞が用いる「止心鼻端」「不浄観止貪、慈悲観止瞋、因縁観止癡」「如観身無常・苦・空・無我・九想等、皆名為観」といった内容は、鳩摩羅什訳『坐禅三昧経』などに見られるもので、かつ僧稠・僧実など当時の禅観実修者の実践をも想起させることから、[10]曇鸞の関心の矛先が知られる。

それでは以下に、『往生論註』における『観無量寿経』受容の意図について考えてみたい。

『往生論註』では「観無量寿経言」として経文が六箇所に引用される。このうちの三箇所が上巻末の八番問答であり、引用されるのはすべて『観無量寿経』第十六下輩観の文である。ここでは、五念門中の回向門に示される「普共諸衆生　往生安楽国」の「衆生」とは如何なる者を指すのかという問いが立てられ、問答が進んでいく。前半は『無量寿経』『観無量寿経』の内容の相違の会通、後半は「十念」に関する解説が中心となる。

残り三箇所は上巻の観察門に見られるもので、阿弥陀仏およびその浄土の観想に関わる引用である。仏の座及び仏身を観ずるにあたって、その対象の様相を説明するために、第七華座観・第九真身観・第八像観の文が引用され、続けて注釈が施される。

さらに、『往生論註』には上記六箇所の経文引用とは別に、経題のみが示される二箇所がある。下巻の観察体相章の荘厳座功徳成就と荘厳三業功徳成就において、曇鸞は『往生論註』で浄土の荘厳相を観察する方法を詳細には説かず、ただ『観無量寿経』によるべきとだけ述べている。


何者荘厳座功徳成就、偈言「無量大宝王　微妙浄花台」故。若欲観座、当依『観無量寿経』…

何者荘厳身業功徳成就、偈言「相好光一尋　色像超群生」故。若欲観仏身、当依『観無量寿経』。

（『大正蔵』四〇、八三九中）


このような曇鸞の『観無量寿経』引用の態度からは、観想の方法については『観無量寿経』によるべきであると言って通じるほどに当時その内容が周知されていたこと、そこに示される観想の方法を曇鸞がほぼ全面的に受け容れていたことなどが読み取れる。
また、『観無量寿経』『往生論註』ともに見仏を目的とした観想が説かれるのだが、その共通点として、そこに示される観想が凡夫の行として示されており、それが成就する根拠を阿弥陀仏の本願力（宿願力・他力）に求めていることが挙げられる。(11)

『観無量寿経』第十三雑想観（『大正蔵』一二、三四四中）

先所説無量寿仏身量無辺、非是凡夫心力所及。然彼如来宿願力故、有憶想者、必得成就。但想仏像得無量福、何況観仏具足身相。

『往生論註』下巻、利行満足章（『大正蔵』四〇、八四四上）

願言「…（『無量寿経』第十八願引用）」。縁仏願力故、十念念仏便得往生。得往生故、即勉三界輪転之事。無輪転故、所以得速一証也。

願言「…（『無量寿経』第十一願引用）」。縁仏願力故、住正定聚、住正定聚故、必至滅度、無諸廻伏之難。所以得速二証也。

願言「…（『無量寿経』第二十二願引用）」。縁仏願力故、超出常倫諸地之行、現前修習普賢之徳。以超出常倫諸地行故。所以得速三証也。

以斯而推、他力為増上縁。得不然乎。

『観無量寿経』は、釈尊から韋提希への説法という形をとりながらも、「未来世一切凡夫」「未来世一切衆生」という表現が用いられ、単なる韋提希への説法にとどまらない。また、韋提希自身も釈尊から「汝是凡夫」と告げられていることからも、そこで示される観想が凡夫の行を意図したものであることは明らかである。そして、十六観中の第十三雑想観では、無量寿仏の身量は無辺であり、凡夫の心力の及ぶところではないが、如来がかつて建てた宿願力によって、憶想するものは必ず成就すると説明する。そして、仏像を想うことですら無量の福を得るのだから、無量寿仏が具足する身相を観ずるのであれば尚更のことであるという。ここで、第九真身観の見仏が成立する根拠として無量寿仏の宿願力、つまり本願力が説かれるのである。如来の本願力によって、本来凡夫には不可能なはずの見仏が可能となる。

一方、『往生論註』下巻の利行満足章では、まず『無量寿経』の第十八願によって衆生の往生が誓われる。得生者は第十一願によって浄土にて正定聚となり、必ず滅度に至ることが定まる。正定聚となった者は、第二十二願によって、菩薩の階位を超出して普賢の徳を得る。このようにして、五念門による菩提の獲得（見仏）は、仏願力によると説明するのである。仏願力は「他力」とも言い換えられている。

直接の引用ではないものの、禅観思想という視点をもって『観無量寿経』と『往生論註』にのぞむと、そこに見られる共通性が明らかとなる。『観無量寿経』についてはそれ自体が禅観経典に属しており、用語や形式、特に段階的な観想が示される点は他の経典と共通する。『往生論註』についても、禅観思想が意識されていたことは明らかである。そして、両者の観仏思想が凡夫の行として示されており、その行が成就する根拠を阿弥陀仏の本願力（宿願力・他力）に求めていることを確認できる。

二―二僧稠と小南海中窟

次に曇鸞とほぼ同時代を生きた習禅者である僧稠（四八〇―五六〇）の事例を確認していこう。僧稠については、道宣『続高僧伝』「習禅篇」の僧稠伝によって知ることができる（『大正蔵』五〇、五五三中）。しかし、それとは別に、道宣は「習禅篇」総論において、河北においては僧稠を、関中においては僧実（四七六―五六三）を当地の代表的な習禅者として紹介している。また、この記事に続き、僧稠は菩提達摩（生没年不詳）とも比較されている。[12]後世、禅宗の祖と仰がれる達磨と対比されるほど彼が重要人物であったことが読み取れる。

『続高僧伝』の僧稠伝をもとに、その実践について確認していくと、止観・禅定といったものに加え、『涅槃経』に依拠した「四念処」、また「十六特勝法」「死相観」など、特定の対象をもつ禅観が修されたという記述が残される。四念処はよく知られるように、常楽我浄を打破するための修行法で、身念処・受念処・心念処・法念処からなる。十六特勝は、智顗『釈禅波羅密次第禅門』に、中国で実践されてきたインド伝来の実践法門を『大品般若』『大智度論』をもとに解説するなかにも見られ（『大正蔵』四六、四七九上）、また、僧稠から観法を習った浄影寺慧遠は『大乗義章』のなかで、これを四念処に配当していることなどから、その近似が予想される（『大正蔵』四四、七七二上）。これらの情報からは、僧稠が何らかの対象をもつ、禅観を修していたことがわかる。

ところで、『続高僧伝』「習禅篇」には一〇〇人ほどの人物が列伝されているのに加え、他の箇所にも、習禅の記述を持つ人物が存在するのだが、そのいずれもが依拠した経論が一つとは限らず、一人の僧侶が複数の僧侶に師事するといったこともあり、単純に系統が分けられるものでもない。[13]いまとりあげる僧稠もその例に漏れず、複数の師に学んでおり、その実践が必ずしも明らかではなく、小乗・大乗のいずれに属するとみるかといった点でも見解が分かれるところである。(14)

さて、このような文献とは別に、禅観実修者である僧稠についての情報が残るのが、河南省の小南海中窟である。僧稠が関与したとされるこの窟には、九品往生図を含む阿弥陀浄土図が刻されている。九品往生図としては最初期の作例となる。

小南海中窟は、一九八八年に河南省古代建築保護研究所によって紹介された。(15)当時の状況を知ることができる数多くの貴重な情報について、様々な視点からの報告がなされている。本窟は、天保元年（五五〇）に造営が開始され、天保六年（五五五）には僧稠の深い関与のもと造像と浮彫が完成、乾明元年（五六〇）の僧稠死後、窟外に「方法師鏤石班経記」「華厳経偈讃」「大般涅槃経聖行品」などの石刻文が刻まれる。本窟造営の経緯は「方法師鏤石班経記」それ自体によって知られる。

中窟内部は三壁には盧舎那仏・阿弥陀仏・弥勒仏の三仏が安置され、周囲は全面に浅い浮彫が施されている。注目すべきはその浮彫のなかに、『観無量寿経』に基づく、九品往生図を含む阿弥陀浄土図（西壁）が存在する点である。この浮彫の図像には次のようないくつかの題記が残る。

「七宝□宝樹」「五百宝楼」「上品下生」「上品中生」「上品往生」「中品往生」「中品中生中品下生」「八功徳水」「下品往生」

このうち「八功徳水」「五百宝楼」「七宝□宝樹」は、それぞれ『観無量寿経』の第五宝池観、第六宝楼観、第八像観に基づく記述と推測できる。また、「上品下生」「上品中生」「中品中生中品下生」といった記述は、明らかに

『観無量寿経』の九品の分類に基づくものである。

小南海中窟における『涅槃経』と『観無量寿経』の結びつきについて、稲本泰生氏は二つの理由を挙げている。[16]一つには、阿闍世王説話を媒介とした、救済の条件とそれが及ぶ範囲に関する相互補完性である。『観無量寿経』では、いわゆる王舎城の悲劇をとりあげているものの、その主たる教化の対象は韋提希であり、阿闍世に関しての言及はない。これはすでに『涅槃経』が知れ渡っていたために、『観無量寿経』でそれを説く必要がなかったからというのが一つ目の理由である。

そして、もう一つが観法の実践体系そのものに内在する相互補完性である。この指摘は、当時の一般的な観法ともいえる四念処法に加え、僧稠が『観無量寿経』の観法を導入していることを指す。稲本氏は『思惟略要法』「観無量寿仏法」の、四念処から観仏へと段階的・連続的に展開する実践体系を例として、『涅槃経』と『観無量寿経』の結びつきを、諸々の観法が組織化されていく過程にあるとし、そのうえで、浄土の観想もその延長線上に位置づけられるという。

『思惟略要法』も禅観経典の一つに数えられるものである。禅観経典では見仏の手段として、特定の対象を観想していく修行法が説かれる。これは『般舟三昧経』のような初期大乗経典において、三昧という境地での見仏という状況のみが説かれるのとは趣が異なる。そして、もう一点、観想の対象を次々と展開させていくこともまた禅観経典に共通する。『観無量寿経』において「十六観」として、観想の次第に名称や番号を付し、段階的に観想を進めていく方法は、その典型的なものといえよう。

僧稠が浄土願生者であったかどうかはまた別の問題であるが、少なくとも、彼の関与した小南海中窟に『観無量て挙げられる。

寿経』の影響が見られるという事例は、『観無量寿経』に基づく、浄土を対象とした禅観のなかでも初期の例とし

二―三　智舜と舜禅師造像記

次にとりあげるのは、習禅者の智舜（五三三―六〇四）である。『続高僧伝』「習禅篇」によれば、前述の僧稠に師事し、白鹿山に住したという。その記述からは修行の詳細は知られないが、智舜伝の後半には「後年疾既侵、身力斯尽。常令人称念、繫想浄方」（『大正蔵』五〇、五七〇上）とあり、浄土信仰を有していたとされている。なお、智舜については戒珠『浄土往生伝』にも立伝されており、彼が『観無量寿経』に基づく実践を行ったとする記述も残る。[17]これによると、智舜は廬山慧遠（三三四―四一六）の白蓮社をうけついだ浄土信仰があったとされ、『観無量寿経』による観想が行われたという。これについては、廬山慧遠と強引に結びつけているような印象をうけ、信憑性に欠けるという指摘もあるが、[18]そうであるならば、いかなる理由で『浄土往生伝』が智舜をとりあげたのかも興味深い。

さて、この智舜について考えるにあたって注目したいのが、倉本尚徳氏が造像銘史料などを用いた一連の研究において論じている、「無量寿」から「阿弥陀」へという尊名の変移に関する指摘である。[19]かつて塚本善隆氏は、時代とともに釈迦・弥勒・阿弥陀と造像の対象が変遷していくこと、阿弥陀信仰については南北朝から唐代にかけて、「無量寿」から「阿弥陀」へという呼称の変移があったことを明らかにした。[20]倉本氏の指摘とは、この尊名の変移が『観無量寿経』の普及に対応しており、そこに林慮山や白鹿山（ともに河南省）などの太行山脈周辺を中心に活

動した北斉期の習禅者が関係している、というものである。その一例として挙げられるのが「舜禅師造像記」であり、この「舜禅師」なる人物が智舜ではないかと考えられている(21)。

造像記の冒頭には、舜禅師が劉氏一族百余人とともに、阿弥陀三尊像を建立したとされ、また文末から、武平元年（五七〇）十一月に記されたものであることがわかる。その内容を見ると、次の箇所に、阿弥陀・観音・勢至という三尊形式、および『観無量寿経』に基づく表現が確認できる。

…即敬造西方阿弥陀像并観音・大勢。白毫宛伝与五山如争隆、青目分明、共四海如競朗。

一一相好不得兼二以観之。頌徳弗閑、豈復更□於余偈…

この「白毫宛伝」に続く内容、また「一一…」という表現などは、『観無量寿経』第九真身観の文に由来することは明らかであろう。

仏身高六十万億那由他恒河沙由旬。眉間白毫右旋婉転、如五須弥山。仏眼如四大海水、青白分明。

（『大正蔵』一二、三四三中）

観無量寿仏者、従一相好入。但観眉間白毫、極令明了。見眉間白毫者、八万四千相好、自然当現。

（『大正蔵』一二、三四三下）

若欲念彼仏者、当先作此華座想。作此想時、不得雑観。皆応一一観之。一一葉・一一珠・一一光・一一台・一一幢、皆令分明。

（『大正蔵』一二、三四三上）

この「舜禅師」なる人物が智舜であったか否かということを別にしても、『続高僧伝』や「舜禅師造像記」の記述によって、智舜という習禅者、あるいは舜禅師なる人物が浄土思想に関心をよせており、有相の西方浄土を意識していたということは指摘できよう。また、先の僧稠の事例をうけて考えれば、智舜の伝記に浄土思想の痕跡が見られることも、事実を反映したものと見ることも可能であろうか。

二―四『楞伽師資記』にみる道信

次に道信（五八〇―六五一）の事例を見てみたい。道信は弟子の弘忍（六〇一―六七四）とともに、中国の禅宗形成期の人物としてよく知られているが、同時に浄土思想に関心を寄せた人物であったことも多く指摘されるところである。[22]

道信については『続高僧伝』の他にいくつかの伝記資料が残る。そのなか、彼の思想に関して知られるのが浄覚『楞伽師資記』である。『楞伽師資記』の道信伝は、求那跋陀羅や菩提達摩といった他の祖師の伝よりも圧倒的に長く、その内容も伝記というよりはむしろ思想面を論じることに主眼が置かれている。そこでは、彼が依拠したとされる多くの経論の引用・抄出とともに、その思想がまとめられている。それらは、『文殊般若経』『普賢観経』『大品般若』『華厳経』『法華経』など多岐にわたるが、その中に『観無量寿経』も見出される。

『無量寿経』云「諸仏法身入一切衆生心想。是心作仏。当知仏即是心、心外更無別仏也」。略而言之、凡有五種。一者、知心体…　二者、知心用…　三者、常覚不停…　四者、常観身空寂…　五者、守一不移…

（『大正蔵』八五、一二八八上）

ここで『無量寿経』として引用されるのは、『観無量寿経』第八像観の文にあたる。また、経題こそ記されないものの、次の箇所においても『観無量寿経』の影響が垣間見られる。

知学者有四種人。有行・有解・有証、上上人。無行・有解・有証、中上人。有行・有解・無証、中下人。有行・無解・無証、下下人也。

問「臨時作若為観行」。信曰「真須任運」。

又曰「用向西方不」。信曰「若知心本来不生不滅、究竟清浄、即是浄仏国土。更不須向西方」。

（『大正蔵』八五、一二八七下）

前半部において、学者に四種の人がいるとして、上上人、中上人、中下人、下下人と分けるのは『観無量寿経』の九品の分類を想起させ、「又曰」以下の、西方に想いを向けるべきかという問いに対し、心が本来「不生不滅」「究境清浄」であることを知った上であればその必要はないというやりとりは、般若思想をベースに西方の観想について説明されている。また、このような『観無量寿経』に基づく西方への意識は、弟子である弘忍の語とされる『修心要論』にも確認できる。

若初心学坐禅者、依『無量寿観経』、端坐正身、閉目合口、心前平視、随意近遠、作一日想守之、念念不住。

（鈴木『禅思想史研究　第二』三〇六頁）[23]

後世に禅宗の祖師と仰がれる道信・弘忍に、『観無量寿経』に基づく西方への意識があったとするこれらの情報はどのような意味があったのか。この疑問について、道信の教化の態度から考えてみたい。上記のように、道信には西方への意識があったとされるのだが、それは浄土願生を高く評価していたわけではなく、あくまで初習者・鈍根者への教導であったという点には注意が必要である。

『続高僧伝』の道信伝には「于時山中五百余人」（『大正蔵』五〇、六〇六中）とあるように、道信は多くの弟子を育成したとされている。その集団は東山法門と呼ばれ、一大勢力を築く。そのような大集団を率いる立場にある道信は、いかにして弟子達を教え導いたのか。近藤良一氏は、道信の教化の姿勢について次のように述べる。

> 学者の機根に差別あることを常々主張していたようであって、この解決策の一つとして登場したのが、念仏思想による初学者の教導であったのではなかろうかと私は考えたい…古来より観不堪の劣機のために援用されることが多い念仏をもって教導せざるを得なかったし、又そうする事がより効果的であると判断したに相違ない…称名によって見仏する一行三昧を説き、『大品般若経』『観無量寿経』などをも援用して、初学者の為に念仏を勧め、又初学坐禅の用心を二度に亙って述べている点などから…又このように頓の立場と方便法門としての修道を重んずる漸の立場を併せもっていた禅法が道信禅の特色なのでもある。(24)

五百余人ともいわれる弟子達には、当然のごとく能力差がある。そのような状況において、衆生の機根に差別があることを熟知し、道信はそれに応じて教導した。そして、初習者・鈍根者のために、浄土の観想という方法を導入したというのである。

これまで『観無量寿経』受容の動向を探ってきたが、この初習者・鈍根者のための浄土の観想、という位置づけは一つの重要な点であるように思う。そこで、注目したいのが、道信が依拠したとされる『文殊般若経』の一行三昧である。『楞伽師資記』道信伝の冒頭でも、彼が重要視した経典として紹介され、(25)つづく経文引用のなかでも、第一に掲げられる経典である。この『文殊般若経』は、浄土の観想の位置づけにも深く関わるので、ここで若干の考察を試みたい。

曼陀羅仙訳『文殊師利所説摩訶般若波羅蜜経』(『大正蔵』八、七三一上)

文殊師利言「世尊、云何名一行三昧」。

仏言「法界一相、繫縁法界、是名一行三昧。

（A）若善男子・善女人欲入一行三昧、当先聞般若波羅蜜。如説修学、然後能入一行三昧、如法界縁、不退不壊、不思議無碍無相。

（B）善男子・善女人欲入一行三昧、応処空閑、捨諸乱意、不取相貌、繫心一仏、専称名字。随仏方所、端身正向。能於一仏、念念相続。即是念中、能見過去・未来・現在諸仏。何以故、念一仏功徳無量無辺、亦与無量諸仏功徳、無二不思議…

南北朝期以降の文献のなかには、この曼陀羅仙訳『文殊般若経』を典拠とする例が見られる。[26] 例えば、智顗（五三八—五九七）は『摩訶止観』巻第二において、常座・常行・半行半座・非行非坐の四種三昧について論ずるにあたって、第一の常座三昧を一行三昧と呼び、『文殊般若経』をその典拠としている。[27]

智顗以外にも浄土教者を中心にして、同経を根拠に一行三昧について論じられている。一行三昧それ自体は『大品般若』などの各種般若経典にもあらわれるもので、龍樹『大智度論』などにも見られるものである。ではなぜ、浄土教者は一行三昧の受容にあたって『文殊般若経』をその典拠としたのか。

先の引用箇所で、文殊師利の「一行三昧とはいかなるものか」という問いに対し、釈尊は「法界は一相であり、縁を法界に懸けることを一行三昧と名づける」と答えるのだが、続けてその一行三昧に入る方法が（A）（B）二通り説かれるが、従来、をそれぞれ理観・事観として理解される。（A）では、般若波羅蜜を聞き、説の如く修行するとされ、他の般若経典と同様の空を基礎とする実践が説かれている。しかし、浄土教者が用いるのは（B）の箇所である。道綽『安楽集』（『大正蔵』四七、一四下）、道鏡・善道『念仏鏡』（『大正蔵』四七、一二三上）などは、上述の（B）の箇所を用いることで、一行三昧の「一行」を念仏であるとし、阿弥陀仏を対象とした称名を強調し、念仏一行を勧めている。その顕著な例が善導である。

『観念法門』（『大正蔵』四七、二七上）

又如『文殊波若経』云「文殊白仏言〈云何名一行三昧〉。仏言〈若男子・女人在空閑処、捨諸乱意、随仏方所、端身正向、不取相貌、専称仏名、念無休息、即於念中、能見過・現・未来三世諸仏〉」。

又以此経証、即是諸仏同体大悲、念力加備令見。此亦是凡夫見仏三昧増上縁。

『往生礼讃』（『大正蔵』四七、四三九上）

又如『文殊般若』云「明一行三昧、唯勧独処空閑、捨諸乱意、係心一仏、不観相貌、専称名字、即於念中、得見彼阿弥陀仏及一切仏等…

いずれも『文殊般若経』の引用によって一行三昧を解説するのだが、『往生礼讃』では過去・現在・未来の三世諸仏とされていたものが「阿弥陀仏及一切仏」となるなど、若干の改変によって、その内容が阿弥陀仏を対象としたものとなっている。このような浄土教者による『文殊般若経』依用は、先述の道信とは異なる意図のもとに行われている。諸師による受容については更なる検討が必要であるが、『観無量寿経』同様、習禅者と浄土教者が同一経典に注目した例といえる。(28)

三、経典に内在する禅と浄土

これまで、数人の諸師をとりあげ、禅と浄土の接点を探ってみた。ここでは、彼らが何らかのかたちで依拠した『観無量寿経』について、中国での受容の意図を中心にもう少し考えてみたい。

『観無量寿経』は阿弥陀仏を対象とした禅観を説く。浄土経典であり、禅観経典でもある本経は、浄土教者にはもちろんのこと、習禅者によっても多く用いられた経典である。ここで、本論考の冒頭でふれた、禅と浄土の後期の接点に目を向けてみると、そこでは禅・浄土問わず『観無量寿経』に注目が集まることになる。その理由は『観無量寿経』の文言それ自体に由来する。禅側の浄土教受容の要因となった唯心浄土の思想は、具体的には『観無量寿経』の「阿弥陀仏去此不遠」「是心作仏」がその淵源の一つとして認められ、諸師によって用いられている。(29)

『観無量寿経』序分（『大正蔵』一二、三四一下）

爾時、世尊告韋提希「汝今知不。阿弥陀仏、去此不遠。汝当繫念、諦観彼国浄業成者…

『観無量寿経』第八像観（『大正蔵』一二、三四三上）

仏告阿難及韋提希「見此事已、次当想仏。所以者何。諸仏如来是法界身。入一切衆生心想中。是故汝等心想仏時、是心即是三十二相・八十随形好、是心作仏、是心是仏。諸仏正遍知海従心想生」。

『観無量寿経』のこれらの文は、いわば禅と浄土を連結するくさびとしてはたらいているのである。さらに、「是心是仏」は『観無量寿経』にいたってはじめて見えるものであるが、『般舟三昧経』巻上（『大正蔵』一三、九〇六上）には「心是仏」とある。『般舟三昧経』が廬山慧遠をはじめとする、浄土教の発展に寄与したことはよく知られるが、そこでは阿弥陀仏を対象とした精神集中という実践によって、見仏に至る。常に仏を念ずることで夢中に見仏するとも説かれている。そして、それは空の理論を基礎とするものである。[30]有相の浄土を観想していくことを説きながら、空・無相の理論が背景にあるものと理解されることによって、禅側にも『観無量寿経』が受容されていく。

先に曇鸞の『観無量寿経』受容について述べたが、『往生論註』における第八像観の引用もこの箇所となる。このなか、「心想仏時、是心即是三十二相・八十随形好」の解説では、衆生が心に仏を想う時、仏身は衆生の心中にあらわれるとし、それを水面に映る像が一でなく異でないと喩えている。[31]また、『楞伽師資記』道信伝において引用されるのも同じくこの箇所である。前述のように、禅浄双修は曇鸞や道信よりも後世のものであり、それを彼らに充てて考えることはできない。しかし、『観無量寿経』自体が禅と浄土との思想交渉に用いられた事実からは、それが本来的に禅と浄土をつなぐ要素を有していたことがわかる。

そして、もう一点考えてみたいのが、阿弥陀仏およびその浄土の観想を初習者・鈍根者のためのものとする理解である。『観無量寿経』をはじめとする禅観経典にみられるような段階的な観想を、低い階位の者のためとする理解は、いくつかの文献に確認できる。

『鳩摩羅什法師大義』巻中（『大正蔵』四五、一三四中）

什答、見仏三昧有三種。一者菩薩或得天眼天耳、或飛到十方仏所、見仏難問、断諸疑網。二者雖無神通、常修念阿弥陀等現在諸仏、心住一處、即得見仏、請問所疑。三者学習念仏、或以離欲、或未離欲、或見仏像、或見生身、或見過去・未来・現在諸仏。是三種定、皆名念仏三昧。其実不同者得神通見十方仏。余者最下。統名念仏三昧。

『思惟略要法』「観無量寿仏法」(『大正蔵』一五、二九九下)

観無量寿仏者、有二種人。鈍根者、先当教令心眼観察額上一寸、除却皮肉、但見赤骨。繫念在縁、不令他念。心若余縁、摂之令還…。若利根者、但当先作明想。晃然空浄乃於明中観仏便可得見。行者若欲生於無量寿仏国者、当作如是観無量寿仏也。

『鳩摩羅什法師大義』では「見仏三昧有三種」として分類を行っているが、そこでは、神通力による見仏が高位に置かれ、次いで般舟三昧、その下に段階的な観想が置かれている。また、『思惟略要法』「観無量寿仏法」で、仏像・生身・法身・一切仏と進む観想の次第は『観無量寿経』の第八像観・第九真身観の展開と類似しているが、このような観想は「鈍根者」に対するものとして示される。

これらの内容によれば、見仏の手段としての段階的な観想は下位に置かれるものではあるが、逆に考えると、神通力を有していない者や、自身の力で三昧の境地に至れない者にも見仏の可能性を残すものともいえる。先に、曇鸞『往生論註』について述べるなかで、『観無量寿経』に示される観想が凡夫の行として示されており、それが成就する根拠を阿弥陀仏の本願力に求めていることを確認した。これは、『観無量寿経』を初習者・鈍根者のために用いるという道信の教化態度にも通じるものである。そして、今回の検討のみで断言できるものではないが、僧稠・智舜においても、浄土の観想を実践の中心に置いていたとは考えがたい。これは浄影寺慧遠や吉蔵など諸観経疏を著した諸師たちにおいても同様のことがいえるだろう。

おわりに

本論考では、南北朝時代から唐初にかけての禅と浄土の接点を探るべく、『観無量寿経』に依拠した事例を中心に、当時の禅観思想の状況について検討した。

北魏・北斉時代の曇鸞と僧稠の事例からは、『観無量寿経』受容の最初期の姿を知ることができる。曇鸞については これまでにも多く論じられてきたところであるが、同時期の僧稠は浄土教研究においてとりあげられることは多くない。しかし、小南海中窟に残る情報からは、習禅者である僧稠の関心が『観無量寿経』に向けられたことがわかる。僧稠の弟子である智舜、あるいは舜禅師なる人物に関しても同様に、禅と浄土が相反する前の状況を示しているといえよう。また、道信の教化態度からは、初習者・鈍根者に対する教導として、浄土の観想が導入されたことが知られる。

禅観経典と呼ばれる一群は、いずれも五世紀前半に成立する。それらは単に教義を伝えるだけでなく、中央アジアや中国において、実践との関わりにおいて発展を遂げる。『観無量寿経』に示される九品の分類や凡夫の救済に関する理論は、後世多く研究対象とされた。そして、それは教義理解という枠組みにとどまらず、今回確認した事例のように、浄土の観想という実践面においても重要な役割を果たす。さらに、そこに説かれるイメージは多くの人々に受けいれられ、造像の対象となった。それは経典解釈という高度な知識レベルのものと同じ次元で語ることはできないが、そうであるならば、高度な知識を有しない人々にも受容されるほどに、影響力をもったものであったと見ることもできるだろう。

今回はいくつかの事例をもとに、禅と浄土をつなぐ経典としての『観無量寿経』の姿を確認することができたが、『観無量寿経』受容の全体像については、その他の事例についても踏まえた上で稿を改めて論じてみたい。

註

（1）柴田泰「中国における禅浄双修思想の成立と展開」（『印度学仏教学研究』四六―二、一九九八）二四頁。

（2）「曇鸞と禅観思想」（『印度学仏教学研究』六三―二、二〇一五）。また、禅観思想を曇鸞の思想背景として想定しうる当時の状況や、禅観思想導入の媒介と考えられる『観無量寿経』と、曇鸞の主著『往生論註』の共通性については「曇鸞浄土教における実践体系」（龍谷大学学術機関リポジトリにて公開、二〇一五）にて論じた。本論考はこれらの執筆以降に得られた知見を加え、異なる視点からのアプローチを試みたものである。よって、上記論考と補完的な関係となり、一部重複する内容、あるいは説明不足となる点があることをご容赦いただきたい。

（3）藤吉慈海「禅と念仏との邂逅」（『印度学仏教学研究』一九―一、一九七〇）二七頁。

（4）禅浄双修に関しては、前掲の柴田・藤吉両氏の論考に加え、以下の論考を参照。なお、用語についても、禅浄双修・禅浄一致・禅浄兼修など統一を欠くが、本論考では禅浄双修の語を用いることとする。

柴田　泰「唐代前期浄土教の禅的要因」（『北海道大学文学部紀要』一七―二、一九六九）
「中国浄土教と禅観思想」（『印度哲学仏教学』三、一九八八）
「中国浄土教における唯心浄土思想の研究」（一）（二）（『札幌大谷短期大学紀要』二二・二六、一九九〇・一九九四）

藤吉慈海「禅浄双修の根拠」（『印度学仏教学研究』二二―二、一九七四）
『禅と浄土教』（講談社、一九八九）、『禅と浄土論』（平楽寺書店、一九九四）

石田充之「禅浄一致的浄土教と法然、親鸞の浄土教の立場」（『印度学仏教学研究』一四―一、一九六五）

近藤良一「禅苑清規に於ける浄土思想」（『駒沢短期大学研究紀要』一、一九六七）

「禅浄双修思想研究序論（一）」（『北海道駒澤大学研究紀要』五、一九七〇）
（5）　柴田前掲論文「中国における禅浄双修思想の成立と展開」。
（6）　延寿に禅浄双修思想をみる根拠として「四料揀」（大佑集『浄土指帰集』所収、『新纂続蔵』六一、三七九中）がしばしば用いられるが、柴田氏はそこに示される思想が延寿の思想とは論理的に矛盾するとして、これを後世の仮託とする。
（7）　禅観と同類の語である「禅定」は、瞑想などによる精神集中、精神統一といった説明がなされるが、この禅定は必ずしも対象を必要としないので、禅観を包括するものと考えてよいだろうか。禅観と禅定は、先行研究において必ずしも明確に区別されてはいない。しかし、特定の対象をとるか、そうでないかは、本研究において重要な点であるので、以下は禅観と禅定を可能な限り区別し、「禅観」とは特定の対象を視覚的イメージをもって観じていく修行法と定義する。
（8）　柴田泰山「『観無量寿経』の信仰と実践」（『日本仏教学会年報』七九、二〇一四）では、中国における『観無量寿経』の受容史について、幅広い事例を踏まえたうえで論じられており、本論考においても貴重な示唆を得た。
（9）　曇鸞『往生論註』（『大正蔵』四〇、八三五下、八三六上）

釈「奢摩他」曰「止」。止者止心一処不作悪也 。此釈名乃不乖大意、於義未満。何以言之。如止心鼻端、亦名為止。不浄観止貪、慈悲観止瞋、因縁観止癡 、如是等亦名為止。如人将行不行、亦名為止。是知、止語浮漫。不正得奢摩他名也。如椿柘楡柳雖皆名木、若但云木安得楡柳耶…

釈「毘婆舎那」曰「観」。但汎言観義亦未満。何以言之。如観身無常・苦・空・無我・九想等、皆名為観。亦如上木名、不得椿柘也…

（10）　藤堂恭俊「曇鸞の奢摩他・毘婆舎那観」（福井博士頌寿記念論文集刊行会編『東洋文化論集』、早稲田大学出版部、一九六九）を参照。
（11）　『往生論註』に示される浄土の観想については、多く論じられるところであり、それを高位の菩薩のみが可能な行とする指摘もあるが、この点については「『往生論註』における修行者」（『浄土真宗総合研究』七、二〇一二）、「『往生論註』における五念門と十念」（光華会編『親鸞と人間』四、永田文昌堂、二〇一三）にて論じた。

(12)『続高僧伝』「習禅篇」（『大正蔵』五〇、五九六上）

高斉河北、独盛僧稠、周氏関中、尊登僧実。宝重之冠方駕澄・安、神道所通制伏強禦。致令宣帝擔負、傾府蔵於雲門、冢宰降階、展帰心於福寺。誠有圖矣。故使中原定苑、剖開綱領、惟此二賢接踵伝燈、流化靡歇。而復委辞林野、帰宴天門。斯則挾大隠之前蹤、捨無縁之高志耳。終復宅身龍岫。故是行蔵有儀耶。属有菩提達摩者、神化居宗、闡導江洛、大乗壁観功業最高。在世学流、帰仰如市。然而誦語難窮、厲精蓋少。審其慕則遺蕩之志存焉。観其立言則罪福之宗両捨。詳夫真俗双翼、空有二輪、帝網之所不拘。愛見莫之能引、静慮籌此、故絶言乎。

(13)任継愈主編『定本中国仏教史Ⅲ』（柏書房、一九九四）では、『達摩多羅』禅、『楞伽』禅、跋陀と僧稠という三つに分けて解説するが、純粋な系統の分類は困難であるとして、次のように述べる。

もし単純に師資承襲の面からみるならば、南北朝の禅法には、追跡し得るいくつかの異なる「血脈」も存在していたが、それをつきつめていくと、その来源は主として、禅法の資料を提供している訳経集団に求められる。しかし、その禅思想と禅風のうえにあらわれている社会的な側面についていうと、各々の流派は、むしろ多くの場合互いに融合し滲透していたのであり、経文を墨守し師説を遵奉していた者はほとんどいなかった（五三〇頁）。

ここで指摘されるように、明確な習禅者の分類は困難だが、『続高僧伝』「習禅篇」総論の記述などを考えると、菩提達摩と僧稠は系統を異にする二つの大きな流れであったということに関しては問題ないであろう。

(14)敦煌文献なども踏まえた僧稠研究の嚆矢となる、柳田聖山「ダルマ禅とその背景」（柳田聖山集第一巻『禅仏教の研究』、法蔵館、一九九九）では、その実践を小乗系であるとする。この見解に対して、沖本克己「初期の習禅者たち」（『沖本克己仏教学論集』〈第二巻シナ編一〉、山喜房仏書林、二〇一三）では、僧稠一派の禅法の特徴を次のようにまとめている。

一、山居修道を専らとする山岳仏教であり、達摩一派の都市仏教とは顕著な対比をなす

二、その観法は四念処等の伝統的な方法によるものであるが、必ずしも小乗禅観の範疇に属するものではない

三、摂心あるいは看心といわれる漸次門であり、三乗兼修の立場である。
四、経論研究にも長じていた。
五、菩薩戒を持し、大衆受戒（斎戒）も行ったが、地持系なのか梵網系なのか、あるいは涅槃経系の特異なものなのか、具体的内容は分らない
六、神通力を有していた
七、念仏も行じていた。ただしその具体的方法は不明である

（15）河南省古代建築保護研究所「河南安陽霊泉寺及小南海石窟」（『文物』、一九八八年第四期）。その他、中国美術全集編集委員会編『中国美術全集』雕塑編一三（文物出版社、一九八九）などによっても、その概要を知ることができる。また、小南海中窟に並ぶ『涅槃経』と『観無量寿経』の意義など、その思想面について論じたものに、以下の論考がある。
勝木言一郎「小南海石窟中窟の三仏造像と九品往生図浮彫に関する一考察」（『美術史』一三九、一九九六）
稲本泰生「小南海中窟と僧稠禅師」（荒巻典俊編『北朝隋唐中国仏教思想史』、法蔵館、二〇〇〇）
「小南海中窟と滅罪の思想」（『鹿苑雑集』四、二〇〇二）
内田准心「『往生論註』における願生の意義」（『龍谷大学大学院文学研究科紀要』三五、二〇一三）

（16）稲本前掲論文「小南海中窟と滅罪の思想」

（17）戒珠『浄土往生伝』（『大正蔵』五一、一一六中）
後魍廬山大林寺、以昔遠師有蓮台浄社之修、又其遺跡、炳然尚在。於是踵其前躅、修十六観、於諸観門、日馳念想。季年予章道俗請講『観経』。舜曰「観経浄土教也。浄土吾所修也。吾豈於此拒之哉。吾従命焉」。

（18）倉本尚徳「北朝・隋代の無量寿・阿弥陀像銘」（『仏教史学研究』五二―二、二〇〇九）二九頁。

（19）倉本前掲論文「北朝・隋代の無量寿・阿弥陀像銘」の他、以下の論考を参照。
倉本尚徳「北朝時代の多仏名石刻」（『東洋文化研究所紀要』一五四、二〇〇八）
「北朝造像銘にみる禅師と阿弥陀信仰」（『印度学仏教学研究』五七―一、二〇〇八）、
「林慮山と白鹿山」（『印度学仏教学研究』六一―二、二〇一三）

（20）塚本善隆『支那仏教史研究　北魏篇』「龍門石窟に現れたる北魏仏教」（弘文堂書房、一九四二）

（21）「舜禅師造像記」については、顔娟英主編『北朝仏教石刻拓片百品』（中央研究院歴史語言研究所、二〇〇八）二三六頁を参照。また、倉本前掲論文「北朝・隋代の無量寿・阿弥陀造像銘」では、同年同月の紀年を有し、字体が類似する「劉氏造像記（龍華浮図記）」に見える「洹河之北、贊皇之南」の「贊皇」から、『続高僧伝』「智舜伝」の贊皇許亭山を北遊したという記述との時代的な一致をもとに、舜禅師をこの智舜であると推定する。「劉氏造像記」については、顔娟英前掲書二三四頁を参照。

（22）近藤前掲論文「禅浄双修思想研究序論（一）」の他、田中良昭「道信禅の研究」（『駒澤大学仏教学部研究紀要』二二、一九六四）を参照。

（23）鈴木大拙『禅思想史研究　第二』（鈴木大拙全集二、岩波書店、一九六八）

（24）近藤前掲論文「禅浄双修思想研究序論（一）」三六頁。

（25）浄覚『楞伽師資記』（『大正蔵』八五、一二八六下）

第五、唐朝蘄州双峰山道信禅師、承粲禅師後。其信禅師再敞禅門、宇内流布。有『菩薩戒法』一本、及制『入道安心要方便法門』、為有縁根熟者、説我此法。要依『楞伽経』、諸仏心第一。又依『文殊説般若経』一行三昧、即念仏心是仏、妄念是凡夫。

（26）『文殊般若経』の受容については、藤原凌雪「一行三昧について」（『龍谷大学論集』三六〇、一九五九）を参照。

（27）『摩訶止観』巻第二（『大正蔵』四六、一一上）

一常坐者出『文殊説』『文殊問』両般若、名為一行三昧。今初明方法、次明勧修。方法者、身論開遮、口論説黙、意論止観…

（28）ここで別の事例として安道壹（生没年不詳）についても触れておく。安道壹については、伝記をはじめとする記録が文献上残っていない。北斉（五五〇—五七七）から北周（五五七—五八一）にかけて、山東省を中心に、独特の書体の石刻経典が作成されるが、その多くに名前が残される人物である。これら安道壹および彼の関係する石刻経典については、桐谷征一氏によって様々な観点からの調査・分析がなされている桐谷征一「北斉沙門安道壹の刻経事跡」（『大崎学報』一五八、二〇〇二）などの他、柴田前掲論文「『観無量寿経』の信仰と実践」を参照。

(29) 柴田前掲論文「中国浄土教における唯心浄土思想の研究」(一)(二)を参照。

(30) 末木文美士「即身是仏」(峰島旭雄編『比較思想の世界』、北樹出版、一九八七)を参照。

(31) 『往生論註』上巻、観察門、身業功徳(『大正蔵』四〇、八三二上)

言「諸仏如来是法界身」者、「法界」是衆生心法也。以心能生世間・出世間一切諸法故、名心為法界。法界能生諸如来相好身。亦如色等能生眼識。是故仏身名法界身。是身不行他縁。是故「入一切衆生心想中」。「心想仏時、是心即是三十二相・八十随形好」者、当衆生心想仏時、仏身相好顕現衆生心中也。譬如水清、則色像現。水之与像不一不異。故言「仏相好身即是心想」也。「是心作仏」者、言心能作仏也。「是心是仏」者、心外無仏也。譬如火従木出、火不得離木也、以不離木故、則能焼木、木為火焼、木即為火也。「諸仏正遍知海従心想生」者、「正遍知」者、真正如法界而知也。法界無相故、諸仏無知也。以無知故、無不知也。無知而知者、是正遍知也。是知深広不可測量。故譬海也。

道綽の念仏思想

八力廣超

一　問題の所在(1)

真宗学において中国の諸師は、曇鸞（四七六―五四二年）、道綽（五六二―六四五年）、善導（六一三―六八一年）を指す。曇鸞・善導に関する研究書籍は浩瀚であり、多角的な視野からの研究成果が報告されているが、道綽に関しては、両祖に比較するとそれほど研究成果はみられない。善導に至っては、親鸞自らが『教行信証』「行巻」の「正信偈」において「善導独明仏正意」とまで讃仰することからも、いかに善導教学に傾倒していたのかが知られる。そもそも師の法然が「偏依善導一師」と述べるのであるから、影響を親鸞が受けないわけがない。

道綽が従来さほど注目されないのは、法然・親鸞が善導教学を重視したからというのも理由の一つに挙げられるが、他にも道綽教学の難解な点がある。本稿ではそこまで立ち入るだけのゆとりはないが、道綽という高僧が生きた時代や、その後の影響を調べてみると、道綽の評価は自ずと変わってくると考える。

『安楽集』二巻しか今日伝わっていないことは、道綽教学の本質解明が滞るであろう。そもそも古くは迦才が道綽の『安楽集』の内容を煩瑣なものであると指摘しているし、(2) その後、近年では道端良秀博士が道綽教学を評価しつつも「消極的」と指摘する。(3) 道端博士は、曇鸞・善導があまりに鮮烈な思想を展開するから、道綽がその陰に隠れるかのように写るのもやむを得ない。

しかし、親鸞は道綽が高名な仏教思想家であったと周知している。善導の「正信偈」偈文の前には「道綽聖道の証しがたきことを決して、ただ浄土の通入すべきことを明かす」と述べているように、自力聖道門から他力浄土門へ進むべきと推奨した点を親鸞は評価している。厳格な禅師たる姿を親鸞は熟知していたが故に、道綽教学を的確に把握していたと思われる。

本稿での考察の視点は二つある。一つは伝記からみる道綽と、二つは『安楽集』から知られる道綽である。はじめに「往生伝類」から知られる道綽伝について考察を行い、「道綽」という人物像をあきらかにしていきたい。その後、『安楽集』の中の、とくに念仏論について考察を行い道綽の独自性についてあらためて整理していく。それによって、道綽の思想の一端を、わずかでもあきらかにできるであろう。

二　従来の道綽研究

今日の道綽教学を概観する。近年、迦才以降江戸期までの道綽教学を検討して、その中心思想を「念観合論」としたのは山本仏骨氏であろう。(4) 道綽の後の善導は「称名念仏の大成者」として高い評価を受け「念観廃立」を確立したという。師である道綽は善導の称名念仏を導き出すための高僧として捉えられてきたのが今日の道綽研究である。すなわち、道綽教学の中心に念仏行を据え、その往生行は未完であるというのが「念観合論」の理由である。このような背景を考えてみると、道綽の後の善導の教学研究は全著作「五部九巻」をもって研鑽されてきたが、道綽の場合は『安楽集』二巻しかなく、念仏論という側面で道綽教学全体を明らかにしようとしている。

「念観合論」の出典は、『安楽集』巻上における『観経』の宗旨解釈と巻下の念仏三昧の解釈の会通に見られ、江戸期の宗学者はこの点をいかように註釈するかに苦慮している。先哲の代表的な註釈書をあげると、香厳院慧然（一六九三―一七六四年）『安楽集勧信義』一巻、善意（一六九七―一七七五年）『安楽集述聞』五巻、道粋（一七一三―一七六四年）『安楽集正錯録』一巻、理網院慧琳（一七一五―一七八九年）『安楽集日纂』三巻、陳善院僧樸（一七一九―一七六二年）『安楽集講録』四巻（または三巻）、僧叡（一七五三―一八二五年）『安楽集義疏』二巻、一蓮院秀存（一七八八―一八六〇年）『安楽集癸丑記』四巻などがある。山本氏はこれら宗学者の書物を総合的に判断し、従来の道綽教学を再検討している。そこで提唱されたのが「念観合論」である。

では道綽がいう「念仏」とはいかなるものなのだろうか。あらためての考察は後述するが、もっとも明確なのは『安楽集』では巻上「第一大門」の「第四諸経の宗旨の不同を弁ず」の註釈に認められる。道綽は「今この観経は観仏三昧を以て宗となす」と示す。[5] これは浄影寺慧遠以来の『観経』の宗旨の定説であるが、この説を踏襲した道綽の念仏論が「念観合論」の出典である。しかし、先にあげた江戸期宗学者の中で異なる見解をあげる人物がいる。それは一蓮院秀存である。

秀存は、道綽が『観経』の宗旨を観仏三昧とする点は当然であると指摘する。[6] 秀存は道綽の本意は『観仏三昧経』を引用している点に着目して、その意義を強調しているが、巻下にいたって念仏三昧を多用することで、観仏三昧に念仏三昧が含まれていると解釈する。秀存によると、巻上で上根の優れた者に対して観仏三昧を説き、巻下で念仏三昧を明かすのは下根のために説いたといわれてきたが、この説を批判し善導の思想が要門から弘願門へ展開していくように、観仏三昧に念仏三昧を内包したものであると理解している。秀存はこれを「要弘庵含の義」という。山本仏骨氏の「念観合論」という査定は妥当な見解であるが、従来言われている道綽の宗旨解釈による念仏論は未完ではなく、秀存の理解では観仏三昧と念仏三昧は同一の意味を顕しているとし、『観経』の宗旨を判別するのに正確な解釈であるという。道綽の念仏論は善導の称名思想と対比すると不完全に捉えられる傾向があるが、『観経』の経意を考慮した場合は間違いではない。(7)

続く、『安楽集』巻下「第四大門」の「これ彼の諸経多く念仏三昧を明して宗となす」では、(8)秀存は念仏三昧について説く。

万行往生ト念仏往生トヲ明カシ、万行往生ヲステテ念仏三昧ニ帰セヨト廃立ヲ明カシタマハンガタメニコノ一章来レリ。(9)

このように善導の「念観廃立」を参照しながらも、秀存の註釈全体を俯瞰すると道綽の『観経』理解に着目し、中心は観仏三昧にあるとしながら念仏三昧がすべての往生行の要になると説く。山本仏骨氏の指摘のとおり「念観合論」とされる道綽教学の特徴は正しい。しかし、秀存の捉える道綽像は善導の思想を導くための高僧だけとは把握していない。客観的な視点で先哲の註釈を検証しているが、その中で『安楽集』の撰述意図について『観経』の「手控の書」として書かれてものであるという指摘は秀存の卓見である。(10)だがその後、道綽の念仏論は「念観合論」であり、称名念仏の思想は善導へと継承される過程の一つして捉えられる傾向が強い。『安楽集』における道綽の念仏思想の特徴について考察する前に、道綽の人物像とその後の影響について、「往生伝類」を参考に考察する。それによって道綽の思想背景が知られる。

三　道綽伝にみる影響

道綽の伝記は、道宣（五九六—六六七年）『続高僧伝』巻二十と迦才（—六二七年—）『浄土論』巻下に掲載されている。

『続高僧伝』巻二十（筆者傍点）

釈道綽、姓衛、并州汶水人。弱齢処俗、閭里以恭譲知名、十四出家宗師遺誥、大涅槃部偏所弘伝、講二十四遍。……。恒在汶水石壁谷玄中寺、寺即斉時曇鸞法師之所立也。……又睹西方霊相繁縟難陳、由此盛徳日増栄誉遠、及道俗子女赴者弥山、恒講無量寿観、将二百遍。……并勧人念弥陀仏名、或用麻豆等物而為数量、毎一称名便度一粒、……著浄土論両巻、統談龍樹天親、邇及僧鸞慧遠、並遵崇浄土明示昌言、……[11]

『浄土論』巻下（筆者傍点）

沙門道綽法師者、亦是并洲晋陽人也。乃是前高徳大鸞法師、三世已下懸孫弟子、講涅槃経一部、毎常讃嘆鸞法師智徳高遠、自云相去千里懸殊、尚捨講説、修浄土業、已見往生。……上精進者、用小豆為数、念弥陀仏、得八十石、或九十石。中精進者、念五十石。下精進者、念二十石、教諸有縁、各不向西方涕唾便利、不背西方坐臥、撰安楽集両巻。……此光覚悟命終者、念仏三昧必見仏、命終之後生仏前。[12]

『続高僧伝』の道綽の記述は、道綽在世中に書かれたものである。著作に「浄土論両巻」とあるのは、『安楽集』二巻の誤りであろうが、『安楽集』が浄土の様相について述べた書であると理解されていた証左でもある。迦才の『浄土論』では「安楽集」と記されているから、道綽の代表的な書として認知されていた。

詳細に両伝に見られる特徴を調査すると大きく二つある。一つは出身地が幷州（今の山西省）の汶水か晋陽のどちらが正確な出身地なのかである。本稿ではこれらの点には立ち入らないが、後に考察するように道綽の思想的影響が幷州周辺で活躍をしていた高僧達にみられる。

またもう一点は称名念仏を数量によって重視していたことである。『続高僧伝』には、麻豆等を念仏の目安として数えていたとあり、それを人に勧めていたという。『浄土論』では小豆を用いて念仏の数の目安としていたとある。数量念仏をはじめて修していたのは、道綽であるとする指摘があるが[13]、両伝には「称名念仏の行者」としての姿が説かれている。

従来も道綽は、称名念仏を提唱した高僧としての評価はされているが、伝記に現れている姿は善導よりも「称名念仏の行者」として描かれている。これらの点をさらに明確にするため、道綽の思想的影響がその後、どのように及ぼしていたのかを調べてみよう。

道綽と同時代の幷州周辺において活躍していた高僧を『続高僧伝』から検索してみる。「晋陽」「太原」「幷州」と記されている高僧を調べてみると、さほど多くはない[14]。さらに道綽と関連がある人物を調べてみると、道綽が慧瓚（五三六—六〇七年）の門下であったのはよく知られているが、その門下の中で、「智満」という人物の伝に道綽と関わりのある文が掲載されている。智満（五五一—六二八年）は太原の出身で『涅槃経』を聴いていた。貞観二年六月に七十八才で命終している。伝には道綽との関連を以下のように述べている。

貞観二年四月、初因動散微覚不悆、遂淹灰管本性無擾、門人同集日遺誡勧、有沙門道綽者、夙有弘誓。……[15]

智満は自らの死期を悟ったのであろう。亡くなるふた月前の貞観二年四月に道綽を含めた同門の者を集めたとあるが、伝記には教えをその時に説いたという記述は見られない。したがって、道綽がどのような影響を受けたのか、また思想がどのようなものだったか不明である。

次に、迦才『浄土論』巻下「第六引現往生人相貌」に掲載されている伝記を調べてみると、はじめにあげられるのが僧衍という人物である。

僧衍法師者、并洲汶水人也。少而出家、勤心聴学、講涅槃摂論十地地持四部経論、普皆精熟、春秋九十六、去貞観十六年亡。……逢綽法師講無量寿観経、聞已方始迴心、四五年間、臨終境界略如前。[16]

伝記には、僧衍九十六才という長命で亡くなる六年前、九〇才の時に道綽に逢い、『観経』を講じられ、迴心の後、臨終の時には阿弥陀仏の来迎があったという記述がある。道綽より『観経』の講釈を受けたのは、おそらく『安楽集』に説かれている内容であろう。智満の亡くなった貞観二年は道綽六十七才である。道綽の浄土教への帰依は迦才の伝記によると大業五（六〇九）年とあるから道綽は四十八才である。智満が亡くなる年、道綽は浄土教者として円熟の時を迎えていたといえる。道綽の教学的な影響は記されていないが、わずかな伝から『観経』を中心とした思想影響が考えられる。僧衍は晩年に道綽に遇い、浄土思想について強い影響を受けたと思われる。そして、『安楽集』が『観経』の講義本として用いられていたとも考えられる。

道綽との関わりを持った人物としては尼僧である大明月という人物がいる。

去貞観初、逢玄忠寺綽師講無量寿経、教念仏業、彼尼凡念仏時、先著浄衣、口含沈水香、殊焼香浄室念誦、三四年間、相続不断。(17)

大明月は山西省の出身であり、この頃、山西省を中心とした浄土念仏の思想が隆盛であったのが資料的に証明されている。(18)また貞観の始め頃とあるから、智満が生存していた時と一致する。智満伝には道綽とどの寺院で逢ったのかは触れられていないが、太原の辺りにいたらしいから、道綽がその周辺で教化活動をしていたのが解る。伝には、大明月は玄忠（中）寺で道綽と逢い、身体を清め三十四年もの間、不断念仏を修していたとあるから、いかに厳格な修行であったのか理解できる。またその念仏行が道綽の説く数量念仏であると解る。

優婆夷である往生人では、温静文という人物がいて、同じく并洲晋陽の出身とあり、伝には問答が掲載されている。念仏とは何の仏を念ずるのかと問う。それに阿弥陀仏を念ずることを勧め、口につねに仏を念ずるようにと答える。また裴という老婆も并洲晋陽の出身で、貞観の頃に数量念仏を行じている。

逢師教用小豆為数、念弥陀仏得十三石、小豆報尽自知生処。(19)

伝には師に逢うとだけしか記されているが、この「師」は小豆を用いた称名念仏を行じていたとあるから道綽であろう。これだけでも道綽が称名念仏を奨励していた行者であると理解できる。また并州を中心とした浄土念仏は称名が盛んであったことも確認できる。

次に道綽の後代における評価とはいかなるものだったのだろうか検討する。近年、塚本善隆博士によって明らかにされた戒珠のものとされる『往生浄土伝』の内容が注目される。『往生浄土伝』は名古屋市真福寺に所蔵されていたが、塚本博士による精緻な研究によって、戒珠の偽撰であると結論づけた。(20)この伝記の末には「都盧一百一十記される「都盧」とは「すべて」という意味があるから、従来までの〈往生伝類〉に記されることのなかった往生人を掲載して三巻に分けた。したがって、この伝記の撰述に問題はあっても等閑視できない。なお、本稿では塚本博士の表記を用いて『戒珠集往生浄土伝』とする。この伝記には、道綽と関わった人物の伝が見られる。以下に抄出し、その特徴を検討する。

真福寺蔵『戒珠集往生浄土伝』[22]（筆者傍点）

巻上

・釈道生者幷州晋陽人也、師事道綽禅師、聴涅槃経講、道従師而生解、時世号道生、行年五十七忽悟非常、捨講説、修浄土行、即依観経、用心於十六想観、其心未得定想。

・釈道誾者不知何処人、画阿弥陀観音勢至変像自荷負来住玄忠寺、語諸僧曰、吾聞道綽法師修西方業、寿終此寺、三道白光於空中現、方得往生安楽世界、欣慕勝地来至卜居。

・釈僧昇者幷州人也、俗姓劉氏、在家之時、家側有池水、花弥満、厭世俗務、出家之後、従道禅師、受観経、取故宅側池蓮花、而供養無量寿像、粗作花座観、初夢見花座、不見仏。……

・釈道曈者、従玄忠寺道禅師、学浄土教、聴受観経、謂理實是、自修日想観。……

巻中

・釈道如者、幷州晋陽人也、乃是道綽法師孫弟、心含慈仁、悲四生受苦、雖修浄業、先欲度他、誠心発願、為救三途受苦衆生。

・釈善豊者、泗州人也、姓朱、少出家、逢道禅師講観経、聞観眉間白毫一相、自然当見八万四千相好、是為見無量寿仏、即見十方無量諸仏云詞、心慕楽其観、……

・尼法智者并州人也、出家以後、住義興寺、持戒守節、専修念仏三昧、更依投道禅師、諮問行法要、……

巻下

・女折氏清河人也、齢過盛年、邪悪不信、専崇神道、不楽聞仏法僧名字、觸縁自到并州玄忠寺、時綽禅師、自穿槵珠、勧人念仏。

このように見ると、道綽との関わりを持った人物の伝は多くないが、道綽の影響と思われる文がいくつか見られる。たとえば、今挙げた中で共通している点をあげると并州出身者が多いことで、先の『高僧伝』も考慮すると并州晋陽周辺には道綽の影響が強いのが確認できる。(23)

道綽と同じ并州出身者の伝は、巻上では常讖、道宗、恵誓。巻中では道妙、観操、行衍、尼僧である明安、妙運、尊忍、僧徹、僧瓊、浄珪。巻下では女性である孫という人物がいる。(24)これらの中で常讖は称名念仏を修していたとあるし、道宗も称名念仏をもって道俗の者と念仏三昧を修していたとある。自ら念仏往生人であり他の者へも念仏往生を勧めている。道妙は懺悔の念仏を十二年間という長期に亘って実践しているし、尊忍は念仏を行じるのにあたり木槵子を用いていたとある。孫は小豆を用いて念仏を数えていた。并州出身と記されていないが、汶水の沙弥である尼僧の空道という者も小豆を用いて数えおり、その数量によって念仏行の段階があるという。(25)このように伝記の文中に道綽の名がなくても多くの影響がみられる。

この他の共通点では所依経典は多くが『観経』を用いている。その講説を基に道綽から教義を受けていたと思われる。道綽は称名念仏を自らも実践しているが、人に念仏を勧めていたとあるので、その影響は強く、いかに多くの高僧や庶民に慕われていたのかを知ることができる。後の善導も民衆に多くの影響を与えた高僧であるが、中国浄土教の歴史において善導の評価は、厳格な行者として「蓮社」廬山慧遠の継承者であった。[26]中国での道綽は、善導のような評価はされていないが、教化に勤めた禅者として捉えられていた。

四 『安楽集』における念仏思想

後代までも念仏論において強い影響を与えていた道綽。筆者が念頭に置くのは、善導は従来の研究では「称名正定業の大成者」とされてきた。しかし、近年、善導のその後の評価を総合的に考察した柴田泰氏の研究から、「般舟三昧の行者」としての実像が明らかになってきた。[27]では師である道綽は、中国における評価とはどのようなものだったのだろうかと疑問に感じた。伝記の記述を見ると、道綽は「称名念仏三昧の禅師」であるといえよう。道宣『続高僧伝』・迦才『浄土論』では道綽の主著は『安楽集』のみである。この書のみで道綽の念仏思想を検討するのは課題が残るが、しかし、本書の念仏思想から道綽が後の人物に影響を与えるだけの要素があったのかどうかを考察する必要がある。

道綽は『安楽集』撰述の意図するところに、「信を勧めて往を求めしむ」と明確に述べているから、迦才の指摘する書物としての内容に不整合さが顕れていたとしても何ら大きな問題とはならない。道綽は道俗の者に対して平等に『観経』に基づいた浄土往生を語った。そこに「信」の重要性を示したのは卓見であったといえる。またその後、第一大門では「約時被機」において、この時代に浄土往生をする者へ語られる。とくに、『大集月蔵経』の文は有名であり、末法に入るにしたがい一〇〇年おきに衰退していく、すなわち月蔵分の五箇の五〇〇年説について述べ[28]、その後、四種の法によって衆生が済度されるという。

計今時衆生、即当仏去世後第四五百年、正是懺悔修福応称仏名号時者、若一念称阿弥陀仏、即能除却八十億劫生死之罪、一念即爾。況修常念、即是恒懺悔人也[29]。

今時の衆生は、仏がこの世を去って第四の五〇〇年のときであるから、阿弥陀仏の名を称えて懺悔をせよという。そうすれば、八十億劫の迷いの罪が除かれる。これを常に念じ修めることが懺悔の人であるという。道綽の末法意識が見られる文である[30]。道綽は懺悔を行うとき称名を勧めている。すなわち、道綽によって称名懺悔が提唱され善導へと継承される。八十億劫の迷いの罪が称名によって除かれるという箇所は、周知のように、『観経』下品下生段の所説を受けているが[31]、ここに称名滅罪が述べられる。称名も「念仏三昧」の一つであり、文にあるように、懺悔は浄土往生の因であるという。道綽は末法の世において、もっとも留意した文である。道綽の念仏思想に懺悔が明確に説かれるのは、自らが懸命に仏道を求めていても、今世は仏が去った後の乱世である。道綽は自己内省を行い、往生の道を信じ衆生に勧める必要があると認識した。真摯な浄土願生者としての態度と広範な仏教思想が知られる。

では、このような自己内省を明示した道綽の念仏思想はいかなるものだろうか。『安楽集』における念仏思想を検討する際に、この書が『観経』に基づいた書であることを念頭におくべきである。

『安楽集』における道綽の念仏思想が見られる箇所は以下に説かれている。巻上では第一大門第四「諸経の宗旨の不同を弁ず」は「念観合論」の典拠となる。第二大門の第二「破異見邪執」以下の「料簡別時之意」、第三「広施問答」には道綽独自の十念思想が展開されている。第三大門では『無量寿経』の第十八願の読み替えで「十念」が述べられている。巻下では第四大門第二「これかの諸経には多く念仏三昧を宗となす」には、広く諸経に説かれる「念仏三昧」の諸相について言及している。この中、思想的には第二大門の十念論と第四大門の道綽が捉える廬山慧遠とは異なる「念仏三昧」の理解が注目される。本稿では、道綽の念仏思想を以下の点について検討する。一つは『観経』の宗旨解釈。二つは十念思想。三つは念仏三昧論の三点である。

はじめに『観経』の宗旨を「観仏三昧」とする点から考察しよう。道綽も浄影の説に倣っているが、それまでの「観仏三昧」とは異なり独自の思想が見られる。道綽は「観仏三昧」の宗旨を立証するために『観仏三昧経』を出典とする。後に善導も『観念法門』で「観仏三昧」は『観仏三昧経』を所依としているが、道綽の特徴は「観仏三昧」を標榜していても、内容はほぼ「念仏三昧」について言及している点である。これを継承したのが善導である。道綽は『観仏三昧経』を所依に、はじめに諸仏が世に現れるとき三種類の利益があるとし、その第三に王に対して念仏三昧を勧める。王は、その功徳と状はどのようなものかと問う。仏は四十由旬の伊蘭林の中に牛頭栴檀が一つある。しかし、根と芽はあるが土から出ていない。その伊蘭林とは香りはなく悪臭がする。臭いを嗅ぐと発狂して死んでしまう。その中で栴檀の芽が少しずつ成長している。樹木に成長しようする栴檀は、香りがますます多くなり、ついには、伊蘭林の林を変えてしまうほどよい香りで満ちあふれる。見る者はすべてみな希有の心を生じる。そこで仏は、

仏告父王、一切衆生在生死中念仏之心亦復如是。但能繫念不止、定生仏前、一得往生、即能改変一切諸悪、成大慈悲。(32)

と王に答える。念を繋け続けて止めなければ、定んで仏前に生じて往生を得る。諸悪も変わり慈悲の心になるという。「念仏三昧」によるはたらきを述べており、その相続によって希有の心が念仏の心と同じになると述べている。道綽は、「伊蘭林」は衆生の身体にある三毒・三障により重罪を抱えている様をいい、「栴檀」は衆生の念仏の心を、「纔欲成樹」というのは、すべての衆生はただよく念を積んで断えず、業道を成就させることを譬えた。

そして、「念仏三昧」の功能について詳細に答える。一念の力ですべての障りを断ずるというのはどういう因からなのかと問う。そこで大乗の諸経典には念仏三昧の功能が様々に説かれており、「もし人菩提心のなかに念仏三昧を行ずれば、一切の煩悩、一切の諸障ことごとくみな断滅す」と述べているように[33]、菩提心を持って念仏三昧を行じる者は一切の煩悩や障りをすべて断じることができるという。最後に、「この念仏三昧は即ちこれ一切三昧の中の王ゆえなり」と力説する[34]。行者にとって最も重要なのは菩提心であり[35]、その心の相続を求めている。これらの問答から「観仏三昧」「念仏三昧」の並列的理解と、行者には菩提心が必須であることが知られる。

次に十念思想について考察する。道綽の十念思想は長文に亘る。それは道綽がこの思想をいかに重視していたのか物語るものである。本稿では「十念」に関する主要な点をとりあげて検討をする。道綽の「十念」に関する記述は第二大門第二「破異見邪執」の「料簡別時之意」、第三「広施問答」である。「破異見邪執」は当時の中国仏教界にあった様々な異見について道綽が会通をした箇所であり、全部で九項目に亘っている。そして、「破異見邪執」を受けた第三「広施問答」では、道綽の詳細な「十念」を知ることができる。「料簡別時之意」はその後の善導に多大な影響を与えた。道綽の「別時意」について山本仏骨氏の先行研究があるが[36]、浄土思想全般といかなる連関が

あるのか、文献学的な思想背景に関してまだ検討の余地がある。(37)

『観経』に説く重罪を犯す下品の者が、臨終に善知識に遇い十念を成就すると往生が得られるとあるが、摂論学派の人々は臨終の十念は往生の因となるだけで証果が得られるのではない。これは別時の意味であり、臨終の十念だけで往生の因とはならないとし、一金銭の譬えを示して破斥する。(38)道綽によれば、『観経』には一生罪を造る者は、臨終のときに十念を得て往生をすると説いている。過去に往生の因の有無を論じていないのであって、直ちに造悪の者たちを導くため臨終に悪を捨てて善に帰し、念に乗じて往生させようとしている。「十念成就」というのは、みな過去の因の中で「十念」に乗じて往生できる可能性があったという。道綽は宿因を用いて、現実に往生しようとする者は、「十念」という往生行によって臨終に往生が成就するという会通をする。

摂論学派は、『観経』の文を出典にして「十念」による往生を批判した。ここで問題となるのは「臨終の十念」であり、往生行として認められなかった当時の見解が知られる。重罪を犯す者が臨終時だけの「十念」で往生できないのは、道理として通じている。道綽は過去の因と現在の果でこの会通を説明しているが、「十念」を往生行とするのにはまだ十分ではないとして、さらに「広施問答」で再説している。

「十念」に関する解釈は十一あり重要なのは第二問答からである。大乗経には業道は秤のようであって重い方に牽かれる。衆生の一生涯から百年、また今日まで悪を造らなかったことはない。どうして臨終に善知識に遇って十念相続をして往生が得られるのか。そうであれば、悪業の重さで先に牽かれるのならば信を得ることができるのだろうかと問う。この問答は曇鸞『浄土論註』巻上に見られる「八番問答」に類似しており、返答にも「在心」「在縁」「在決定」の解釈を依用している。答えに『大智度論』を引用して、(39)すべての衆生が臨終のときに刀のような身を切られる死の苦しみに逼られて、大いなる畏怖心を持つ。だから善知識に遇って勇猛な心を発し、心々に相続して十念すれば善根が増して往生ができる。また人が敵に対して陣を破ろうとしたとき、一生涯に発する力をその一時にすべて使うように、十念の善もそのようなものだと述べる。

続いて、曇鸞の「八番問答」と同様な「十念」についての時間論を述べる。

問曰、既云垂終十念之善能傾一生悪業得生浄土者、未知幾時為十念也。答曰、如経説云、百一生滅成一刹那。六十刹那以為一念。此依経論汎解念也。今時解念、不取此時節。但憶念阿弥陀仏、若総相若別相、随所縁観、逕於十念、無他念想間雑、是名十念。又云、十念相続者、是聖者一数之名耳、但能積念凝思不縁他事、使業道成弁、便罷不用。亦未労記之頭数也。(40)

道綽は「十念」については曇鸞と同様な解釈が見られる。また「十念」と「十念相続」を同列に用いており、「十念相続」は、よく念を積んで思いを凝らし他事にとらわれなければ業道は成就するといい、数は問題ではないという。阿弥陀仏の総別の相を憶念して十念を経たとき、他の念想が雑わらないことを「十念」といい、「十念相続」も同様な理解を示している。「憶念」の語が用いられるため、『安楽集』で称念の念仏を説く箇所や、(41)「観仏三昧」という語も用いるから、道綽の十念思想を複雑にしているように捉えられるが、道綽の十念思想をもっとも端的に現しているのは「無他念想間雑」という見解であり、「十念」について会通をしつつも、内実はあまり問題ではない。

続く問答では、「十念」と「十念相続」を勧められたので、その方法である「念仏三昧」の相状について問題にしている。その論証に『略論』に説かれる譬喩を引用している。

譬如有人於空曠廻処、値遇怨賊抜刀奮勇直来欲殺。此人径走視渡一河、未及到河、即作此念。我至河岸、為脱衣渡、為著衣浮、若脱衣渡、唯恐無暇、若著衣浮、復畏首領難全、爾時但有一心作渡河方便、無余心想間雑。(42)

『略論』では、「十念相続」を説明する際に用いられている譬喩である。(43)道綽もそれに倣っているが、「念仏三昧」と同義に捉えているのが知られよう。道綽は「念仏三昧」には繋念し断じないこと、すなわち相続することが最も重要であると捉えている。道綽の念仏論の特徴ともいえるのが「相続」という点である。

次の問答では、現在、すべての衆生に心を至し信楽して浄土に往生しようと乃至十念する。往生しなければ正覚を取らないとある。その意を作さないで臨終になって修念しようと欲っているが如何なものかと問う。そこで十念相続は難しくはないように見えるが、凡夫の心は六つの器官がいたるところにはたらいて停まることがない。信心を発して自ら剋念し、習を積んで性を成じ善根を堅固するようにという。臨終時でも弥陀の名号を称えて安楽国に往生しようと願じて声をもってお互いに十念を成じさよという。

これまでの問答では三界に繋縛されている凡夫の心想を述べ、凡夫にとって行じ易い「十念」を説明する。すでに「十念」「十念相続」「念仏三昧」は同義同列と見ている。そして、譬喩を用いて他の想いが雑わらない点を強調する。凡夫にとって念を積み続けるというのは難しい。そこで臨終において「十念」は成就することを述べている。

次の問答からは曇鸞の所説を参照している。それは無生の生についてであり、これを受けて無生の生を得るのは上品者であり下品者は十念によって往生を得るというが、これでは実の生と同じではないかと問う。道綽も曇鸞と同様に氷上燃火と浄摩尼珠の譬えを用いて、上品者と下品者の二種の往生があると見ているが、道綽が曇鸞と異なるのは上品者については五念門行を説かない。下品者の往生行が何故「十念」なのかが重要であって、曇鸞と大きく異なる。この後に続く三つの問答では、「十念」よりも称名について述べられており、問答の主題は変わっている。

一つはどのような身によって往生するのかと問い、穢土の仮名人と浄土の仮名人によって説明する。次に称名によって諸々の障りが除かれる点について、称名による効果を呪術的に説明する。[44]最後の問答では、名号を称すれば衆生の無明の黒闇が除かれ往生を得るとあるが、称名し憶念してもなお無明だけが残り所願が満たないのはなぜかという。それには如実に修行をせずに名義と相応していないからだと答え、三不三信によって返答をする。道綽の「十念」に関する一連の註釈を見ると、凡夫相応の往生行としての功徳を証明し、曇鸞の『浄土論註』『略論』の十念思想を融合させて道綽独自の十念論を確立させている。[45]道綽にとっては「観仏三昧」がもっとも重要であり、「念仏三昧」と同義と捉える。「念仏三昧」を行じることが「十念」であり、相続し積み重ねられることで往生できるという。

最後に道綽の「念仏三昧」の特異性を考察する。中国浄土教の念仏の主流は廬山慧遠の「般舟三昧」の思想であり、見仏を主とした高度な行である。「念仏三昧」の語はすでに『観経』に説かれ善導も註釈をしているが、「念仏三昧」は現世での見仏を求めた行であり、従来は往生行としては捉えられていなかった。道綽の功績は「念仏三昧」に「称名」の意味を内包させて付加価値をつけた点にある。道綽は『観経』の宗旨を「観仏三昧」としながらも「念仏三昧」の重要性を説いていた。善導は後に、『観経疏』で宗旨を証すのに「観仏三昧」と「念仏三昧」の両宗を説いたのは周知のとおりである。

端的に道綽の「念仏三昧」について述べられている箇所が巻下の第四大門第二の所説である。ここに見られる「念仏三昧」は、諸経に説かれる「念仏三昧」を念頭に註釈をしているから様々な諸相が説かれている。冒頭には八つの問題があり、初めの二つは「一相三昧」について解釈をし、これを縁として残りの六つは「念仏三昧」を明かすという。「一相三昧」は二種あるといい一つを「一相三昧」、もう一つを「衆相三昧」という。前者については『花首経』を出典として、「一相三昧とは、菩薩あり、その世界にその如来現にましまして法を説きたまふと聞き、菩薩この仏の相を取るに、もって現じて前にましますと註釈をしている。[46] 菩薩が如来の説法を聞き仏の相が現前するという。これは明らかに見仏思想であり、出典は異なっていても廬山慧遠の念仏思想を意識している。

続いて『文殊般若経』に「一行三昧」が説かれている点に着目する。

一行三昧者、若善男子善女人、応在空間処捨諸乱意、随仏方所端身正向、不取相貌繫心一仏、専称名字念無休息、即是念中能見過現未来三世諸仏。[47]

一行三昧はもっぱら名字を休むことなく称え、過去未来現在の諸仏を見ることができるという。この文でも見仏思想について言及しており「念仏三昧」が見仏を顕すと捉えている。この他に『涅槃経』『観経』『観音授記経』を引用して諸仏や観音・勢至といった菩薩が現前するという諸説を提示している。[48] この三昧によって必ず仏を見るといい、臨終時に仏が現前し念仏を勧めるという文がある。[49] またもっとも端的な文は、

第五依般舟経云、時有跋陀和菩薩、於此国土聞有阿弥陀仏、数数係念、因是念故見阿弥陀仏、既見仏已即従啓問、当行何法得生彼国、爾時阿弥陀仏語是菩薩言、欲来生我国者、常念我名莫有休息、如是得来生我国土、当念仏身三十二相悉皆具足、光明徹照端正無比。[50]

とあり、『般舟三昧経』を出典としているから道綽は慧遠以来の見仏思想を用いているが、慧遠が求めた「現在諸仏悉在前立」については言及していない。

これらの点からも「念仏三昧」の基本的な理解は中国浄土教の正統である「見仏」を第一義に捉えていながら、『観経』を出典としてその宗旨は「観仏三昧」と定めている。この定説は中国浄土教において覆すまでには至っていない。しかし道綽は、「観仏三昧」であっても、内在する「念仏三昧」の思想の重要性を説いている。ここには見仏のみならず称名としての意味も包含させている。三昧を行ずるのは高度な行であるが、限られた者のみの修行となるのであれば「勧信求往」の本意は成立しない。多くの浄土往生を志す者達に往生行としての「念仏三昧」の意義を説き明かした。

「念仏三昧」の様々な利益について、第四大門第三に詳細に述べられている。第一問答には、

第一問曰、今云常修念仏三昧、仍不行余三昧也。答曰、今言常念、亦不言不行余三昧、但行念仏三昧多故。故言常念、非謂全不行余三昧也。(51)

とあり、「念仏三昧」のみを行じていたならば他の行は必要ないのかという問いに、他の行をしないのではなく、「念仏三昧」というのは常に念ずることで諸行をも内包した意味であると述べている。「念仏三昧」は劣なる往生行ではなく、様々な諸相があると道綽は捉えていた。

第二問答では「念仏三昧」の優劣を問題にして優れた行であると答える。第三問答では、「念仏三昧」による利益によって自らの延命を問題にしている。そこでは必ず利益は得られると答え出典には疑経を用いる。第四問答でも世間の果報を招くだけであって、出世の無上菩提を得られると答える。これら四つの問答では、「念仏三昧」の

利益について問いており当時の一般的な理解を知ることができる。

最後の第五問答では、初地已上の菩薩が何故、「念仏三昧」を行じて仏を観る必要があろうかと説いている。

論其真如、広大無辺、余虚空等、其量難知。……漸至多燈雖名大明、豈及日光、菩薩所証智雖地地相望自有階降、豈得比仏如日明也(52)

初地已上の菩薩であっても階位のあるものでは差が生じてしまう。それを日輪によってできる明暗にたとえ、仏の智慧は日輪のように比べものにならないと述べ「念仏三昧」による功徳を証明している。

道綽の解釈は、本来、見仏を目的とする「念仏三昧」は凡夫が実践できる往生行ではない。しかし、「十念」との関連から見ても凡夫でも行じることが可能であるとし、決して劣った行ではないと強調している。この問答の中でも「念仏三昧」は低級な往生行とは捉えられていないから、見仏を広く凡夫にも説いていることになる。この点が道綽の「念仏三昧」の特徴である。

以上のように『観経』の宗旨である「観仏三昧」は「念仏三昧」と同義であり、称名との連関を説いているのは道綽の創見である。また修道の形態として「十念」「十念相続」もまた内実は同義であると捉えている。これをさらに敷衍し忠実に継承したのが善導である。道綽の以上の理解をもって「念観合論」といえば正鵠を得た査定であるが、「念観」の問題は道綽の念仏思想の本意ではない。本稿考察で明らかなのは、以上のような三昧思想は高度な往生行であるが、しかし、道綽は凡夫には不可能な往生行であると解釈していない。すべての行者に斉しくその証果をもたらすものとして明示した点に、その特徴がある。

五　むすび

本稿では道綽伝を検討して従来までの道綽教学を整理し、中国における影響を明らかにした。道綽の念仏は「念観合論」として理解されてきた。これは道綽は『安楽集』の中で「念仏三昧」を多用しているが、称念と観念が要所で使い分けられていることに起因する。また後の善導が「称名正定業」を確立するが、そのために道綽が存在していたと捉えられてきたからである。しかし、念仏を重視しながら禅定を体得しようとした修験者としての姿は、まぎれもなく「禅師」である。

道綽の念仏についての解釈は融合的に捉えられるが、それが中国浄土教の特色であり、道綽は浄影已来の念仏論の正当な立場をとっている。そこに称名念仏の思想を明示し新たな『観経』解釈を行った。『観経』は観念成就のための三昧教典である。道綽はこの点を敷衍し、観念的な念仏だけではないとして、称名念仏の必要性を強調したと考えられる。『観経』の経文では、下品下生にしか明示されない称名思想であるが、この一カ所を重視したのは道綽の卓見である。『安楽集』という一つの書物だけだが、称名を重視した道綽の姿が知られる。

道綽の中国浄土教における後の評価を確認してみると、庶民教化を実践しながら数量による念仏を行じていたとあった。よって善導よりも後代では「称名念仏の行者」として捉えるのが正しいのではないかと思われる。その称名念仏を極限まで行じるという点から「念仏三昧の禅師」としての呼称も可能である。

今日の〈往生伝類〉から見ると、道綽と関係のある人物は少ないが、道綽がいかに「称名念仏の行者」として讃仰されてきたのか十分に理解できる。『安楽集』からも道綽の念仏行に対する熱意を感じることができよう。道綽は称名念仏を民衆の間に奨励し、自らも実践してきた。仏門に帰依した者達からの信頼と、民衆教化に心血を注いだ道綽の高僧たる姿が見られる。現存する資料からは『安楽集』のみの評価でしかない。しかし、道綽は善導よりも称名念仏を民衆の中に溶け込んで実践した。それが念仏者「道綽」としての中国における実像である。

註

（1）本稿は「道綽教学の再検討」「道綽伝の諸問題」（『印度哲学仏教学』第二四、二六号）を加筆補正して、道綽教学に関する点を加えたものである。

（2）迦才『浄土論』序「近代有綽禅師、撰安楽集一巻。雖広引衆経略申道理。其文義参雑、章品混淆。後之読之者、亦躊躇未決」（『大正蔵』四七巻、八三頁中）の文は有名である。

（3）道端良秀『中国浄土教史の研究』「道綽と三階教」（法蔵館、一九八〇年）、一一五頁。

（4）岡亮二博士は従来の道綽の「念観合論」説を六種に分類している。すなわち、（一）観仏念仏を上下両根に約し、共に兼正を見る。（二）観仏念仏は同意であって、共に相即する。（三）観仏は所廃に属し、念仏は所立に属して自ずから廃立の意が見られる。（四）観仏三昧為宗と云う中に、念仏三昧を含め要弘奄含と見る。（五）観仏為宗と云うものは自ずから要弘に通ずる。限って要門とするも尽くさず、限って弘願とするも過ぎている。（六）観仏為宗と標したのは『観経』の顕宗に依り、釈に念仏三昧を示したのは『観経』の終帰に約す。即ち初に観仏為宗と示したのは准通の為で、中に『観仏三昧経』に依って念仏三昧を明したのは立別である。その後、それぞれの説を詳細に比較検討され、論拠となる点を再考している。岡亮二、「中国三祖の十念思想（二）」―道綽の十念思想―『龍谷大学論集』（第四五〇号、一九九七年）。

（5）『大正蔵』四七巻、五頁上。

（6）秀存『安楽集癸丑記』巻二（『真宗大系』第八巻、一九四頁下）。秀存は『安楽集』を註釈するのに、知空（一六三四―一七一八年）『安楽集鈔論』と深励（一七四九―一八一七年）『安楽集講義』を参照している。秀存はそれまでの先哲の多くは、善導教学と対比して註釈する傾向が見られたが、善導と道綽の教学の異同をそれぞれ五つ示して、道綽の独自性を客観的な視点で述べている。今の説は、秀存によると知空『安楽集鈔論』の説であるという。

（7）秀存、前掲書、一九三頁下―二〇六頁上。

（8）『大正蔵』四七巻、十四頁下―十五頁下。

（9）秀存、前掲書、巻三、三七六頁下。藤堂恭俊・牧田諦了『浄土仏教の思想』第四巻　曇鸞　道綽（講談社、一九九五年）、二六一頁。

（10）『安楽集癸丑記』巻一には「コノ安楽集ハ西河禅師ノ真撰ニシテ、浄土ノ三部妙典ノ中ニモコトニ観無量寿経ヲ講述シタマフトキノ手控ナリ。」（『真宗大系』第八巻、九五頁上）とある。近年、牧田諦亮博士が『安楽集』は『観経』の講義録として考えていかなくてはならないと指摘している。

（11）『大正蔵』五〇巻、五九三頁下―五九四頁上。

（12）『大正蔵』四七巻、九八頁中。

（13）韓普光『新羅浄土思想の研究』（東方出版、一九九一年）、五二九頁―五三〇頁。

（14）たとえば道綽と同時代と思われる高僧は、晋陽出身では、『続高僧伝』巻十二慧覚（『大正蔵』五〇巻、五一六頁上―下）、慧命（同、五六一頁上―五六二頁下）、次に言及する智満がいる。
太原出身の高僧は、巻十法総（同、五〇五頁下―五〇六頁上）、巻十八洪林（同、五七八頁下―五七九頁上）、巻二八慧達（同、六八八頁下）、巻二九慧雲（同、六九八頁中―七〇〇頁下）。この中で法総は『涅槃経』を所依としていたとあるから、太原周辺で道綽も含めてこの経典が重用されていた。

幷州出身者は、「幷州晋陽」と記されているが、その他を検索してみると、巻二六道貴（同、六七〇頁中）がいる。他には「幷州」とだけ記した高僧は多くはない。これは幷州が広範囲に亘るため、特定の地域を表記する必要があるが、晋陽が幷州の中心地であったということでもある。いずれにしても、さらに精査すると各地域出身の高僧は検索できるが、道綽と同年代となると限られてくる。

そこで道綽と同時代の高僧を調べてみると、晋陽や太原の出身ではないが巻二十志超（同、五九一頁下―五九二頁下）がいる。志超は貞観十五（六四一年）に七十一才で命終したとあるから、道綽とほぼ同年代であるのが解る。伝には慧瓚門下に入ったとあるから道綽と同門である。

(15)『大正蔵』五〇巻、五八三頁中。

(16)同、九八頁上―中。僧衍伝について以後の〈往生伝類〉を調べると「僧衒」とあるが、伝の内容は同一である。掲載されている〈往生伝類〉は賛寧『宋高僧伝』巻二四（『大正蔵』五〇巻、八六三頁中―下）、文諗・少康『往生西方浄土瑞応删伝』（『大正蔵』五一巻、一〇五頁下）、戒珠『浄土往生伝』巻下（同、一二〇頁下―一二二頁上）、王古『新修往生伝』巻下（『続浄全』第一六巻、一一三頁下―一一四頁下）、志磐『仏祖統紀』巻二七「浄土立教志」（『大正蔵』四九巻、二七五頁中―下）、道衍『諸上善人詠』（『続浄全』第一六巻、二九九頁下）、袾宏『往生集』巻一（『大正蔵』五一巻、一三二頁中―下）である。この他に道綽に影響を受けた人物については、あらためて考察をする。

(17)『大正蔵』四七巻、九八頁下。

(18)道端良秀「中国浄土教の時代区分とその地理的考察」（『中国浄土教史の研究』、七―三一頁、法蔵館、一九八〇年）。道端博士は、各往生伝に掲載されている伝記の出身地の集計をとり、時代による浄土思想の変遷を調査している。それによると、当初の浄土教は北方の周辺である山西省、すなわち、晋陽・太原で興隆し、その後南下していったことを資料的に立証する。道綽の活躍した時代が該当しているから、これらの指摘は本稿考察において有益な資料である。

(19)『大正蔵』四七巻、一〇〇頁上。

(20)塚本善隆『日中仏教交渉史研究』（『塚本善隆著作集』第六巻、大東出版社、一九七四年）、一二九頁―一三四頁。

(21)同、前掲書、三一四頁。

(22)往生人の出典頁数をまとめて記す。同、前掲書、二四一頁、二四二頁、二五一頁、二七〇頁、二七四頁、二八四頁、二九九頁。

(23)その後の往生伝類には迦才の影響は強いが、文諗・少康『往生西方浄土瑞応删伝』（―八〇五年―）には并州出身の浄土願生者の伝が掲載されている。

岸禅師第十四（『大正蔵』五一巻、一〇五頁下）
唐朝岸禅師并州人、修往生業、毎行方等懺。臨終時、観音勢至二菩薩於空中現、召内画工人、無能画者、忽感二人曰、西京来、欲往台山、便与図写訖。一去無蹤、師謂弟子曰、誰能逐我往西去、最少童子曰、願随去、便入道場端坐而終、春秋八十矣。垂拱元年正月七日還化。
沙弥二人第二十七（同、一〇六頁下―一〇七頁上）
沙弥二人并州開化寺居、其少沙弥語大沙弥曰、兄作浄土業、何如沙弥、忻然而同志、経十五年、大者先亡、到西方見阿弥陀仏白言、我有少弟、得生此否。仏言、汝因他発心、汝尚得生、彼何疑哉。且還閻浮、勤念我名、三年之後倶来見我、還更俶穌、具説上事、後年二沙弥心開眼浄、同見菩薩来迎、地即震動、天花散空。一時倶逝。随願往生。
并州のどの周辺なのかは不明であり、決して往生人の数は多くはない。阿弥陀仏浄土への憧憬は見られるが、以上の文だけでは、道綽との接点は見出せない。しかし、浄土の行業を修し来迎を求めるなど、浄土往生への強い願望が認められる。
(24) 塚本善隆、前掲書、二四四頁、二五〇頁、二五七頁、二七〇―一頁、二七一―二頁、二七六頁、二八〇頁、二八一頁、二八三頁、二八四頁、二八五―六頁、二八六頁、二九九頁。
(25) 同、三〇二―三頁。「汶水沙弥尼空道、素信心貞固、生年七歳已来念仏、十八除頂髪、未受具足戒、年齢漸積、已登八十七歳以来、念仏数小豆過九十石、寔是上精進人也、凡晋陽大原汶水三縣、七歳已上、解念仏者、多用小豆為数、上精進者、或九十石或八十石或七十石、中六十石五十石四十石、下三十石二十石、乃至五石三石、最下者一升已上、皆得浄土迎、以信心為貴、……」。この文は迦才『浄土論』に掲載されている道綽伝と類似している。道綽の影響を強く影響を受けている伝記である。
(26) 柴田泰「中国浄土教の系譜」『印度哲学仏教学』第一号（一九八六年）。
(27) 柴田泰「二つの善導観」『インド思想と仏教文化』（春秋社、一九九六年）。
(28) 『大正蔵』一三巻、三六三頁上。なお、道綽の『安楽集』に引用される出典経論は内藤智康『安楽集講読』（永田文昌堂、一九九九年）、一六三―三〇二頁。

(29) 『大正蔵』四七巻、四頁中。
(30) 山本仏骨氏は道綽の末法意識を信行の三階教と比較しながら、従来、道綽は信行の末法思想の影響を受けたといわれるが疑義を出している。山本仏骨『道綽教学の研究』(永田文昌堂、一九七四年)、六九頁。
(31) 『大正蔵』一二巻、三四五頁下。
(32) 『大正蔵』四七巻、五頁中。
(33) 同、五頁中―下。
(34) 同、五頁下。
(35) 菩提心については巻上第二大門第一に「明発菩提心」とあり、「出菩提心功用」「出菩提名体」「顕発心有異」「問答解釈」の四項目に分けている。はじめの菩提心の功徳および用については『無量寿経』に浄土往生を求める者は必ず菩提心を発すとあり、これを源とするようにという。それはまた「無上仏道の名」であると定義づける。その心は「もし心を発し仏に作らんと欲すれば、この心広大にして法界に遍周せり。この心究竟して等しきこと虚空のごとし。この心長遠にして未来際を尽す。この心あまねくつぶさに二乗の障を離る」と述べて、広大で法界を周辺し未来まで長く続けば二乗の障りから離れられるという。
「顕発心有異」では、菩提心を起こすとき三種類を具足する。一つは自性清浄である。二つは八万四千の諸波羅蜜を修業する。三つには大慈悲を本とする。これらが因となって発菩提心となる。『浄土論』の文を用いて、「発菩提心」を「願作仏心」であり「度衆生心」でもあると説明している。道綽は、浄土往生しようとする心を「菩提心」と呼び、心の純然たる様相を重視している。この心が根底となって念仏思想が展開されている。
(36) 山本仏骨、前掲書、三一五―三一八頁。
(37) 向井亮「世親造『浄土論』の背景―「別時意」説との関連から―」(『日本仏教学会年報』、一九七七年、一六一―一七六頁)。
(38) 「今解別時意語者、謂仏常途説法皆明先因後果、理数炳然。今此経中但説一生造罪、臨命終時十念成就即得往生。不論過去有因無因者、直是世尊引接当来造悪之徒、令其臨終捨悪帰善乗念往生、是以隠其宿因。此是世尊隠始顕終、没因談果、名作別時意語。何以得知、但使十念成就、皆有過去因」『大正蔵』四七巻、一〇頁上。

(39)「又智度論云、一切衆生臨終之時、刀風解形、死苦来逼、生大怖畏、是故遇善知識発大勇猛、心心相続十念、即是増上善根便得往生。又如有人対敵破陣、一形之力一時尽用、其十念之善亦如是也。」同、一一頁上。なお、内藤知康氏によると当該箇所は、『大智度論』巻二四（『大正蔵』二五巻、二三八頁中）に出るとあるが（内藤知康、前掲書、二二二頁）、特定できないとする指摘がある（藤堂恭俊・牧田諦了、前掲書、三七一頁）。『大智度論』を調べると、臨終における法を説いているのみで、このような譬えはない。そこで、あらためて調べてみると、善導『法事讃』巻上に「地獄経云、若有衆生作是罪者、臨命終時、風刀解身、偃臥不定、如被楚撻……」（『大正蔵』四七巻、四三〇頁上）とあり、道綽の引用する文と類似している。その出典は『観仏三昧経』巻五（『大正蔵』一五巻、六六九頁中）に見られる。道綽が論書と経典を取り違うことは考えられないから、なお検討の余地があろう。

(40)『大正蔵』四七巻、一一頁上。

(41) 有名な文は『無量寿経』第十八願を「若有衆生、縦令一生造悪、臨命終時、十念相続称我名字、若不生者、不取正覚」（『大正蔵』四七巻、一三頁下）と読み替えた。

(42)『大正蔵』四七巻、一一頁上中。

(43) 同、三頁下。

(44)「如諸仏菩薩名号、禁咒音辞、修多羅章句等是也。如禁咒辞曰、日出東方乍赤乍黄、假令酉亥行禁、患者亦愈。」同、一二頁上。

(45) 岡博士は「おそらく道綽は、『略論』の十念義の影響を批判的に受けながら、『論註』の十念義を解釈し、ここに道綽独自の往生思想を、展開しているように思われる。」と指摘する。岡亮二、前掲論文、二七頁。

(46)『大正蔵』四七巻、一四頁下。

(47) 同。この文は、善導『往生礼讃』でも引用され、称名念仏の功徳を示す典拠として引用しているし（『大正蔵』四七巻、四三九頁上―中）、『観念法門』では見仏三昧の出典として引用している（同、二七頁上）。ともに、三昧には見仏がもっとも重要である点を善導は道綽より参照しているのが知られよう。

(48) 当該箇所には「若有善男子善女人、常能至心専念仏者、若在山林若在聚落、若尽若夜若坐若臥、諸仏世尊常見此人、如現目前、恒与此人而住受施」（『大正蔵』四七巻、一五頁上）とある。

(49)『大正蔵』四七巻、一五頁中。「念仏三昧必見仏、命終之後生仏前、見彼臨終勧念仏」。
(50)同、上。
(51)同、下。
(52)同、一六頁中。

「始終両益」考

野村淳爾

はじめに

曇鸞・道綽を経て善導によって大成され一大発展を遂げた浄土教の系統は、中国においては宋代以後は継承されなかったものの(1)、日本において法然や親鸞に受用されることにより展開・発展した。その中、末法という時代性とその時代に生きる凡夫に適応した教法とを見抜き、その視点を自身の仏道の基調とした道綽の思想は、特に聖浄二門判として後代の日本浄土教に大きな影響を与えている。

さまざまな法門を挙げる中、道綽は龍樹の難易二道の釈によって聖道門と浄土門とに分けて、

何者《ヲカ》為《ス》レ二《ト》。一《ニハ》謂《ク》聖道、二《ニハ》謂《ク》往生浄土《ナリ》。其《ノ》聖道《ノ》一種《ハ》、今《ノ》時難《シ》レ証《シ》。一《ニハ》由《ル》下去《ルコト》二大聖《ヲ》一遙遠《ナルニ》上。二《ニハ》由《ル》二理《ハ》深《ク》解《ハ》微《ナルニ》一。是《ノ》故《ニ》大集月蔵経《ニ》云《ク》、我《ガ》末法《ノ》時《ノ》中《ニ》、億億《ノ》衆生起《シ》レ行《ヲ》修《スレドモ》レ道《ヲ》、未《ダ》レ有《ラ》二一人《トシテ》得《ル》者一。当今《ハ》末法《ニシテ》、現《ニ》是五濁悪世《ナリ》。唯有《リテ》二浄土《ノ》一門《ノミ》一、可《キ》二通入《ス》一路《ナリ》。

(『浄土真宗聖典全書〈以下、聖典全書〉』Ⅰ・六一二頁)

と、末法の世における聖道門の難証性を明かし、浄土門の教えのみが唯一通入できる法門であることを示している。

このように、道綽においては全仏教を聖道門と浄土門とに大別する思想があったことがわかるが、さらに行業についても大別する箇所がみられる。それは第四大門「始終両益」において説かれており、さまざまな行業を念仏とそれ以外の万行とに大別し、それらの行業における利益が説かれているのである。この「始終両益」の文は中国においては道綽以後のどの書物にも見られず[2]、特に注目されていない。たとえば善導において展開され重要視される道綽の仏身観や浄土観とは一線を画して、いかなる展開も見ることができず、等閑視されている。さらにこの始終両益に関する研究についても言及すれば、その文言が短いことや、その思想が後世に持続的に受用されなかったためか、あまり特出して議論されてこなかったように思える。それ以上に道綽の他の教学、たとえば約時被機、聖浄二門判などの位置づけが道綽の思想上高い評価を得ていることもその一因であるといえる。つまり、道綽の教学の中での始終両益の位置づけはさほど高いものとはいえない。

しかし、注目すべき見解として、佐藤健氏[3]が、

この念仏の「始終両益」は、『観音授記経』の阿弥陀仏の入涅槃の説示に起因し、阿弥陀仏の報身であることを証明する過程において派生した念仏利益説であるといえる。

と示し、始終両益を道綽の仏身論、特に弥陀報身説の展開の中で生まれた思想であると位置づけた。道綽の思想上重要な位置づけにある仏身論との関連が指摘されたことは、始終両益が再評価すべき思想であることを意味しているといえる。そこで本稿では佐藤氏の論を踏まえながら考察を試み、この始終両益の説示意図の一端を探ることを目的とし、その再評価のための一助としたいと考える。

一　始終両益について

始終両益は念仏と万行を比較して、念仏には始益と終益という二種の利益があることを示すものである。『安楽集』第四大門には、まず始益について、

然《ルニ》念仏《ノ》一門、将《テ》為《ス》ニ要路《ト》一。何者審ニ量《スルニ》聖教《ヲ》一有《レバナリ》ニ始終《ノ》両益一。若欲ニ生《ジ》レ善《ヲ》起《サムト》一レ行《ヲ》、則《チ》普《ク》該《ヌ》ニ諸度《ヲ》一。若滅《シテ》レ悪《ヲ》消《スレバ》レ災《ヲ》、則《チ》総《ジテ》治《ス》ニ諸障《ヲ》一。故《ニ》下《ニ》経《ニ》云《ク》、念仏《ノ》衆生《ヲ》摂取《シテ》不レ捨《テタマハ》、寿尽《キテ》必《ズ》生《ズト》。此《ヲ》名《ク》ニ始益《ト》一。（『聖典全書』Ⅰ・六一九頁）

と示されており、念仏の行者だけが仏の摂取を受けて、命終にはかならず往生することが説かれている。浄土への往生を利益として捉え、その利益を念仏の始益と定める。次に終益については、

言《フ》ニ終益《ト》一者、依《ルニ》ニ観音授記経《ニ》一云《ク》、阿弥陀仏住《シタマフコト》レ世《ニ》長久《ニシテ》兆載永劫《ナルモ》亦有《リ》ニ滅度《シタマフコト》一。般涅槃《ノ》時、唯有《リテ》ニ観音勢至《ノミ》一住ニ持《シテ》安楽《ヲ》一接ニ引《シタマフ》十方《ヲ》一。其《ノ》仏《ノ》滅度亦与ニ住世《ノ》時節一等同《ナリ》。然《ルニ》彼《ノ》国《ノ》衆生《ハ》一切無《シ》レ有《ルコト》下観ニ見《シタテマツル》仏《ヲ》一者上。唯有《リテ》下一向《ニ》専《ラ》念《ジテ》ニ阿弥陀仏《ヲ》一往生《スル》者《ノミ》上、常《ニ》見《ルト》ニ弥陀現在《ニシテ》不《ルヲ》一レ滅《シタマハ》。此即《チ》是其《ノ》終時《ノ》益也。（『聖典全書』Ⅰ・六一九頁）

と示され、諸行者と念仏者との往生後の最終的な利益が説明される。すなわち、諸行者は「仏を覩見したてまつるものあることなし」と示され、念仏者は「常に弥陀、現にましまして滅したまはざるを見る」とあることから、往生した衆生において、諸行者は阿弥陀仏の滅度の相を見るが、念仏者は阿弥陀仏の滅度を見ず、阿弥陀仏を常に見ることができることが説かれている。往生後の得益について、諸行者と念仏者という二種の機類によって、阿弥陀仏の滅度の相を見るかどうかの差異があることが示されているといえる。つまり、始終両益においては念仏の行者

が諸難を排し、仏の光明に摂取されて往生することを始益とし、往生後、最終的に阿弥陀仏を見ることができることを終益としている。念仏の利益にこの二つを示すのである。

この始終両益に関する研究は、先述したように活発に議論されていないようであり、研究史の点から見ても未熟な分野であると思われる。その中、山本仏骨氏は、念仏の終益においては、念仏者と諸行者とに仏の入滅の見・不見という得益の差異があることについて、次のように述べられている。

『大経』胎化段に諸行往生の機は胎生にして三宝を見聞せず、明信仏智の機は化生にして智慧功徳具足成就すと説かれた説意とも合致するのである。又因に於ける深厚善根、薄少善根の比対は、同じく胎化段に諸行の機は「無有智慧」と説き、信心の行者は「智慧勝故」と示されたものとも同意趣であると云わねばならない。而して道綽が斯かる論断を為されたのは、『略論』に胎化二生を引いて縷説されてあるが、こうした曇鸞の示唆を透過して決定されたのではなかろうか。

つまり、道綽が浄土での仏の入滅の見・不見という諸行者と念仏者の得益があることを、『大経』の胎化段での説示構成に基づいて明かしていると山本氏は指摘している。始終両益において得益の差を設けるという点については『略論』の構成を承けている可能性はあるが、始益と終益の説示意図、つまりなぜ念仏の利益を示したかということに関してまでは考察されていないように思われる。その説示の背景にまで言及したものとして注目すべきは佐藤氏の論考である。佐藤氏は終益の『観音授記経』に焦点を当てて論じている。なお、山本氏、佐藤氏両氏の論をみると、終益の説示が取り上げられており、始益に関してはほとんど触れられておらず、終益に比重が置かれて研究が進められているのもこの始終両益の特徴であるといえるだろう。

二　『観音授記経』と終益

この『観音授記経』と終益の関係については佐藤氏の論をまとめる形で提示したい。『観音授記経』は劉宋代の曇無竭によって訳出されたものであり、阿弥陀仏の入涅槃の後に、観音菩薩がその仏処を補うこと、また観音菩薩の入滅の後には大勢至菩薩がその処を補うことが説かれている。始終両益の終益に説かれる『観音授記経』の文は原文を取意して引用されている。その原文には、

仏言《ク》二善男子《ニ》一。阿弥陀仏《ノ》寿命無量百千億劫、当《ニシテ》レ有《ニ》二終極《ル》一。善男子。当来広遠《ニシテ》不《ズ》レ可《カラ》レ計《ル》劫《ヲ》。阿弥陀仏当《ニ》般涅槃《スベシ》。般涅槃後《ノ》。正法住《シ》レ世《ニ》等《シ》二仏寿命一。在世滅後《ニ》、所《ノ》レ度《スル》衆生悉《ク》皆同等《ナリ》。仏涅槃《ノ》後《ノ》。或《ハ》有《リ》二衆生不《ル》レ見レ仏者《ヲ》一。有《リ》二諸菩薩一。得《テ》二念仏三昧《ヲ》一。常《ニ》見《タテマツル》二阿弥陀仏《ヲ》一。

（大正新脩大蔵経〈以下、大正〉一二・三五七頁上）

と説かれている。この文の中、道綽は、終益の説示として「有諸菩薩。得念仏三昧。常見阿弥陀仏」（大正一二・三五七頁上）の文言に注目していることが指摘されている。(4) しかし、『観音授記経』の文がそのまま『安楽集』に引用されているわけではない。「得念仏三昧。常見阿弥陀仏」という『観音授記経』の文が、

唯有《リテ》下一向《ニ》専《ラ》念《ジテ》二阿弥陀仏《ヲ》一往生《スル》者《ノミ》上、常《ニ》見《ルト》二弥陀現在《ニシテ》不《ルヲ》レ滅《シタマハ》。

（『聖典全書』Ⅰ・六一九頁）

と示され、阿弥陀仏を見ることができる利益がもたらされるのは、阿弥陀仏を信じ、一向にもっぱら念仏を修した往生者に限るという意に変えられている。(5)

さて、ここで注目すべきはこの「阿弥陀仏を見たてまつる」という終益に引用されている『観音授記経』の文が、

道綽における非常に重要な思想において用いられていることである。それは三身三土義、つまり道綽の仏身仏土論である。道綽における『観音授記経』の扱いを考える上で、三身三土義で示される『観音授記経』についても整理を行いたい。

道綽の仏身論は、浄影寺慧遠（以下、慧遠と略称）などが主張する弥陀応身説への反駁を端緒とする。慧遠などの聖道諸師は弥陀応身説の根拠として、弥陀の入滅を説く『観音授記経』を挙げている。それは、慧遠の『観無量寿経義疏』に、

応身寿命《ニ》有《リ》レ長有《リ》レ短。今此所論《ハ》是応《ニシテ》非《ズ》レ真《ニ》。故《ニ》彼《ノ》観音授記経《ニ》云《ク》、無量寿仏《ノ》命雖《モ》二長久《ト》一亦有《リト》二終尽一。故知《ル》二是応《ト》一。（大正三七・一七三頁下）

と述べられ、阿弥陀仏には入滅の相があり、寿命の有限な仏であることが示されていることや、『無量寿経義疏』に、

如《シ》二観世音及《ビ》大勢至授記経《ニ》説《クガ》一。無量寿仏《ノ》寿雖《モ》二長遠《ナリト》一、亦有《リ》二終尽一。彼《ノ》仏《ノ》滅後、観音大勢至次第《シテ》作《ス》仏。故《ニ》知《ヌ》是《レ》応《ナリ》。（大正三七・九二頁上）

と、阿弥陀仏の入涅槃の後に観音菩薩と勢至菩薩が相次いで仏処を補うという経説が示されていることからもわかる。慧遠は『観音授記経』の「阿弥陀仏が入滅する」という説示によって阿弥陀仏を寿命や滅度のある応身と規定し、低い位の仏としているのである。これに対して、道綽は三身三土義において、

問曰《ヒテク》、如来報身《ハ》常住《ナリ》。云何《ゾ》観音授記経《ニ》、云《フ》三阿弥陀仏入涅槃後《ノ》、観世音菩薩次《ギテ》補《スト》二仏処《ヲ》一也。答曰《ヘテク》、此《ハ》是報身、示二現《ス》隠没《ノ》相《ヲ》一。非《ズ》二滅度《ニハ》一也。彼《ノ》経《ニ》云《ク》阿弥陀仏入涅槃《ノ》後、復有《リテ》二深厚善根《ノ》衆生一、還《リテ》見《ルコト》如《シト》レ故《ノ》。

（『聖典全書』Ⅰ・五八〇頁）

と示し、その『観音授記経』に説かれる入滅の相は、実の入滅の相ではなく、報身が仮に隠没相を示しただけであるとして、慧遠の主張した弥陀応身説を否定するのである。その証明の過程において、道綽は『観音授記経』に説かれる、

仏言《ク》二善男子《ニ》一。阿弥陀仏《ノ》寿命無量百千億劫、当《ニ》レ有《ル》二終極《ニシテ》一。善男子。当来広遠《ニシテ》不《ズ》レ可《カラ》レ計《ル》レ劫《ヲ》。阿弥陀仏当《ニ》般涅槃《スベシ》。般涅槃《ノ》後。正法住《シ》レ世等《シ》二仏寿命《ニ》一。在世滅後、所《ノ》レ度《スル》衆生悉《ク》皆同等《ナリ》。仏《ノ》涅槃《ノ》後。或《ハ》有《リ》二衆生不《ル》レ見《ヲ》レ仏者《ヲ》一。有《リ》二諸菩薩《ヲ》一。得《テ》二念仏三昧《ヲ》一。常見《ニ》二阿弥陀仏《タテマツル》一。

（大正一二・三五七頁上）

という文の中、「有《リ》二諸菩薩一。得《テ》二念仏三昧《ヲ》一。常見《ニ》二阿弥陀仏《タテマツル》一」という文言に注目し反駁している。(6) つまり、慧遠は『観音授記経』の「有《リ》二諸菩薩一。得《テ》二念仏三昧《ヲ》一。常見《ニ》二阿弥陀仏《タテマツル》一」の文に触れないで、弥陀応身説を主張しているのであるが、道綽はその「有《リ》二諸菩薩一。得《テ》二念仏三昧《ヲ》一。常見《ニ》二阿弥陀仏《タテマツル》一」とその前の「仏涅槃《ノ》後《ノ》。或《ハ》有《リ》二衆生不《ル》レ見《ヲ》レ仏者《ヲ》一」という文に注目し、その『観音授記経』の文に「阿弥陀仏入涅槃の後、また深厚善根の衆生ありて、還りて見ること故のごとし」と内容を付け加え、深厚善根の衆生は仏の入滅を見ることはないという意味を含めて、(7) 弥陀の入滅がないことを示している。これに続いて、入滅の相は仏が仮に示した姿であることについて、『宝性論』を引いて示している。つまり『宝性論』に、

報身有《ス》二五種《ノ》相《ニ》一。説法及《ビ》可見《ト》、諸業《ノ》不《ルト》二休息《セ》一、及《ビ》休息隠没《ト》示《スルトナリト》二現不実体《ヲ》一。

（『聖典全書』Ⅰ・五八〇頁）

と説かれることを経証として、仏が示す入滅の相は報身の一側面であることを指摘している。このように、道綽は主に『観音授記経』の改変や『宝性論』の説示などにより、阿弥陀仏が入滅しないことを証明するのであるが、こ

して、

経典に「得念仏三昧」とだけあったのを、ここでは「深厚善根の衆生」という内容が付加されていることは、念仏の衆生は善根の厚いことを明かそうとする意図のあったものといわなければならない。

と示している。この内容の付加によって、念仏三昧を得る人が善根の深厚な人であることを明かして念仏自体が多くの善根を具足したものであるということを明確化する意図があったものと窺うことができる。また、佐藤氏は続けて、始終両益で念仏と万行を対比していることにも言及して、

道綽が念仏と万行〈念仏以外の行〉を対比して念仏を善根深厚な行とみたのは、万行を善根薄少とみる姿勢があったことを示すものといえる。

と述べられるように、道綽は万行・諸行が善根薄少であることを示唆していると考えられる。

仏身論においてはこの弥陀応身説の根拠となる弥陀入滅の説示をいかに会通するかが重要な視点であっただろうが、『観音授記経』の改変・内容付加がその反駁のための重要な要素となっていると考えられる。道綽は自身の仏身論においても終益の『観音授記経』と同様に、この経文を意識的に改変しているのである。

すなわち、始終両益の「終益」と三身三土義の説示はともに『観音授記経』の「有諸菩薩。得念仏三昧。常見阿弥陀仏」の文に注目していることがわかる。その文が「終益」の説示では「ただ一向にもっぱら阿弥陀仏を念じて往生するもののみありて、つねに弥陀現にましましまして滅したまはざるを見る」と示され、入滅の相がない「報身」を示す文へと変えられている。そのことからも、佐藤氏が(8)、

この念仏の「始終両益」は、『観音授記経』の阿弥陀仏の入涅槃の説示に起因し、阿弥陀仏の報身であることを証明する過程において派生した念仏利益説であるといえる。

と指摘するように、始終両益は道綽の仏身論、特に弥陀報身説の展開の中で生まれた思想であると考えられる。すなわち、このように仏身論において重要な要素とされている『観音授記経』が始終両益の終益の引文として用いられていることは、この仏身論と始終両益の両思想の形成上、道綽において同様の問題意識があったことを物語っており、その問題意識とはまさに弥陀応身説への反論であり、弥陀報身説の存立を危うくする「阿弥陀仏が入滅する」という内容を是正していくことであった。その『観音授記経』の文は道綽にとって弥陀報身説を証明するための要であると同時に、さらには念仏の終益を主張する根拠となっている証文でもあるといえる。

しかし、この終益の説示背景を始終両益全体のそれと規定することについては断定的なことはいえないように思える。『観音授記経』を経証としているのは、終益だけであり、始益には及んでいないからである。ただ少なくとも、終益の背景については、佐藤氏が指摘するように「阿弥陀仏の報身であることを証明する過程において派生した」ことは一応認められるべきものであると考えられる。ただし、始終両益が弥陀報身説を証明する過程で展開したことの意味については佐藤氏は触れられていない。その意味を見出すことこそ、始終両益全体の説示意図を示す手がかりとなるだろう。

三　始益と終益の関連性

前述のように、「終益」の背景には仏身論、特に弥陀報身説の展開が想定されるが、念仏の利益を説くことが阿弥陀仏の報身であることを証明する過程において派生した意味はどこにあるのだろうか。その答えは始益と終益との有機的な関連性を見出すことによって表面化するのではないだろうか。そのためには終益だけでなく、始益の説かれた背景を考察することが必要になると考える。そこで「始終両益」の解明において、注目すべき要素として「諸度」という語を指摘することができる。この「諸度」という語は、様々な経論釈に頻出するが、六波羅蜜および十波羅蜜の意で用いられていることが多い。今の始終両益の文を挙げると、

若欲《スレバ》二生《ジ》レ善《ヲ》起《サムト》レ行《ヲ》、則《チ》普《ク》該《ヌ》二諸度《ヲ》一。若《シ》滅《シテ》レ悪《ヲ》消《スレバ》レ災《ヲ》、則《チ》総《ジテ》治《ス》二諸障《ヲ》一。故《ニ》下《ニ》経《ニ》云《ク》、念仏《ノ》衆生《ヲ》摂取《シテ》不レ捨《テタマハ》、寿尽《キテ》必《ズ》生《ズト》。此《ヲ》名《ク》二始益《ト》一。（『聖典全書』Ⅰ・六一九頁）

である。始益の経証として『観経』が用いられているが、その『観経』には念仏に「諸度」が含まれていることは説かれていない。『観経』に説かれていない「諸度を該ぬ」という念仏の徳が始益として示されていることは、そこに道綽の何かしらの意図があると読み取ることができる。その「諸度を該ぬ」については、先行研究において[9]『大智度論』がその典拠として指摘されている。「始終両益」の「もし悪を滅して災いを消すれば、則ち総じて諸障を治す」という内容は、第四大門で『大智度論』に基づいて示される「念仏三昧は現在・過去・未来の一切の諸障を除く[10]」という説示などに合致するものであり、道綽が『大智度論』によって念仏の始益の徳を定めている可能性

性はあるといえる。このような念仏と『大智度論』の関連については第二大門広施問答において「自下は大智度論につきて広く問答を施す」と述べてから、十念の念仏について問答が設けられていることからも窺える。[12] たしかに『安楽集』においては念仏往生の理論的な面において曇鸞と『大智度論』に拠っているところは多く見られる。しかし、始益の「諸度を該ぬ」という説示に限っていえば、『大智度論』に「諸度」という語は見当たらない。道綽はどのようにこの「諸度を該ぬ」という説示を導き出したのであろうか。この問題について、始益の「諸度」という説示とともに念仏の利益で示される「諸障を治す」という内容を関連づけた視点から考察を加えたい。始益では、

若欲《スレバ》二生《ジ》レ善《ヲ》起《サムト》レ行《ヲ》、則《チ》普《ク》該《ヌ》二諸度《ヲ》一。若《シ》滅《シテ》レ悪《ヲ》消《スレバ》レ災《ヲ》、則《チ》総《ジテ》治《ス》二諸障《ヲ》一（『聖典全書』Ⅰ・六一九頁）

と述べられており、命終後の往生の前段階として、念仏には「諸度を該ぬ」ことと、「諸障を治す」ことが示されている。「諸障を治す」とはさとりを障げるものが除かれることであると理解できる。この二つが念仏の始益に含まれるものとして説かれているとみられるが、この二要素が関連づけて説かれているものに、真諦訳の『摂大乗論釈』がある。[13] つまり、「始終両益」の始益説示の起因を探る上で『摂大乗論釈』に焦点をあてることにより、ひとつの可能性が浮き彫りとなる。『安楽集』から見た『摂大乗論釈』の存在とは、まさに念仏往生を別時意とする疑難の根拠の中心となっているものであり、その意味において始益の設定の背景には別時意会通に対する意識があったのではなかろうかと考えられるのである。

摂論学派の念仏を別時意とする論難の詳細については、『安楽集』においてその経緯を汲み取ることができる。第二大門破異見邪執において、

第九《ニ》拠《リテ》下摂論《ト》与二此経一相違《スルニ》上、料二簡《スト》別時意《ノ》語《ヲ》一者、今観経《ノ》中《ニ》、仏説《キタマフ》下下品生《ノ》人現《ニ》造《ルモ》二重罪《ヲ》一、臨《ミテ》二命終《ノ》時《ニ》一遇《ヒテ》二善知

識《ニ》一十念成就《シテ》即《チ》得《ト》中往生上。依《ルニ》二摂論《ニ》一云《フニ》、導《フ》二仏別時意《ノ》語《ナリト》一。又古来通論之家多《ク》判《ジテ》二此《ノ》文《ヲ》一云《ク》、臨終十《ノ》念《ハ》但得《ルモ》レ作《ルコトヲ》二往

生《ノ》因《ト》一、未《ダ》二即《チ》得一レ生《ズルコトヲ》。

（『聖典全書』Ⅰ・五九七頁）

とあり、まず摂論学派（ここでは通論之家）は『観経』下下品に説かれる念仏往生について、『摂大乗論』の示される「別時意」といわれる仏の方便であって、即時に往生できるわけではないことを主張したと述べられている。道綽は『観経』下下品の念仏往生の即生を否定する摂論学派の論難に対応することを意識しているといえる。道綽によれば、摂論学派による疑難は『摂大乗論釈』に説かれる次の文を根拠にしている。

譬《バ》如《シ》下由《テ》二一金銭《ニ》一営《ミテ》覓《ルハ》得《ノ》二千金銭《ヲ》一、非《ズ》二一日《ニ》得《ルニ》一レ千《ヲ》、由《ルガ》中別時《ニ》得《ルニ》上千《ヲ》。如來《ノ》意《モ》亦爾《ナリ》。此《ノ》一金銭為《ス》二千金銭《ノ》因《ト》一。誦二持《スルモ》仏名《ヲ》一亦爾《ナリ》。為《ナリ》レ不《ランガ》三退二堕《セ》菩提《ノ》因《ヲ》一。

（大正三一・一九四頁中）

これは、一金によって千金を得ようとしても、一日では得られないことと同様で、仏名を称えるだけでは即の因にはならない。一金を積んでいけば遠い未来の因となるとする。また『摂大乗論釈』では念仏往生が別時意であることを「論曰。復有《リ》二説《テ》言《ヘル》一。由二唯発願《スルニ》一、於《テ》二安楽《ノ》仏土《ニ》一得《ト》二往《テ》彼《ニ》受《コトヲ》一レ生。釈曰。如《ク》レ前《ノ》応《シ》レ知《ル》是《ヲ》名《ク》二別時意《ト》一」とも述べており、念仏をただ発願のみあるものとも示しており、この説示も念仏を別時意とする一つの理由にされている。(14)

この論難に対して、道綽は第二大門破異見邪執において、宿因論をもって反駁している。一金によって千金を得ようとしても、一日では得られないことと同様で、仏名を称えるだけでは即の因にはならないと主張する摂論学派の主張に対して、道綽は『観経』では過去の因を説いていないだけであって、十念には過去からの多善根が成就していると説明し、念仏が即生の因になることを示している。

そのような念仏の別時意説の根拠となる『摂大乗論釈』において、「諸度」と「障りを除く」ことが関連づけて

述べられている箇所は、

論曰。六《ニハ》由《ル》㆓清浄《ノ》無等《ナルニ》㆒。謂《ク》惑智《ノ》二障《ハ》永《ク》滅《シテ》無《シ》㆑余《スコト》。菩薩《ノ》所《ノ》㆑行《ズル》諸度《ハ》分分《ニ》除《キ》㆓二障《ヲ》㆒。乃至皆尽《スルガ》故《ナリ》

（大正三一・二一五頁下）

であり、菩薩の行ずる諸度によって、二障が除かれることが説かれている。つまり、『摂大乗論釈』で示される「諸度によって二障を消除する」という構造と、「始終両益」で「諸度」と「諸障」が関連づけて説かれる始益の構造とが一致する。また摂論学派の中心的論述である『摂大乗論釈』では六波羅蜜は菩薩の実践修行の根底に置かれるものであり、さとりを証するまで持続するものとされている。(15) そのことを考慮すれば、まさしく道綽が始益を設定する際に念仏に「諸度を該ぬ」と示したことは、摂論学派が『観経』の十念念仏について「唯願無行」と論難したことに対して、念仏にはさとりに至る中心的な行として「六波羅蜜」を該ねていることを表そうとした意図が窺えるのである。このことは、摂論学派が中心に据えている修道である六波羅蜜を道綽が反駁の材料として用いていると捉えることができる。この反駁の形は道綽においてよくみられる論述方法であり、道綽は論難者が主張する根拠の文を、自身の論拠の要素として用いることに特徴がある。(16) 以上のように諸度と諸障が関連して説かれていること、また道綽の反駁形式と軌を一にしていることを考えると、この始益の設定は摂論学派からの念仏別時意説への反駁を背景に含んでいると言い得る。さらに、このことは念仏の始益において、往生の経証として『観経』の文を引用する際に、実際には『観経』にない「寿尽きて必ず生ず」という文言を道綽が付加していることからも想定できる。つまり、この付加によって、摂論学派における浄土への「即生」を否定する説に対して、寿が尽きれば往生できることを念仏の利益として示していると読み取ることが可能である。(17)

この推論が可能であるならば、終益の説示が阿弥陀仏の報身であることを証明する過程において派生した意味を見出すことができるだろう。すなわち、終益は弥陀報身説の展開で語られており、始益は別時意会通を背景として説かれていることを考慮すれば、「始終両益」全体においては仏身論と別時意会通が関連して説かれていると捉えられる。そして、この仏身論と別時意会通が関連して説かれている状況こそ、唐代の中国浄土教でみられる別時意会通説と類似する説相であるだろう。唐代の摂論学派の別時意の論難において、(18)仏身仏土論との関連で語られている場面が散見されるのである。摂論学派が念仏別時意説を提唱したとされているが、その論説を伝える確固たる資料は現存していないため、明確に摂論学派の論難を把握することはできない。しかし、別時意会通を試みている道綽周辺の諸師の文献から別時意の論難とその対応を読み解くことができる。たとえば、懐感の『群疑論』には

上来以《テ》二衆多義《ノヲ》一、顕《ス》下別時意《ハ》自《ズカラ》関《ハリ》二発願《ニ》一非《ズトイフコト》中是《レ》起行之人《ニ》上。是彼《ノ》摂論師《ノ》言、別時之意也。又摂論《ノ》文《ニ》別時意者、是報《ノ》浄土《ニハ》唯願念仏《ハ》、理未二即《チ》生《ゼ》一。若《シ》化《ノ》浄土《ニハ》唯願念仏《モ》必《ズ》即《チ》得レ生《ズルコトヲ》。如《シ》二華厳経《ノ》一。不レ須《ク》二疑惑《ス》一

（大正四七・四〇頁中）

と示されている。この懐感の別時意の対応に関する記述によれば、別時意は報土往生に関しての論難であり、化土へは唯願の念仏であっても即生となると述べられており、浄土の位の違いが問題となっていることがわかる。また、道綽の弟子善導と同時代の迦才の『浄土論』でも、摂論学派における論難について仏身仏土論に関連づけて批難していると思われる説示がある。(19)

今西方浄土者、乃《チ》是法蔵弘誓所《ニシテ》レ剋《スル》、法王跨《グヲ》 以《テ》抛《ルトコロナリ》レ 神《ノ》、世界瑩《カニ》以《テ》二千珍《ヲ》一、聖主題《ス》二之万相《ヲ》一。此人及土、倶《ニ》非《ズ》二下地《ノ》窺遊《スルトコロニ》一。経論《ニ》雖《モ》レ説《クト》レ得《ト》二往生《ヲ》一、恐《ク》是別時意語。今依二何道理一、判レ得二往生一。此則道俗僉疑、願聞二厥旨一

也。（大正四七・九〇頁上）

この問いを受けてさらに

又前問《ノ》云《ニク》、土栄《ニシテ》二千珍《ヲ》一、佛題《ス》二万相《ヲ》一、此之人土、倶非《ズ》二下地《ノ》窺遊《スルトコロニ》一者、今答《フ》二此義《ヲ》一。若論《ズレバ》二実報人土《ト》一、誠如《シ》二所説《ノ》一。若是事浄土及化浄土《ナレバ》、理則不レ然。若事土報身、則為《ス》二上地所見一。若迹身化土、則為《ス》二地前窺遊一。若倶非二下地境界一者、則聖無二化生之能一、生無二入聖之分一。（大正四七・九〇頁下）

と示している。この迦才の説示について、工藤量導氏[20]は「西方浄土の高位性を指摘し、それに矛盾して下地（＝地前）の菩薩や凡夫の往生を説いている経論の教説は別時意ではないか、と疑難している。ここで想定される対論者は摂論学派系統と推察され」ると示しており、摂論学派の論難が仏身仏土論との関連によって提唱されていることがわかる。

つまり、少なくとも唐代初期には摂論学派の念仏別時意の論難が仏身仏土論と関連づけて主張されていたことがわかる。道綽の上においても、先述したような「始終両益」の説示を鑑みれば、摂論学派のそのような主張があったと指摘することは可能である。

小　結

本稿では、佐藤氏の論に沿って終益に焦点をあてて考察を進め、粗雑ではあったが始益と終益との関連性についても指摘するに至った。始終両益の「終益」は、慧遠などの聖道諸師が弥陀応身説を主張するときに用いた根拠である『観音授記経』に基づいて説示されている。このことを考慮すれば、道綽の「始終両益」を形成している一つの要素として、自身の仏身論の展開があったことを推測させるものであるといえるだろう。また、始益の説示背景については、「諸度」という語句に注目することにより、摂論学派による念仏別時意の論難を想定することができた。この始益の背景を想定することで、従来から指摘されていたような、終益が弥陀報身説を証明する過程で展開したことの意味も見出すことができたと考えられる。その意味こそ、懐感や迦才の文献上に見られるような別時意の論難の形式、つまり摂論学派の論難自体に仏身仏土論が関連づけられていたことが、道綽の『安楽集』の上でも想定することができ、道綽当時においてもすでにその論難の兆しが見られることではないだろうか。全体として十分に考察できていない面もあり、推論に終始した感は拭えない。しかし、「始終両益」の背景を考察することにより、摂論学派の念仏別時意説において、仏身仏土論と関連づけて説かれているという論難の一端を示す新たな視点を提示できたと考える。すなわち、従来より、『安楽集』の説示に基づき、道綽は「『観経』十念は浄土往生のための即の因にはならない」という別時意の内容にのみ対応しており、道綽の反駁は十念往生に限られていると言われているが、『安楽集』の上においても摂論学派の別時意論難が仏身仏土論とともに提示されていた可能性と、道綽がその論難に対応した形跡を始終両益の説示を通して示すことができたのではないだろうか。このことは同時にまた、元来、山本氏が始終両益を論じる箇所で、「道綽の教判は主として対外的なものであり、対内的な真仮分甄の問題は、善導已後次第に微細になって来たのである。随って『安楽集』の上に真仮論として明確なものは見られないが、然し其の微意は勿論有ったと云わなければならない」[22]と始終両益の性格を述べるように、始終両益が道綽において見られる行業を分立する対内的思想であると示されていることにも一石を投じることができるだろう。つまり、始終両益の一面として、道綽が、摂論学派の別時意説を意識していたことを想定できるなら、むしろ始終両益は対外的要素を強く孕んだ思想であるといえる。対外的な面を多く意識している道綽の思想においても、始終両益をその姿勢と趣を一にしていると捉えることができるであろうし、道綽の思想の中で重要な位置づけにあると評価することができると考えられる。道綽浄土教の中で聖浄二門同様に対外的に多くの意図を含む思想であるといえる。

註

(1) 山本仏骨『道綽教学の研究』一四二頁参照

(2) 日本においては、法然が始終両益の文を引用している。

(3) 佐藤健「念仏の始終両益について」(『印度學佛教學研究』四八―一)一七六頁

(4) 佐藤氏「前掲論文」

(5) 佐藤氏「前掲論文」では、『大経』三輩段の「一向専念無量寿仏」によるものと考えられている。

(6) 佐藤氏「前掲論文」参照。また山本仏骨氏も『前掲本』(二九〇頁)において、『観音授記経』の「得二念仏三昧一常見二阿弥陀仏一」という文に着眼し、「見と不見は、衆生の熟と未熟に依ると決断されたのが道綽の論旨である。而してその塾と未熟と云う事は、第一大門第七三身三土章に〈問曰、如来報身常住。云何観音授記経、云阿弥陀仏入涅槃後、観世音菩薩次補二仏処一也。答曰、此是報身、示現隠没相。非二滅度一也。彼経云阿弥陀仏入涅槃後、復有深厚善根衆生、還見如故。〉と問答されている。茲に道綽は経文の念仏三昧を、「深厚善根衆生」と云い、常見阿弥陀仏を「還見如故」と云われている。斯くて念仏衆生が深厚善根の衆生であるとして見ると、此れに反して弥陀の入滅を観る万行の衆生は薄少善根と価値判定がなされて、やがて其果に見と不見の得失が定められ、念仏と万行の要不要が決断されて来るのである。」と述べている。

(7) 佐藤氏「前掲論文」参照

(8) 佐藤氏「前掲論文」一七六頁

(9) 善意『安楽集述聞』では「普該諸度之言。引二智論一之張本」と述べられてる。（真宗全書十二巻三七三頁）
(10) 内藤知康『安楽集講読』一二六頁、渡邊隆生『安楽集要述』二五〇頁参照
(11) 『聖典全書』Ⅰ・五九九頁
(12) 『大智度論』によっていることを明示はするものの、当該箇所の内容としては『論註』『略論安楽浄土義』の依用がほとんどである。
(13) もちろん他の経論釈に「諸度」「諸障」などの語がでるものは多くあるが、道綽以前のもので、「諸度」とさわりを示す「障」とが一連の文で示されているものでは、『摂大乗論釈』が道綽との関わりを示す上で注目すべきと考える。
(14) 柴田泰山『善導教学の研究』四八九頁には次のようにある。
道綽は『観経』下品下生と『摂論』および『摂論釈』との会通を行ったものと考える。（中略）これは真諦釈『摂大乗論世親釈』巻第六にある「多宝仏の仏名を誦持することは懈怠を防ぐことが目的であり成仏の別時意である」および「発願のみで安楽浄土への往生は別時意である」という別時意説において、第一義の「多宝仏の仏名を誦持すること」を『観経』所説の念仏と同義として捉え、その上で第一義と第二義とを併せて「称名念仏は別時意である」という所説を展開したものであろう。
(15) 『新国訳大蔵経』瑜伽・唯識部一一　五五頁参照
(16) 道綽には、論駁方法の一つとしてこの傾向が見られる。摂論学派が、念仏について往生のための即の因にはならず、遠い未来の因にしかならないと別時意であることを主張する際に用いた一金銭と千金銭の譬喩を、道綽はこの譬喩を利用して宿因説から反駁している。また、十方随願の信仰の根拠となっている『十方随願往生経』を西方専念を勧める証拠として出している。
(17) 慧琳『安楽集日纂』では「寿尽必生」について、「寿尽必生字対三通論家不レ許二十念之即生一」と示している。（真宗全書十二巻一六三頁）
(18) 望月信亨『中国浄土教理史』（一五三〜一五七頁）の中で望月氏は法常・智儼・道宣・道世の浄土観を摂論系統の影響下にあるものとし、「摂論派の諸師は浄土を二種又は四種に分類し、その中、弥陀の浄土を以て報土となし、

之を摂大乗論の所謂別時意の説に結び付け、観経の十念往生等を別時意の説となし、以て凡夫の西方往生を不可能としたのである」と書かれている。

(19) 工藤量導「迦才『浄土論』における別時意会通説」(『大正大学大学院研究紀要』三二 一〇頁～一一頁)

(20) 工藤氏「前掲論文」

(21) 柴田氏『前掲本』四八九頁

(22) 山本氏『前掲本』二八九頁

『安楽集』に見られる臨終来迎の説示について

中平了悟

はじめに

道綽『安楽集』は、隋唐時代の代表的な浄土教文献の一つである。その内容を見ると阿弥陀仏の国土への往生に関連して「臨終」に大きな関心が向けられているのを見ることができる。具体的にその関心の一つを挙げれば、願生者の臨終に阿弥陀仏およびその眷属が迎えに来るという「臨終来迎」の思想がある。

道綽は曇鸞から思想的な影響を大きく受けていることが知られている。しかし、曇鸞の著述に示される「臨終」の問題と、『安楽集』に示される「臨終」の問題には、その内容に異なる点をみることができる。すなわち、曇鸞の著述『往生論註』、『略論安楽浄土義』には、臨終の様相について言及されることはあっても、「臨終来迎」については、まったくといってよいほど言及されることはないのである。

この曇鸞と道綽の「臨終来迎」についての関心の相違について、従来、あまり関心が向けられてこなかったようである。(1) そもそも、曇鸞と道綽を比較検討する場合、その思想的継承、すなわち共通点には関心が向けられるものの、その相違する事柄については、あまり取り上げられてこなかった傾向があったのではないかと思われる。(2)しかし、両者の相違を掘り下げていくことは、両者の思想内容をより明確に知ることにつながるであろう。また、その両者の相違を思想的な展開とみれば、その検討は浄土教の思想史的な展開を跡づけていく作業にもなりえるのではないだろうか。

そのような視点をもって、本論では道綽『安楽集』に見られる「臨終来迎」の説示を、曇鸞著作に見られる臨終の説示と比較、検討した。その中で、道綽の臨終に対する関心と、曇鸞のそれとの間にみられる上記の興味深い相違についての試論を提示してみたい。

1、曇鸞における臨終の説示

(1)『往生論註』における臨終の説示——臨終における十念の説示

まずは、道綽に思想的影響を与えた曇鸞の著述に見られる臨終の説示と往生の思想から確認しておこう。曇鸞『往生論註』、および『略論安楽浄土義』には、数箇所において臨終についての説示が見られる。

まず、第一に挙げられるのは、『往生論註』上巻の末尾の「八番問答」である。そこでは、一生の間罪悪を作り続けてきた凡夫が臨終の十念によって往生するという「十念往生」が説示されている。その中、『観経』の説示に忠実な形で、下下品の往生について次のように示されている。

又如『観無量寿経』有九品往生。下下品生者、或有衆生作不善業五逆十悪、具諸不善。如此愚人、以悪業故、応堕悪道経歴多劫、受苦無窮。如此愚人、臨命終時、遇善知識種種安慰為説妙法教令念仏。此人苦逼不遑念仏。善友告言、汝若不能念者、応称無量寿仏。如是至心、令声不絶、具足十念称南無無量寿仏。称仏名故、於念念中、除八十億劫生死之罪。命終之後、見金蓮華猶如日輪住其人前。如一念頃、即得往生極楽世界。於蓮華中満十二大劫蓮華方開。観世音大勢至以大悲音声、為其広説諸法実相除滅罪法。聞已歓喜、応時則発菩提之心。是名下品下生者。以此経証、明知、下品凡夫但令不誹謗正法、信仏因縁皆得往生。(3)

この箇所で問題とされていることは、「五逆」を犯したものであっても往生することができるかどうか、という点にある。その往生の様相―つまり、来迎の有無等―については、言及は見られるものの経典を忠実に引用するにとどまり、特に重要な問題として取り上げられてはいないことには注意しておきたい。

続けて、同じ八番問答の中、第六問答の次のような説示を確認することでそれはより明確になる。

問曰。「業道経」言、業道如秤、重者先牽。如『観無量寿経』言、有人造五逆十悪具諸不善。応堕悪道、経歴多劫、受無量苦。臨命終時、遇善知識教称南無無量寿仏。如是至心、令声不絶、具足十念、便得往生安楽浄土、即入大乗正定之聚、畢竟不退。與三塗諸苦永隔。先牽之義、於理如何。(4)

ここには、先に引用していた『観経』「下下品」の説示を取意して示されている。しかしここでは、先の引用に見られた「命終之後、見金蓮華猶如日輪住其人前。如一念頃、即得往生極楽世界。」という、「来迎」と理解される箇所が割愛されてしまっているのである。

ここでの引用は、「十念によって往生する」という問題に焦点が当てられている。さらに、この後に示されるこの問いに対する答えには、臨終の十念が五逆・十悪の不善よりも重く、悪道に落ちることなく間違いなく阿弥陀仏の安楽国土へ往生することの根拠として「在心」「在縁」「在決定」の三在が示される。これは、いずれも「十念」の真実性を主張する根拠として示されたものである。虚仮にもとづいてなされた五逆・十悪ではなく、真実にもとづく「十念」によって往生することを主張する。

このように『往生論註』の臨終に関する言及は、その関心が「十念」に集約されている。引用を取意する箇所においても、臨終の「十念往生」の議論においても、「来迎」はまったく関連することなく、トピックとして提示されることすらないのである。

以上のように、曇鸞『往生論註』において、往生のための必須の要素としては、「臨終の十念」について特に大きな関心が向けられている一方で、「来迎」の問題は、経典を取意する箇所に、「来迎」の説示が省略されていることが物語るように、必須の要素としては考えられていなかったと考えられるのである。

（2）『略論安楽浄土義』における臨終の説示

つづいて、『略論安楽浄土義』における臨終の説示を確認していくことにしよう。

すでに『略論安楽浄土義』においては、曇鸞撰述か否かの議論がある。しかし、道綽が『安楽集』に引用していることから、ここでは一応、『安楽集』に先行する曇鸞関連の文献ということでその内容を確認する作業を行なっておきたい。

『略論安楽浄土義』では、大きく二箇所に臨終についての説示が認められる。

第一に、安楽土へ生じる機根には、どれほどの因縁があるのかという問いに対して、『無量寿経』三輩段の説示に基づいて答えている箇所である。

問曰。生安楽土者、凡有幾品輩、有幾因縁。

答曰。『無量寿経』中、唯有三輩上中下。『無量寿観経』中、一品又分為上中下、三三而九、合為九品。今依傍無量寿経為賛、且拠此経作三品論之。上輩生者、有五因縁。一者捨家離欲而作沙門。二者発無上菩提心。三者一向専念無量寿仏。四者修諸功徳。五者願生安楽国。具此因縁、臨命終時、無量寿仏与諸大衆、現其人前、即便随仏、往生安楽。於七宝華中、自然化生、住不退転。智慧勇猛、神通自在。中輩生者、有七因縁。一者発無上菩提心。二者一向専念無量寿仏。三者多少修善、奉持斎戒。四者起立塔像。五者飯食沙門。六者懸繒然燈、散華焼香。七者以此回向願生安楽。臨命終時、無量寿仏化現其身、光明相好具如真仏、与諸大衆現其人前。即随化仏、往生安楽、住不退転。功徳智慧、次如上輩。下輩生者、有三因縁。一者假使不能作諸功徳。当発無上菩提心。二者一向専意乃至十念念無量寿仏。三者以至誠心願生安楽、臨命終時。夢見無量寿仏、亦得往生。功徳智慧次如中輩。(5)

ここでは経典の説示に対して忠実に解釈を試みる態度が見られ、独自の思想的に特別な内容が提示されてはいない。『無量寿経』の三輩段を引いて、臨終に見仏(来迎としても理解されがちであるが)があることに触れられてはいる。しかし、経典の説示に沿うのみで、特別な言及、内容を認めることはできない。これは、先に見た『往生論註』において『観経』の「臨終来迎」について触れる態度と同様である。

『略論安楽浄土義』おけるもう一箇所の臨終についての説示では、「十念往生」に関して言及されている。

問曰。下輩生中、云十念相続便得往生。云何名為十念相続。

答曰。譬如有人空曠回処、値遇怨賊抜刃奮勇、直来欲殺。其人勁走、視渡一河。若得渡河、首領可全。爾時但念渡河方便。我至河岸、為著衣渡、為脱衣渡。若著衣納、恐不得過。若脱衣納、恐無得暇。但有此念、更無他縁。一念何当渡河、即是一念。如是不雑心、名為十念相続。行者亦爾。念阿弥陀仏、如彼念渡、逕于十念。若念仏名字、若念仏相好、若念仏光明、若念仏神力、若念仏功徳、若念仏智慧、若念仏本願、無他心間雑。心心相次、乃至十念。名為十念相続。

一往言十念相続、似若不難。然凡夫心猶野馬、識劇猿猴。馳騁六塵、不暫停息。宜至信心、預自克念、便積習成性、善根堅固也。如仏告頻婆娑羅王。人積善行、死無悪念。如樹西傾、必倒随曲。若便刀風一至、百苦湊身。若習前不在、懐念何可辨。

又宜同志五三、共結言要。垂命終時、迭相開暁。為称阿弥陀仏名号、願生安楽、声声相次、使成十念也。(6)

まずは、この箇所の内容を大まかに把握しておこう。

『無量寿経』の下輩生に「十念相続して往生する」と説かれているが、十念相続とはどのようなものかという問題を立て、それについて、怨賊に追われる人が、逃げている途中に川に行き当たり、河を渡ろうと思うときに、「服を着たままわたろうか」、「脱いでわたろうか」と種々のことを考えながらも、「どのようにして河を渡るべきか」ということしか考えていないように、雑心が混じらないことを「十念相続」というのだとされる。行者もそのように、阿弥陀仏を念じて、十念を巡るのを十念相続というのであり、仏の名字、仏の相好、仏の光明、仏の神力、仏の功徳、仏の智慧、仏の本願を心が間雑することなく、心心相次して十念することを「十念相続」というのであるとされる。

この「十念相続」というのは難しくないようであるけれども、凡夫の野馬・猿猴のような心では困難であり、あらかじめ善根を堅固にしておくべきであるとして、臨終の十念成就のために、平生の念仏、平生の精進がすすめられている。また続いて、臨終のときには、何人かの同志が寄り集まって、開暁しあい、その臨終を迎えた人の為に阿弥陀仏の名号を称え、安楽に願生して、十念を成就させるのだという特徴のある思想をみることもできる。ここには、十念が自身の行為のみではなく、臨終の同志の称名念仏によって成就される姿が提示されており興味深い。

ただ、いずれの場合もこれらの説示は一貫して「十念」を中心テーマとしている。すなわち、『略論安楽浄土義』においても、『往生論註』同様、臨終における関心の多くは「十念」の成就に向けられていたと知られる。「臨終来迎」についての説示は、『無量寿経』の引用に関わって触れられることはあっても、往生のために必須の要素として語られることはなかった。

以上、曇鸞における臨終に関する説示は、『往生論註』および『略論安楽浄土義』の数箇所に認めることができる。それらのほとんどに、「十念往生」に対する関心が示されており、曇鸞の臨終における関心は、「十念往生」に向けられていたと知ることができる。『無量寿経』・『観無量寿経』の引用の中に、見仏や来迎に関わる要素をみることもできるが、それらは経典を忠実に引用、あるいは解釈する中で触れられるものであり、曇鸞独自の関心が示されることはない。

すなわち、曇鸞著述に見られる臨終の関心は、特に十念、十念往生の問題に限定して向けられており、それ以外の要素（臨終に於ける仏の来迎等）が語られる場合は、経典の説示に忠実に基づいて述べられるもののみに限定されるのである。

2、道綽『安楽集』における臨終の説示

（1）道綽『安楽集』における臨終の十念についての説示

上にみた曇鸞における臨終の説示の傾向を踏まえて、道綽『安楽集』に示される臨終の説示を検討していこう。道綽『安楽集』における臨終における説示は、その説示箇所によってテーマとされる内容が異なり、その関心はいくつかに分類することができる。

まず、第一に注目すべき内容としては、曇鸞にも見られたように、臨終における凡夫の十念を往因として語り、臨終の十念の問題について言及するものである。代表的な箇所として、第二大門第二広施問答の第九「料簡別時意」が挙げられる。まずは、その問いの部分を挙げよう。

今『観経』中、仏説「下品生人、現造重罪。臨命終時、遇善知識、十念成就、即得往生。」依『摂論』云、道仏別時意語。又古来通論之家多判此文云、臨終十念但得作往生因、未即得生。何以得知。『論』云、「如以一金銭、貿得千金銭、非一日即得。」故知、十念成就者、但得作因、未即得生。故名別時意語。(7)

このように、臨終における十念によって往生を得ることについて、『摂大乗論』に基づく「通論之家」が、仏が衆生を導くための方便として説いた別時意説であると批判してきていることについての問題を取り上げている。これに対する答えとして、

今此『経』中、但説一生造罪、臨命終時十念成就、即得往生。不論過去有因無因者。直是世尊引接当来造悪之

徒、令其臨終捨悪帰善乗念往生。是以隠其宿因。此是世尊隠始顕終、没因談果。名作別時意語。何以得知、但使十念成就、皆有過去因。（中略）明知、十念成就者、皆有過因不虚。若彼過去無因者、善知識尚不可逢遇。何況十念而可成就也。(8)

と、十念には必ずそれに先行する過去世の宿因があり、決して「別時意」ではないと反論している。ここでは、臨終にかかわる往生の問題は「十念」に限定して語られている。

また同様に臨終に関して、その問題の焦点を十念に当てて言及する箇所をいくつか挙げることができる。第二大門第三「広施問答」の中、

問曰。大乗経云、業道如秤、重処先牽。云何衆生一形已来、或百年、或十年、乃至今日無悪不造。云何臨終遇善知識、十念相続即得往生。若爾者、先牽之義何以取信。(9)

と問い、「在心」「在縁」「在決定」の三在をもって、十念往生を主張する。この説示は明らかに曇鸞の『往生論註』を背景として説示されている。また同じく「広施問答」の中に、

問曰。既云垂終十念之善、能傾一生悪業、得生浄土者、未知、幾時為十念也。(10)

と述べられる箇所や、『略論安楽浄土義』の内容を下敷きにしたと思われる、

又問曰。『無量寿大経』云、「十方衆生、至心信楽、欲生我国、乃至十念。若不生者、不取正覚。」今有世人、聞此聖教、現在一形全不作意。擬臨終時、方欲修念。是事云何。

答曰。此事不類。何者、『経』云十念相続、似若不難。然諸凡夫心如野馬、識劇猿猴、馳騁六塵。何曾停息。各須宜発信心、預自克念、使積習成性、善根堅固也。如仏告大王。人積善行、死無悪念。如樹先傾、倒必随曲

也。若刀風一至、百苦湊身。若習先不在、懐念何可辨。各宜同志三五、預結言要。臨命終時、迭相開暁、為称弥陀名号、願生安楽国。声声相次使成十念也。譬如蠟印印泥、印壊文成。此命断時、即是生安楽国時。一入正定聚、更何所憂、各宜量此大利。何不預克念也。(11)

という問答などに見ることができる。ここには、臨終における十念の有無によって往生の可否が議論されている。また、臨終に同志が弥陀の名号を称え、それによって十念を成就するという、『略論安楽浄土義』にも見られた特徴的な説示も見られる。

これら道綽による十念往生の説示は、いずれも曇鸞の著述に見られる内容を下敷きとして語られている。臨終の十念に強い関心を向ける態度は、曇鸞の影響によるものと考えることができる。この点において、道綽における曇鸞の影響の大きな事を確認することができるのである。

(2) 道綽『安楽集』における「臨終来迎」についての説示

先に道綽『安楽集』においても、曇鸞著述と同様に、臨終の「十念」の問題に大きな関心が向けられていたことを確認した。しかし、『安楽集』には、曇鸞の説示には見られなかった、「臨終来迎」について複数の箇所で言及されているのである。

そこで第二に注目すべきこととして、この『安楽集』における臨終の「来迎」の説示について見ていきたい。

「臨終来迎」についての言及は、第三大門第一「弁難行道易行道」の中の次の一文に見られる。

諸大乗経所辨一切行法、皆有自力・他力、自摂・他摂。何者自力、譬如有人怖畏生死、発心出家、修定発通、遊四天下。名為自力。何者他力、如有劣夫以己身力擲驢不上、若従輪王、即便乗空遊四天下。即輪王威力。故名他力。衆生亦爾。在此起心、立行願生浄土、此是自力。臨命終時、阿弥陀如来光台迎接、遂得往生。即為他力。(12)

この一段で問題とされている難行道・易行道は、『往生論註』の内容を承けたものである。『往生論註』は、冒頭に難易二道を示し、難行道の難たる理由の一つに「唯是自力無他力持」と、ただ自力にして他力の持がないことを挙げ、易行たる信仏の因縁によって、「願生浄土、乗仏願力、往生浄土、入正定聚」という仏道を示し、また一部の末尾には、他力の相として、転輪聖王の行幸の喩えを示して、他力に乗ずべきことを示している。一部の冒頭と末尾に「他力」に乗ずべきことを示すことから、『論註』一部の所詮は「他力」にあるということができる。

いま見た『安楽集』の一文は、その前半の内容は、明らかに『論註』の内容をうけるものであるが、「臨命終時、阿弥陀如来光台迎接遂得往生。即為他力。」と、『論註』には全く見ることができなかった阿弥陀仏の来迎を「他力」とする説示がある。すでに確認したように『往生論註』において「臨終来迎」は、往生に関する要素としてほとんど省みられてはいなかった。ところが、この『安楽集』においては、ここにその『往生論註』の中心的なテーマであるとさえいいうる「他力」として「臨終における阿弥陀仏の来迎」が語られているのである。

同様の問題は、第十一大門第二「衆生死後受生勝劣」においても指摘することができる。そこには、善悪二業に引かれて迷いの生死を繰り返すことと、仏の来迎によって浄土に生じて成仏に至ることが比較されている。この一段の結びに、

又復一切衆生、造業不同、有其三種。謂上中下。莫不皆詣閻羅取判。若能信仏因縁、願生浄土、所修行業並皆

　回向。命欲終時、仏自来迎、不于死王也。[13]
と述べられ、改めて両者の「死後」が比較されているが、「臨終来迎」による往生について「若能信仏因縁、願生浄土、所修行業並皆回向。命欲終時、仏自来迎、不于死王也。」と語られている点に注目させられる。ここで、用いられている「信仏因縁」「願生浄土」の語は、『論註』においては、冒頭難易二道で、易行道を示す中に、
　易行道者、謂但以信仏因縁、願生浄土、乗仏願力、便得往生彼清浄土。仏力住持、即入大乗正定之聚。正定即是阿毘跋致。[14]
と語られる中に見られる語であり、『論註』一部が提示する他力の仏道、「易行道」を象徴的に示す語として用いられるものである。ここで、「信仏因縁」「願生浄土」という語が用いられているということは、その語が示す内容―つまり来迎による浄土往生が『安楽集』において『論註』の提示する仏道全体に関わるものと言いうるほど、重要な意味が認められていたと考えられるのである。
　また、これら以外にも、第四大門第一「此土大徳所行」では、中国において浄土に帰依した諸師が挙げられているが、その諸師として六人の大徳を挙げた後、
　問曰。既云歎帰浄土、乃是要門者。未知。此等諸徳、臨終時皆有霊験已不。[15]
と、その臨終の「霊験」の有無が問題とされ、それに応じて、曇鸞の事跡を挙げる。その曇鸞の臨終の姿について、
　是故法師、臨命終時、寺傍左右道俗、皆見旛花映院、尽聞異香。音楽迎接、遂往生也。[16]
と、提示する。またその他の大徳にも「餘之大徳、臨命終時、皆有徴祥。若欲具談往生之相。並不可思議也[17]」と同

様に奇瑞があったという。この文脈においては、臨終の奇瑞、および往生の相が「往生の証明」として提示されており、その有無が阿弥陀仏国土への往生に関して、意味あるもの、あるいは不可欠なものとして観念されていたことがうかがわれる。

この他『安楽集』においては、いくつか往生との関係において臨終の来迎について、言及する箇所を指摘することができる。

このように、『安楽集』では、臨終に関して、曇鸞著述の内容を承けて「十念」に焦点を当てて語られる一方で、曇鸞には見ることができなかった「臨終来迎」に対して重要な関心が向けられていることが確認できるのである。

（3）道綽『安楽集』における「十念往生」と「臨終来迎」の関係性について

さて、上述のように、曇鸞は、臨終に関する言及を行なう際には、特に十念に焦点を当てて、十念往生の問題のみを語っていたのに対して、道綽『安楽集』では、曇鸞と同様に「十念」に対する関心を見せるとともに、「臨終来迎」についても往生の重要な要素と位置づけていた。さらに注目すべき事として、『往生論註』の中心思想を示す用語――他力や、「信仏因縁」等が、「臨終来迎」と関連する形で用いられてもいた。

はたして、道綽『安楽集』において、曇鸞からの思想的な継承と、あらたに提示されている「臨終来迎」の観念は矛盾なく受容されているのであろうかという問題を考えなければならないであろう。そこで、すこし「十念」と「臨終来迎」の関係性について目を向けておきたいと思うのである。

『安楽集』の中、この「十念」と「臨終来迎」を共に示す一段がある。第七大門第二「明此彼修道用功軽重而獲報真偽」には、阿弥陀仏国土への往生について次のように述べている。

若欲発心帰西者、単用少時礼観念等、随寿長短、臨命終時、光台迎接、迅至彼方、位階不退。(18)

このように、阿弥陀仏国土への往生を提示し、此土の修行の困難なことと比較した上で、浄土往生を求めるべきことを主張して、最後に次のようにまとめている。

若能作意回願向西、上尽一形下至十念、無不皆往。一到彼国、即入正定聚。与此修道一万劫斉功也(19)

ここでは、往生の行業として、少時であっても「礼観念等」の行、あるいは「上尽一形下至十念」を、往生の因としてなすべきことが勧められている一方で、臨終に「光台迎接、迅至彼方、位階不退」と、来迎のあることが説示されている。これは「礼観念等」、「上尽一形下至十念」といった業因の結果として来迎が説示されているとみることができるのではなかろうか。

これからすれば、十念等の行業と、臨終の来迎とは、いずれも阿弥陀仏国土への往生に関する必須の要素として語られるものの、対立・矛盾するものではなく、両者は、往生の行業―十念・念仏三昧・礼観念など―を修し、その結果として臨終に仏が来迎し、それによって往生を遂げるという、一連のプロセスの中に位置づけられているとも考えられるのである。

3、曇鸞と道綽における臨終の説示の相違について

さて、上述のように、曇鸞と道綽における臨終に対する関心について見てきた。

曇鸞の著述―『往生論註』、『略論安楽浄土義』―においては、臨終の説示の内容は、ほぼ十念往生に関することがらに限定され、十念の問題に焦点が当てられていた。例外的に、引用された経文の中に「臨終の来迎」に関する言及が見られるものの、要約する際には、その来迎についての部分が割愛されるなど、結局のところ「臨終来迎」が往生に関する必須の要素として語られることはなかったといえる。

一方で、道綽『安楽集』では、曇鸞と同様に「十念」に焦点を当て、「十念」を往生に必須の要素として語る箇所がある一方、「臨終来迎」が往生の為に重要な概念として考えられるようになっていた。『安楽集』においてこの「十念」と「臨終来迎」という二つの概念は、決して矛盾するものではなく、阿弥陀仏国土への往生に関わる重要な要素として考えられていたのであろう。

ところで、曇鸞と道綽に見られるこのような相違の背景は、いったいどのようなものであったのであろうか。本稿の最後に、すこしばかり、この問題についての私見を提示しておきたい。この曇鸞と道綽の間の「臨終来迎」についての説示の相違の背景としては、次の三つの側面から理由を考えることができると思われる。

第一に、曇鸞と道綽の間にある「臨終来迎」についての思想的な差異である。曇鸞においてその思想的に重要なタームである「他力」「信仏因縁」「願生浄土」が、道綽『安楽集』では「臨終来迎」に関連する箇所において用いられていることを見ることができた。これは、曇鸞と道綽において「他力」の概念の意味する内容が完全に同じものとして用いられていないのではないかという疑問を提示するものでもあろう。すなわち、曇鸞の提示する「他力」の仏道を道綽は具体的には「来迎」によって救済され、往生していくものと理解し展開していったと見ることができるのではないだろうか。この点については、「他力」の内容、あるいは両者の提示する浄土願生、往生の体系を総合的に検討し、比較した上で改めて考える必要があるだろう。

第二に、曇鸞と道綽の生きた時代的な問題、つまり、曇鸞・道綽の両師が活躍したそれぞれの時期における浄土教的観念において、「来迎」がもつ思想的意味に差異があったのではないかと思われる。この見解については、より詳細な検討を行なった上で述べなければならないが、現在の段階での「推測」を提示することが許されるならば、この見解に対して次のような論拠を挙げることができる。

曇鸞に先行する浄土教者として、盧山の慧遠が挙げられる。慧遠の浄土教思想は『般舟三昧経』に基づいていることが知られており、必ずしも曇鸞・道綽と並べて言及することは適当ではないかもしれない。しかし、浄土教者といわれる慧遠が、同志百二十三名と願生した記事やその著述を確認しても「来迎」に関する記事、言及を確認することができない。

また、曇鸞の生存年代と同時代に成立している慧皎『高僧伝』には、何人かの阿弥陀仏信仰者と、西方往生を遂げた高僧の伝が収録されている。その中には、臨終の奇瑞や、見仏についての逸話が挙げられている人師が何人かいるが、注意深くそれらの記述を見ていくと、必ずしも一定の形式をとっておらず、種々の臨終の様相、奇瑞が示されている。「来迎」という概念を常識的に有している今日の我々がその文献を読み、「臨終に仏を見、往生を遂げた」という記述を見れば、それを「来迎」と理解しがちであるが、曇鸞も、『高僧伝』も、それを「来迎」とは表現していないのである。[20] すなわち、形式からも、表現からも、我々が観念する「来迎」の形からは少しへだたったものであったことに気付かされるのである。

これを踏まえ、改めて先に見た『略論安楽浄土義』における臨終の記載を振り返ってみると、曇鸞は、ただ経説に忠実に、無量寿仏が臨終を迎えた人の前に現れる（現前・化現・夢で見える）としか表現してはいないことに気づかされる。つまり、『略論安楽浄土義』に引用された『無量寿経』の三輩段の内容も、曇鸞においては、我々がイメージするような来迎の観念をもって解釈していなかったのではないかとも考えられるのである。

一方、道綽とその同時代の人師たちの著述には、臨終における仏との邂逅を、積極的に「来迎」と表現していく傾向を見て取ることができる。道綽の活動時期とほぼ同時期に成立した道宣の『続高僧伝』には、同様に臨終の奇瑞として現れる雲や、かぐわしい香り、あるいは仏の出現などを「来迎」あるいは「迎」と表現している。また、迦才『浄土論』をはじめとする道綽以降に成立してくる後世の文献には、積極的に「来迎」を語り、他者へ阿弥陀仏浄土信仰を勧進していく主張を見ることができる。

この両者の時代における「臨終の見仏」についての表現の相違は、「来迎」観念に対する時代的な関心の相違が、背景にあった可能性を推測させる。つまり、曇鸞と道綽の「臨終来迎」について、当時の臨終の見仏についての見解―それを積極的に「来迎」と捉えるか否か―の相違が両者の説示の相違として表れていると考えられるのである。

第三の理由として、第二の理由とも関連するのであるが道綽が「臨終来迎」を語ることの意味は、『安楽集』撰述の目的に通じる意義があったのではないかと考えられることを挙げておきたい。

すなわち、道綽自身『安楽集』の撰述意図として、

此安楽集一部之内、総有十二大門。皆引経論証明、勧信求往(21)

と、冒頭に述べるように、『安楽集』の目的は「勧信求往」にあるとされる。他者を阿弥陀仏とその浄土への信仰へ導いていくということこそ、その撰述目的であるとされる。

道綽より少し後に活動したとされる迦才『浄土論』にも臨終の来迎が積極的に語られている。その迦才『浄土論』下巻の「第六引現得往生人相貌」には、道俗二十人の往生者の伝を示し、その臨終の様子が語られている。そして、その往生伝を説示する意図について、迦才は問答によって次のように述べている。

問曰。上引経論二教、証往生事。実為良験。但衆生智浅、不達聖旨。未若引現得往生人相貌、勧進其心。今即日取信、欣其聞進也。

答曰。其得往生人、依経論、咸得光台異相者、其数無量。今略引四五、示諸学人。令見取信也[22]。

「往生人の相貌」つまり、臨終のあり様を説示することが、その心を勧進し、人に即日に信を取らせることになるというのである。そして、その臨終の姿について、「依経論、咸得光台異相者、其数無量」というように、ほぼすべての伝において浄土を願生し、念仏をはじめとする行業を修し、臨終における仏あるいは菩薩の来迎にあずかり、往生を遂げる道俗の様子が示されている。すなわち、往生伝記を示し、臨終の来迎について教示することは、人に信を生ぜしめ、浄土を願わせる契機となるという考えがあったことが窺われる。これと同様の態度は、道綽『安楽集』にも見ることができる。

たとえば、『安楽集』下巻第四大門において、浄土を願った大徳として、先師六師を挙げた上で、

問曰。既云歎帰浄土乃是要門者。未知。此等諸徳、臨終時皆有霊験已不[23]。

と、その臨終の奇瑞の有無を問い、曇鸞が来迎によって往生を遂げたことを述べた上で「餘之大徳、臨命終時、皆有徴祥。若欲具談往生之相、並不可思議也[24]」と、このような奇瑞は、曇鸞のみに限ったことではないとしている。

このような問答が提起されること自体、臨終の奇瑞の実体験の有無が往生に関わることがらとして関心が向けられ

ていたことの証左となろう。

当時「往生」に関する重要な条件として考えられた「来迎」について、言及しないことは、道綽にとって他者に信を勧め、浄土を願わせるという目的を持つ上において考えられなかったのではないかと思われる。また、それは単に、外的な理由のみではなく、そのような時代に生きていた道綽にとってもまた、「来迎」はごく自然に往生に関する必要な要件として考えられていたのであろうとも考えられる。とするならば、道綽の内面的な問題も含めて検討する必要もあると思われるのである。

以上、曇鸞・道綽に見られる臨終の関心をもって、両者の相違を提示することを試みた。その相違は単に二人の浄土教者の思想的相違のみにとどまらず浄土教における展開を思想史的にあとづけていく視座の可能性も考えられるのだが、どうだろうか、諸先生方のご叱正を乞いたい。

註

(1) 一例を挙げれば、『安楽集』を研究する際の必読の文献とされる山本仏骨『道綽教学の研究』(永田文昌堂、一九五九年)において、『安楽集』の臨終の来迎に関する記述について、ほとんど言及されてはいない。また、内藤知康『安楽集講読』においても、『安楽集』における臨終の来迎について特別な言及をみることはできない。管見の及ぶ限りでは、特に『安楽集』における「臨終来迎」の取り扱いをテーマとした論考も見つけることができなかった。

ただ、牧田諦了『浄土仏教の思想四　道綽』(講談社、一九九五年)には、「さらに道綽は、曇鸞とは異なり、臨終に阿弥陀仏の来迎に依って往生することを他力だと強調する。道綽に至って、臨終来迎がより強調され、他力の発想が発展したと考えられる」(三七二頁)と、わずかに「他力」との関連の中で言及がされてはいる。

(2) この問題については、曇鸞、善導といった道綽の前後に位置づけられる浄土教祖師に対する関心が道綽に対する それよりも大きな事が一因としてあるだろう。
(3) 『大正蔵』四〇、八三四頁上。
(4) 『大正蔵』四〇、八三四頁中。
(5) 『大正蔵』四七、一頁下。
(6) 『大正蔵』四七、三頁下。
(7) 『大正蔵』四七、一〇頁上。
(8) 『大正蔵』四七、一〇頁上〜中。
(9) 『大正蔵』四七、一〇頁下。
(10) 『大正蔵』四七、十一頁上。
(11) 『大正蔵』四七、十一頁中。
(12) 『大正蔵』四七、十二頁中〜下。
(13) 『大正蔵』四七、二一頁上。
(14) 『大正蔵』四〇、八二六頁中。
(15) 『大正蔵』四七、一四頁中。
(16) 『大正蔵』四七、一四頁下。
(17) 『大正蔵』四七、一四頁下。
(18) 『大正蔵』四七、一八頁下。
(19) 『大正蔵』四七、一九頁上。
(20) 望月信亨『中国浄土教理史』には、「初期の浄土信仰」という一説に、「又西晋の末に竺僧顕あり、北地の人で、常に誦経禅観を務となし、東晋元帝太興の末（西紀三二一）江南に遊び、後病に罹って西方を念じ、臨終に仏の来迎を感じた。」（一六頁）と、東晋時代の来迎について言及されているが、『高僧伝』の該当箇所には、見仏ではあるものの、厳密に見れば、「来迎」という説示はない。

また、この問題については、拙稿「『梁高僧伝』に見られる極楽願生者とその臨終」（『印度哲学仏教学』二五号、二〇一〇年）でも検討を行なった。

(21)『大正蔵』四七、四頁上。

(22)『大正蔵』四七、九七頁上。

(23)『大正蔵』四七、一四頁中。

(24)『大正蔵』四七、一四頁下。

『教行信証』「真仏土巻」における『大阿弥陀経』引文の意図

玉木興慈

1. はじめに

親鸞（一一七三～一二六二）の明らかにした仏教は「浄土真宗」といわれる。もっとも、この語を今日用いている宗派名として親鸞が語ることはなく、おおよそ、「浄土の真実の教え」の意として親鸞は語る。[1] 親鸞が主著『顕浄土真実教行証文類』（以下、『教行信証』）において「浄土」を直接語るのは、「真仏土巻」に於いてである。

周知の如く、『教行信証』に限らず親鸞の〈大経〉引文は魏訳『無量寿経』を中心とし、唐訳『如来会』がそれを補うことは、『教行信証』各巻冒頭の御自釈に続く引文に明らかである。最古層の『無量清浄平等覚経』（『平等覚経』）、『仏説阿弥陀三耶三仏薩楼仏檀過度人道経』（『大阿弥陀経』）の引文は前二者に比して極端に少なく、『大阿弥陀経』引文は、「行巻」の一箇所、[2]「信巻」一箇所と、[3]「真仏土巻」の二箇所、[4] 合わせても四箇所に過ぎない。先後の順は問わずに『平等覚経』『大阿弥陀経』が連引されるのは、「行巻」と「真仏土巻」である。本稿では、「真仏土巻」冒頭に説かれる〈大経〉引文、特に『大阿弥陀経』の引用意図について論ずることとする。

筆者はかつて、「親鸞思想における往生と成仏の意義」と題した愚考を発表し、「阿弥陀仏の本願を信知した念仏者は正定聚に住する、この信心の行者・獲信の念仏者が、無量光明土と示される真実浄土の光明を聞見するということ、換言すれば南無阿弥陀仏を聞くということであり、かかる浄土との出会いが信一念であると考えることができる」という浄土理解の一端を表明した。(5) 阿弥陀仏の大悲の光明に照らされて、わが身はどこまでも煩悩成就の凡夫であると知らされつつ、「往生定まる」「仏になることがさだまる」と聞信するということになる。(6)

また「証巻」において、標願に「難思議往生」が掲げられるにもかかわらず、「往生」についての説明がほとんど為されないということは、石田慶和氏も述べるように、(7) 親鸞は往生については、それほど大きな関心はなかったのではないかとさえ考えられる。『一念多念文意』に見られる、正定聚や正定聚に類する語の左訓を見ても、正定聚を往生決定としてよりもむしろ、成仏決定として理解していると読むことが穏当であり、「仏になる」ことが親鸞の眼目であったと言いうるのである。(8)

「真仏土巻」は獲信者自身が臨終後に行き着く（往き生まれる）先としての浄土ではなく、(9) 信一念に出会う南無阿弥陀仏という報仏報土を表し、南無阿弥陀仏が常に煩悩成就の衆生に寄り添っていることを明かし、それを聞見するのが信一念であるということである。

本稿はこれと問題意識を同一にするところであり、註に掲げる「議論」(10) に近い場にいる者として、現在の愚見を披瀝するものである。

2.「真仏土巻」における大経引文

「真仏土巻」の冒頭には、他の五巻に同じく、御自釈が説かれる。(11)

つつしんで真仏土を案ずれば、仏はすなはちこれ不可思議光如来なり、土はまたこれ無量光明土なり。しかればすなはち大悲の誓願に酬報するがゆゑに、真の報仏土といふなり。すでにして願います、すなはち光明・寿命の願これなり。

この御自釈に続いて、『大経』が連引される。すなわち、魏訳『大経』から第十二願・第十三願文、その成就文が引かれた後、『無量寿如来会』『平等覚経』『大阿弥陀経』が引かれる。

御自釈に光明無量・寿命無量の願が「すでにしています」と述べられ、正依『大経』の第十二願・第十三願が、そしてその成就文が引用される。これら御自釈から引文に至る文脈について、すでに大江淳誠氏が、

光明・寿命ともにでておりますけれども、寿命無量の方はごく僅かであって、光明無量の方が非常に長くなっております。……光明無量の方が詳しくでており、それがこの十二光になっている。寿命無量の方はごく簡単にだしているだけで、ただ「寿命長久にして、勝計すべからず」というだけである。そうして「真仏土文類」では、魏訳の正依の十二光を引かれましたあと、異訳の文がでておりますが、それもその光明の方だけを詳しく出しておいでになる。

と述べるが如く、(12)寿命無量に対する記述は、光明無量に関する記述に比して、圧倒的に少なく、(13)光明無量に対する

親鸞の関心の深さに注目することができる。正依『大経』では十二光を、『如来会』では十五光を挙げて、称讃される。[14]

そして、先の御自釈にある「無量光明土」の出拠として『平等覚経』の短い引文がなされ、『大阿弥陀経』の引文が続くのである。諸引文を通じて、阿弥陀仏の光明の諸仏の光明の到底及ぶものでないことが述べられ、阿弥陀仏の光明の功徳が讃嘆されるのである。[15]

3．信知と聞知

親鸞教義においては、『教行信証』「信巻」信一念釈の御自釈に「「聞」といふは、衆生、仏願の生起本末を聞きて疑心あることなし、これを聞といふなり。」とあるように、[16]「聞即信」と言われる。阿弥陀仏の本願を、その如くに聞・信する場面である。本願をその如くに聞信し得ない存在を、親鸞は聞不具足・信不具足と指摘し、御自釈では、「信巻」菩提心釈に「欣求浄刹の道俗、深く信不具足の金言を了知し、永く聞不具足の邪心を離るべきなり」とあり、[17]引文では、「信巻」大信釈の信楽釈に信不具足が、[18]信一念釈に聞不具足が、[19]また「化身土巻」真門釈にはその両方が、[20]『涅槃経』引文として記される。[21]

聞即信を表明する親鸞に於いて、信知と聞知の語は、同義と読んで良さそうなものであるが、この語の使用については、大きな相違があるといわねばならない。

すなわち、親鸞の著作に於いて「信知」の語が多用される。試みに、浄土真宗本願寺派総合研究所の『浄土真宗聖典』オンライン検索によれば、『教行信証』だけでも五回用いられることがわかる。その五回を具に挙げれば、「行巻」「信巻」に引かれる智昇『集諸経礼懺儀』の引文に、「自身はこれ煩悩を具足せる凡夫、善根薄少にして三界に流転して火宅を出でずと信知す。いま弥陀の本弘誓願は、名号を称すること下至十声聞等に及ぶまで、さだめて往生を得しむと信知して・・・」とあり、[22]正信偈直前に「大聖の真言に帰し、大祖の解釈に閲して、仏恩の深遠なるを信知して、「正信念仏偈」を作りていはく」とある。[23]

『教行信証』以外の親鸞の著作には、『浄土文類聚鈔』に二回、[24]「高僧和讃」に二回、[25]「正像末和讃」に一回[26]と、『一念多念文意』に二回用いられている。[27]

七祖聖教に於いても、善導『往生礼讃』、源信『往生要集』、法然『選択集』に二回ずつ見つけることができる。[28]

一方、「聞知」の語は『教行信証』に二回用いられるのみで、他の著作には一度も用いられていない。『教行信証』に記される二回が、「真仏土巻」に引かれる『大阿弥陀経』の文においてである。その他『註釈版』『註釈版（七祖篇）』を通じても、「聞知」の語は、源信『往生要集』に一回あるのみである。[29]

このように、親鸞の述作に於いて、聞知の語は信知の語に比して、特異な述語であるといいうるが、かかる点に関しては、

『大阿弥陀経』における聞の意味を考えるばあい、とくに注意させられることは、「聞知」という語であろう。

と、大田利生氏が既に指摘する所である。[30]

「聞知」の語が、本願成就文が詳説される「信巻」において用いられるのであれば、全く違和感を感じることはないが、「真仏土巻」において用いられる点に、奇異な印象を禁じ得ない。すなわち、岡亮二氏が、

親鸞聖人は阿弥陀仏の浄土を、そのような七宝の樹や池や楼閣による荘厳の場とは見ず、また浄土が西方にあり、弥陀は十劫に成仏したとする、浄土建立の方向性や時間性をも問題にしない。浄土教の常識からすれば、普通は、阿弥陀仏は西方にましまし、その浄土より無限の光を放ちて、我々衆生を摂取したまうと考える。ところが親鸞聖人は、その仏と浄土を、無限の空間と無限の時間の全体を覆って、照らし輝く光そのものと捉えるのである。されば宇宙のどこかに、光を放つ根源があって、そこから我々衆生を摂取する光が来ているのではなくて、その光が無限であるかぎり、宇宙の全体がまさしく、光り輝く阿弥陀仏そのものであり、浄土だと見なければならない。

と述べるように、(31) 従来の浄土は主に『観経』に基づいて、観察の対象となるべき浄土として理解されてきた。しかし、親鸞は、『教行信証』「化身土巻」冒頭の御自釈に、

つつしんで化身土を顕さば、仏は『無量寿仏観経』の説のごとし、真身観の仏これなり。土は『観経』の浄土これなり。

と厳かに断言し、(32) 観察の対象としての浄土を方便化身土と厳しく処置する。「真仏土巻」において説かれる浄土は、観察の対象としての浄土と分判される聞知すべき浄土として理解しうるのである。

思うに、親鸞の浄土理解を論ずる際に、従来の、すなわち親鸞以前の浄土観に引きずられた理解をしてきたきらいはないだろうか。すなわち註(5)拙稿の再掲になるが、山本仏骨氏は、

仏滅後の修道者の間に起こった往生思想は、あくまで転迷開悟の達成を目的として願生したので、その方法に、浄土を善き修行の場所と考えて欣求した聖道門的傾向と、願力摂取の淵源と考えて欣求した浄土門的傾向の相

違はあっても、いずれも往生ということは、此土から彼土へ望めて立った言葉であることには変わりはない。
(傍点引用者)

と記し[33]、林智康氏は、

かって聖浄二門の対立の上に浄土教が置かれていた間は、聖道門のみが成仏の教えであって、浄土門は往生教であるとされ、浄土の行人は成仏の方便手段として浄土願生を念ずる者とされていた。しかし親鸞は、往生の教えは正に往生即成仏であることを示し、浄土門こそ涅槃(仏果)に達することができるものであり、聖道門は浄土門への段階であると、全く二門の位置を転換したのである。(傍点引用者)

と記し[34]、更に信楽峻麿氏は、

浄土教とは、・・・それは基本的には、現世今生において種々なる善根を修め、その功徳に基づいて、来世死後には浄土に転生し、そこにして更に自利利他の善根を積習して、やがて仏果菩提を開覚してゆくという道であった。このような浄土教における行道の基本的構造は、インド、中国、日本にわたる浄土教理の展開史においても、ほぼ一貫して変容することはなかった。その点、浄土教における証果、救済というものは、主として来世死後における利益として語られてきたわけである。しかしながら、そのような浄土教における救済についての伝統的な理解が、親鸞において新しく解釈され、大きな変化を見たことは、充分に注目されるべきことである。

すなわち、親鸞は、浄土教の伝統において、長く来世死後における浄土往生の益として語られてきた正定聚、不退転位に入ることを、現世今生における信心の勝益として領解したのである。(傍点引用者)

と記すように[35]、聖道門・浄土門の枠組みにおける浄土門とは、現世で成仏することのかなわない行者にとって、修行の場としての浄土に往生するという理解であった。周知の通り、親鸞の仏教においては、浄土は修行の場ではない。つまり、浄土往生した後に、更に浄土において善行を修して成仏するというごとき、浄土往生と成仏との間に時間的経緯を見るのではなく、浄土往生即成仏が親鸞の仏教である。にもかかわらず、従来の浄土教の理解を踏襲したまま、親鸞の浄土観を理解しようとしているのではないだろうか。

4・『大阿弥陀経』の引用意図

前にみた「聞知」の語に関連して、『大阿弥陀経』には注目すべき文言がある。

阿弥陀仏の光明と名とは、八方上下、無窮無極無央数の諸仏の国に聞かしめたまふ。

この文を含み、『大阿弥陀経』の引文に関して、江戸期の講録ではどのような評価が為されているであろうか。主なものの関連箇所のみ抜粋して記すと以下の通りである。

・玄智『顕浄土真実教行証文類光融録巻二十八[36]』

光明名は、現点に依る。謂く光明と名号なり。次下に云く、阿弥陀仏の声を聞き、光明を称誉す。或いは、可。光明の名。或いは、可、光明即名。大本に聞其光明と云ふが故に、応に随い、解すべし。

・柔遠（一七四二〜一七九八）『顕浄土真実行文類頂戴録五[37]』

光明名聞とは、正しく光明名号不二不離の義を顕す。

・足利義山（一八二四～一九一〇）『教行信証摘解巻六[38]』

光明名とは謂く、名体不二の名号なり。上来は見光に就いて益を明し、今は聞名に就いて益を明す、是れ不二を顕すに由る。……見光は則ち難なれば聞名を要と為すことを示す也。

・興隆『顕浄土真実教行証文類徴決巻十四[39]』

弥陀諸仏光明優劣を挙げ、比挍顕勝す。その説精詳。……阿弥陀仏光明名等は、光明名若し文相に約せば、光明の名。文意に約せば、光明と名号。祖読文意に依る。光明一具の法故に並べ挙ぐ。聞知者下は、不虚作住持義を顕す。善く魏訳略文を助く。

・石泉『教行信証文類随聞記巻三十六[40]』

これは援引長し。今文の起尽を分けては、大分三なり。一は光徳を明かす。二は類を引きて名声遠を明かす。三は益を挙げて信行を勧す。……この文甚だ読め難し。

・鳳嶺（一七四七～一八一六）『広文類聞書巻八[41]』

阿弥陀仏光等、この御点の意なれば、光明と名号とのことにしたまふ。阿弥陀仏の光明の威神功徳を聞けば、名号を聞かぬものはあるまい。何者の光明やら知らずにきくではない。仏言不独等ここは大経にもあり、大経では名号を聞くことを略してあり。名をきくことは知れてあり。大阿弥陀経では文に説いてあり。

・芳英（一七六四～一八二八）『教行信証集成記巻四十七[42]』

既に覚経を引く。今大阿弥陀を引く。光明成就を助顕す。……中に於いて出没少異せり。しかし、今、魏訳に准ず。……けだし是れ聞名聞光共に聞信を以て詮要とす。

・善譲（一八〇六～一八六六）『顕浄土教行証文類敬信記巻十四』[43]
是は呉の支謙の訳にして、上巻にある文なり。而して此呉訳の文には、甚だよみ難き処あれば、仰信してさしおくより外なし。此の引文甚だ長し。
阿弥陀仏光明名等とは、光明と名とは、相違釈の点を施し給へり。これ僅かなることなれども、・・・能く光号不二不離の義を顕す。由りて光明を聞くと云ひ、光明を誉ると云ふが、皆名号を聞き、名号を讃することにして、これ実に光明名号摂化十方の相なり。

石泉や善譲が「この文甚だ読め難し」「甚だよみ難き」と評する『大阿弥陀経』であるが、前にみた聞知の語に関連して、『大阿弥陀経』引文のなか、傍点部分、すなわち、「阿弥陀仏の光明と名」に注目すべきであると筆者は考える。これは講録に於いても着目留意される所であることがわかる。
親鸞の真筆を確認すれば[44]、「名」の語に「ミナ」の右訓が付せられていることがわかる。[45]
かかる点については、すでに、大田氏が前掲書に於いて指摘する所であり[46]、
聞名に関しては、それを契機因縁として、菩薩道を実践していくというばあいと、聞名それ自体に生因を認めていくばあいとに、大きな理解の開きがみられるのである。
光明の徳と名号の徳は一つであると考えて一個所に並説されているとみるべきであろう。それはまた、光明と名号の内面的関係を示す深い思想と見なすこともできるのである。さすれば、〈初期無量寿経〉の段階から、光明と名号の関係が一つであると考えられていたことが、明らかである。
また最近では、壬生泰紀氏の論考がある。[47]

本経典（『大阿弥陀経』：筆者註）において阿弥陀仏の名号は、諸仏国土に自身のことを知らしめ、各国土の仏にかの仏の特質や国土のすばらしさを大衆に説かせしめるための媒介として描かれている。……『大阿弥陀経』では、阿弥陀仏の名号には、単にかの仏の「名前」を意味するだけでなく、その「名声」をも含意しているといえる。

大田利生編『無量寿経：漢訳五本梵本蔵訳対照』によれば[48]、本節冒頭に掲げた「阿弥陀仏の光明と名とは、八方上下、無窮無極無央数の諸仏の国に聞かしめたまふ。」に該当する〈無量寿経〉の中、「光明」と「名」の語が見えるのは、『大阿弥陀経』と『平等覚経』の初期無量寿経のみで、魏訳・唐訳には見られないものである。

すなわち、『教行信証』「真仏土巻」における『大阿弥陀経』引文に於いて、特筆すべき語を挙げるならば、「聞知」「光明名」の語であろう。さすれば、「聞知」「光明名」の語を通じて親鸞が語る「真仏土」について、われわれは、「光明を聞く」「名（号）を聞く」という点にこそ、意を注ぎ、明らかにせねばならないのではないかと考える。『平等覚経』にある「無量光明土」、『大阿弥陀経』にある「聞知」「光明名」の語こそが、「真仏土巻」冒頭の御自釈に続く一連の〈大経〉引文のキーワードなのである。

五・おわりに

註（6）にある『末灯鈔』第一二通の「この身は、いまは、としきはまりて候へば、さだめてさきだちて往生し候はんずれば、浄土にてかならずかならずまちまゐらせ候ふべし」という文言と、『教行信証』「真仏土巻」に引か

れる『大阿弥陀経』の文言については、明らかに浄土に関する表現内容は異なると言わねばならない。しかし、ともに親鸞の言葉であり、いずれかに偏重させなければならないわけではない。

南無阿弥陀仏の名号について、『教行信証』「行巻」と『尊号真像銘文』にそれぞれ六字釈が述べられるが、その説示内容は決して同一ではない。「行巻」には、(49)「帰命は本願招喚の勅命なり。」とあり、弥陀が衆生を喚ぶ勅命と解されている。一方『尊号真像銘文』には、(50)「帰命はすなはち釈迦・弥陀の二尊の勅命にしたがひて召しにかなふと申すことばなり」とあり、弥陀釈迦の勅命にしたがう衆生の信と解されており、明らかに「南無」に両義を見ているのである。(51)衆生の信は、勅命にしたがう心であるから、勅命に先立つことはあり得ない。この意味において、衆生の信は名号・勅命の活動相であることに異を唱えるものではないが、南無を両義・両様に明示される親鸞の表現を尊重すれば、「帰命」の語に関する「行巻」の理解と、『尊号真像銘文』の理解は完全に一致するものではない。

浄土に関する親鸞の説示も、「真仏土巻」と御消息を完全に一致させなければならない道理はない。死後に会える浄土も親鸞の語る浄土であり、信の一念に出遇える「無量光明土」の「南無阿弥陀仏」もまた親鸞の語る浄土なのである。

最後に、阿弥陀仏の光明無量と寿命無量については註（12）にも記したが、時間的無限と空間的無限のうち、空間的無限に重点が置かれるということは、過去の己れや未来の己れを不安視するのではなく、今の自分の罪悪の姿に恐れおののく親鸞自身が、今の救いを語っている傍証ともいえるのではないだろうか。現生に生ある限り、煩悩から逃れることのできない罪悪深重のこの身を嘆きつつ、煩悩熾盛のこの身を救わずにはおられない阿弥陀仏の大悲に出遇うことが、現生正定聚を語る親鸞思想の真骨頂である。阿弥陀仏との出遇いの場が『教行信証』執筆の親鸞のいる場であるならば、『教行信証』が阿弥陀仏との出遇いを示しており、それは、南無阿弥陀仏という名号との出遇いにほかならない。この一点を記し本稿を閉じる。(52)

註

（1）矢田了章『『教行信証』入門』大法輪閣、二〇〇八年、八七頁。末木文美士『親鸞』ミネルヴァ書房、二〇一六年、一二二頁。細かには、①『仏説無量寿経』（大経）を意味するもの、②往生浄土の教法を意味するもの、③阿弥陀仏の本願を意味するもの、④七祖（七高僧）或いは善導及び法然によって開かれた教法を意味するものなどに分類されうる。

（2）「行巻」『真聖全II』六頁、『註釈版』一四三頁、『浄土真宗聖典全書II』一六頁。

（3）『真聖全II』七四頁、『註釈版』二五五頁、『浄土真宗聖典全書II』九七頁。

（4）『真聖全II』一二二頁、『註釈版』三四〇頁、『浄土真宗聖典全書II』一五七頁。『真聖全II』一四一頁、『註釈版』三七二頁、『浄土真宗聖典全書II』一七九頁。

（5）『中西智海先生喜寿記念文書　人間・歴史・仏教の研究』永田文昌堂、二〇一一年、三二七～三四六頁

（6）このような理解は、従来の大方の浄土理解に異するものであろう。星野元豊氏の『講解教行信証』（法蔵館、一九八三年、一三七〇頁）に見られるように、「証巻」と「真仏土巻」は、信一念に正定聚に住した信心の行者が命終後、浄土に往生し、浄土で成仏する、換言すれば、命終に臨んだ者が往き生まれる行き先として、浄土が捉えられてきた。親鸞の言葉にその理解を表す文言を求めれば、『末灯鈔』第一二通の「この身は、いまは、としきはまりて候へば、さだめてさきだちて往生し候はんずれば、浄土にてかならずかならずまちまゐらせ候ふべし」（『真聖全II』六七三頁、『註釈版』七八五頁、『浄土真宗聖典全書II』七九五頁（『御消息集』第一六通））の文がそれにあたる。

（7）石田慶和氏は、『教行信証の思想』（法蔵館、二〇〇五年）において、「浄土往生ということには、それほど大きな関心はなかったのではないかと思われる」（二六八頁）と記す。

（8）「正定聚の位」の左訓は「おうじょうすべきみとさだまるなり」であるが、「等正覚」の左訓「まことのほとけになるべきみとなれるなり」、「正定の聚」の左訓「かならずほとけになるべきみとなれるとなり」、「不退転」の左訓「ほとけになるまでといふ」、「等正覚」の左訓「ほとけになるべきみとさだまれるをいふなり」、「阿毘跋致」の左訓「ほとけになるべきみとなるとなり」とある。『真聖全Ⅱ』六〇五頁、『註釈版』六七九頁、『浄土真宗聖典全書Ⅱ』六六三頁。『親鸞聖人真蹟集成』第四巻、三〇五〜三一三頁、『定本親鸞聖人全集』第三巻一二八〜一三〇頁。

（9）小川一乗氏は、『『顕浄土真仏土文類』解釈』（東本願寺、二〇〇三年、一五四頁）において、次のように述べる。

「死すべき身」を現に生きている者にとって真仏土とは何かが明らかにされていなければならないのである。もし無常世間の延長線上に浄土を願生する、そのような死後の世界として真仏土を願生するのであれば、それは人間の我執によって作り出された世界となる。

（10）「また出会える世界」という言葉を、よく耳にします。それこそが親鸞聖人の「浄土」観の第一義であるかのように。確かに「愛別離苦」の悲しみを抱える人達にとって「また出会える世界」は、その苦しみを癒すための未来の理想郷ともいえましょう。けれども親鸞聖人は、そのような私達の現実の苦悩や欲求を都合よく満足させていく世界こそが「浄土」であると説示されたのでしょうか？

ある事故で婚約者を亡くされた方が、あまりの現実の苦悩・悲しみに苛まれ、その後「あなたに会いたい、会うには私が行くしかない」という遺書を残し「また出会える世界」に旅立たれました。その方の辛かったであろう「愛別離苦」の現実、そして、その解決を来世での再会に求めようとした遺書の文言を目の当たりにした時、私は「また出会える世界」こそが親鸞聖人の浄土観であると主張する声に「戸惑い」と「虚しさ」を感じました。はたして「また出会える世界」を来世に願求すること、それのみが念仏者の「真実の証」という目的であり御信心の喜び・法味なのでしょうか？

もし仮に来世の「出会える世界」が実在するならば、私達は、どんな姿で復活し愛する人々と再会するのでしょう？若き日の姿？臨終時の姿？白骨の姿⁉ 魂での再会⁉同様に「怨憎会苦」の対象となる嫌な人々とも否応なく再会ですか⁉迷いの「輪廻の生まれ変わり」との違いは？どうやら私には様々な疑問と矛盾の〝？〟が浮かんできます。こんな〝？〟を想う私は不信心者か異安心か？はたして曖昧なままに都合良く自己完結することが「信心の智慧」なのでしょうか？

親鸞聖人は「如来浄土」について「真仏土」（無量光明土・不可思議光如来）と「方便化身土」（方便・手だて、としての来世の実体的浄土観＝「また出会える世界」）とを厳しく分判されます。「真仮(化)を知らざるによりて如来広大の恩徳を迷失す。これによりて、いま真仏・真土を顕す。これすなはち真宗の正意なり」と。今こそ、その御自釈の真意を聞信すべき時だと私は思います。

これは、渡辺了生氏の『親鸞の弥陀身土論—阿弥陀如来・浄土とは—』（真宗興正派宗務所教務部、二〇一三年）に記される氏自身のエッセイの全文である。初出は、築地本願寺が発行している『築地新報』（二〇〇九年九月）のコラム欄「法味春秋」においてである。氏も述べるように、このエッセイが公にされると、このエッセイが問題にされたそうである。エッセイに出る「女性」の死に対する配慮の度合いに個人差はあるやも知れないが、問題にされたのはこれ以外の箇所、つまり、浄土の理解を巡ってであろう。

一方、このエッセイの発表直後に、『今、浄土を考える』（勧学寮編、本願寺出版社、二〇一〇年。二〇一一年第三刷）が出版されている。その奥書を参照に、当時の肩書きと共にメンバーを陳列すれば、内藤知康（勧学、龍谷大学教授）、深川宣暢（司教、龍谷大学教授）、相馬一意（司教、龍谷大学教授）、森田眞円（司教、京都女子大学教授）、普賢保之（司教、京都女子大学教授）、安藤光慈（司教、元浄土真宗聖典編纂委員会編纂副主監）、道元徹心（輔教、龍谷大学准教授）、玉木興慈（龍谷大学准教授）、福井智行（輔教、宗学院研究員）となる。筆者も名を連ねている本書に述べられる文章を以下に数カ所、紹介する。

・本書は親鸞聖人が「無量光明土」と仰がれた浄土を考えるものですが、そのことを通して問われていくのは私たち自身のありように他なりません。（「まえがきにかえて」一一頁）

・如来のさとりの世界がその真実を離れることなく私にはたらいておられるということを表されているのであって、二種の別々の法身があるわけではありません。その全体をもって、私を救いとろうという如来のさとりのはたらきをあらわしておられるのです。

それではどうしてこの二種法身の解釈が、浄土のありようとして示されているのでしょうか。それはもとより浄土とは仏を離れて存在するわけではないからです。むしろ浄土とは、仏がそのさとりのはたらきとして人々を救いとる、その具体的な世界として存在しているのです。そしてその世界のどこを押さえてみても、それはさとりそのものを本質としている世界なのです。そのさとりそのものと浄土という具体的な相を有する世界の関係は、まさに法性法身と方便法身の関係に他ならないということを曇鸞大師は示しておられるのでした。浄土はまさに、私たちを救いとり摂め取る世界として存在しているのです。

仏も、仏のさとりも、そのさとりの世界も私を離れて存在しているわけではないのです。（一五〇・一五一頁）

・さて、親鸞聖人は『教行信証』の「真仏土文類」に、「つつしんで真仏土を案ずれば、仏はすなはちこれ不可思議光如来なり、土はまたこれ無量光明土なり」（『註釈版聖典』三三七頁）と示されます。浄土を「無量光明土」と示されるのは、『大経』の異訳である『平等覚経』によられた言葉です。「無量の光明」とあっても、キラキラと金色に輝く世界をイメージされているのかというとそうではありません。

もとより「光明」をもって讃嘆される場合には、さとりのはたらきについて讃嘆されているのです。「真仏土文類」には光明無量の願（第十二願）の成就文を引かれていて、そこには「無量寿仏をば無量光仏・無辺光仏・無礙光仏・無対光仏・炎王光仏・清浄光仏・歓喜光仏・智慧光仏・不断光仏・難思光仏・無称光仏・超日月光仏と号す」（『註釈版聖典』三三八頁）とあります。これは阿弥陀仏の光明無量について十二の徳を讃えていわれているのですが、その徳とは衆生を摂め取り救い取るはたらきです。つまり今この世界で生きている私に対してこのようにはたらいておられるということです。そして身土不二ということを考えれば、親鸞聖人が阿弥陀仏の浄土を「無量光明土」とあらわされているのは、浄土もまた死後の世界とか遠く離れた無関係な世界ではなく、今現在、私に対してはたらいている世界であるということを示しておられるのです。（一六八・一六九頁）

・思えば諸師方や先哲方の著述や議論をもとに浄土について考えてまいりましたが、それによって明らかになったのは、理屈ではありません。ただ如来が私にかけられた願いがあり、その願いが今私にはたらきつづけているという事実があるだけです。……そのことを今知ることができた、それは仏の本願が私にはたらかれているということにほかなりません。（一七五頁）

・幼子は親が何かしてくれるから救われるのではありません。親のいることを知ったその時が幼子にとっての救いなのです。最後の依り処、畢竟依として私を包み込む世界があります。それを知った今、そこにはただ救われてい

く私がいます。（一七六頁）

いずれも、氏のエッセイに異する内容・文章とは、筆者には感じ取れず、如何なる点が問題視された点であるのか筆者には全く不明であり、同時に困惑するものでもある。氏は「「倶会一処」の浄土観と親鸞の弥陀身土思想」（『真宗学』第九九・一〇〇合併号、一九九九年。『日本浄土教と親鸞教学』として永田文昌堂より刊行）を発表して以降、一貫して論ずるところである。氏は同著に於いて再三、「学者であるならば論文で公に反論・議論すべきだと思う」と訴願するが、公には『中外日報』二〇〇九年一一月に関連記事が掲載されたのみである。

(11)『真聖全Ⅱ』一二〇頁、『註釈版』三三七頁、『浄土真宗聖典全書Ⅱ』一五五頁。

(12)『大江淳誠和上教行信証講義録　下巻』永田文昌堂、一九八四年、七九二頁。その他、霊山勝海氏は、「「真仏土文類」解説」（『『顯浄土眞實教行證文類』解説論集』、浄土真宗本願寺派総合研究所篇、二〇一二年、四二四頁）において、「光明無量と寿命無量は、かなり異なった扱いになっている。……引文においても、寿命無量に比べて光明無量についての説示が明らかに多い。……光寿二無量の内、光明が重視されていたが、それは、阿弥陀仏の救済活動の動的な面を、より多く示そうとされたからである」などと記す。

(13)藤場俊基氏は、「光明無量は言葉を尽くして讃嘆しているけれども、寿命無量についてはどこか冷淡と言ってもいいような扱いになっている」と述べられ、氏の友人からの指摘として、「真仏土巻」『涅槃経』引文で展開しているのではないかとの見解も注記される。『親鸞の教行信証を読み説くⅢ』明石書店、一九九九年初版、二〇〇五年（第三版）、一五六頁。その他、以下でも言及されている。大江淳誠『教行信証体系』永田文昌堂、一九五〇年、一四五頁。信楽峻麿『教行証文類講義第七巻　証巻・真仏土巻』法蔵館、二〇〇四年、二七四頁。

(14)興隆（一七五九～一八四二）の『顕浄土真実教行証文類徴決巻十四』（『真宗全書』二三、二八五頁）には、唐訳十五光・魏訳十二光・宋訳十三光の対照表がある。玄智（一七三四～一七九四）の『顕浄土真実教行証文類光融録巻二十八』（『真宗全書』二五、二五六頁）や、石泉（一七六二～一八二六）の『教行信証文類随聞記巻三十六』（『真宗全書』二八、二七九頁）にも同様の対照表がある。

(15)石泉は、平等覚経引文について、「魏訳の経文よりして唐訳如来会まで、何れも仏身の方を説くなり。今この文は、無量光明土と云ふ名が出てて、その身土と云ふ身所依の土の噂なり。仏身のみ光無量ならず、土亦爾りと示すなり」（『教行信証文類随聞記巻三十六』『真宗全書』二八、二七九頁）と記す。他の講録も大同小異であり、ここでは略する。

(16)『真聖全Ⅱ』七二頁、『註釈版』二五一頁、『浄土真宗聖典全書Ⅱ』九四頁。

(17)『真聖全Ⅱ』六九頁、『註釈版』二四六頁、『浄土真宗聖典全書Ⅱ』九一頁。

(18)『真聖全Ⅱ』六三頁、『註釈版』二三七頁、『浄土真宗聖典全書Ⅱ』八五頁。

(19)『真聖全Ⅱ』七一頁、『註釈版』二五〇頁、『浄土真宗聖典全書Ⅱ』九四頁。

(20)『真聖全Ⅱ』一六二頁、『註釈版』四〇七頁、『浄土真宗聖典全書Ⅱ』二〇六頁。星野元豊『講解教行信証』（法蔵館、一九九五年、一九〇〇頁）の指摘の通り、『涅槃経』原文と比較すると、文の前後移動があり、「親鸞の文」となっている。

(21) 拙論「往生一定と往生不定」（『真宗学』第一二九・一三〇合併号、二〇一四年）を参照されたい。

(22)『真聖全Ⅱ』三四頁、『註釈版』一八八頁、『浄土真宗聖典全書Ⅱ』五〇頁。『真聖全Ⅱ』五八頁、『註釈版』二三八頁、『浄土真宗聖典全書Ⅱ』七八頁。

(23)『真聖全Ⅱ』四三頁、『註釈版』二〇二頁、『浄土真宗聖典全書Ⅱ』六〇頁。

(24)「仏恩の深重なることを信知して」『真聖全Ⅱ』四四七頁、『註釈版』四八五頁、『浄土真宗聖典全書Ⅱ』二六七頁。

「信知するに日月の光益に超えたり」『真聖全Ⅱ』四四八頁、『註釈版』四八六頁、『浄土真宗聖典全書Ⅱ』二六八頁。

(25)「逆悪摂すと信知して　煩悩・菩提体無二と」『真聖全Ⅱ』五〇五頁、『註釈版』五八四頁、『浄土真宗聖典全書Ⅱ』四二〇頁。

「煩悩具足と信知して　本願力に乗ずれば」『真聖全Ⅱ』五〇九頁、『註釈版』五九一頁、『浄土真宗聖典全書Ⅱ』四四一頁。

(26)「義なきを義とすと信知せり」『真聖全Ⅱ』五二二頁、『註釈版』六〇九頁、『浄土真宗聖典全書Ⅱ』四九六頁。

(27)「今信知　弥陀本弘誓願　及称名号」といふは、如来のちかひを信知すと申すこころなり。」『真聖全Ⅱ』六一九

頁、『註釈版』六九三頁、『浄土真宗聖典全書Ⅱ』六七七頁。

(28)『往生礼讃』に、「自身はこれ煩悩を具足する凡夫、善根薄少にして三界に流転して火宅を出でずと信知し、いま弥陀の本弘誓願は、名号を称すること下十声・一声等に至るに及ぶまで、さだめて往生を得と信知して、すなはち一念に至るまで疑心あることなし。」(『真聖全Ⅰ』六四九頁、『七祖篇(註釈版)』六五四頁、『浄土真宗聖典全書Ⅰ』九一二頁)とある。この文が、『往生要集』(『真聖全Ⅰ』八一六頁、『七祖篇(註釈版)』九七〇頁、『浄土真宗聖典全書Ⅰ』一一一六頁)、及び『選択集』(『真聖全Ⅰ』九六六頁、『七祖篇(註釈版)』一二四七頁、『浄土真宗聖典全書Ⅰ』一二九七頁)に引文される。

(29)「仏道を求めて一偈を讃じ、一たび〈南無仏〉と称し、一捻の香を焼きて、かならず仏に作ることを得るがごときなり。いかにいはんや、聞知せんをや」『真聖全Ⅰ』八一三頁、『七祖篇(註釈版)』九六五頁、『浄土真宗聖典全書Ⅰ』一一一三頁。

(30)『無量寿経の研究:思想とその展開』永田文昌堂、一九九〇年、二八六頁。大田氏はさらに、信知・見知の語もみられることを関連して注意される。この大田氏の所論は、〈無量寿経〉における聞名思想について論じられるものであるが、親鸞が『大阿弥陀経』を引用する意図を探る際の、貴重な論証となりうると考える。

(31)『親鸞の念仏』法蔵館、二〇〇五年、一七九頁。

(32)『真聖全Ⅱ』一四三頁、『註釈版』三七五頁、『浄土真宗聖典全書Ⅱ』一八三頁。

(33)「親鸞聖人の往生思想」『真宗学』第四一・四二合併号、一九七〇年。

(34)「真宗における往生義」『真宗学』第五六号、一九七七年。

(35)「親鸞における現世往生の思想」『龍谷大学論集』第四三〇号、一九八七年。

(36)『真宗全書』二五、二五八頁。

(37)『真宗叢書』七、八九頁。

(38)『真宗叢書』九、四六頁。

(39)『真宗全書』二三、二八六頁。

(40)『真宗全書』二八、二七九頁辺り。

(41)『真宗大系』第十六巻、三二八頁。
(42)『真宗全書』三三、一三七頁から。
(43)『真宗全書』三一、三五三頁。
(44)『親鸞聖人真蹟集成第二巻』、法蔵館、一九七三年、四〇七頁。
(45)『定本　親鸞聖人全集　第一巻』法蔵館、二〇〇八年、二三二頁。信楽峻麿『教行証文類講義第七巻　証巻・真仏土巻』法蔵館、二〇〇四年、三一二頁。
(46)『無量寿経の研究：思想とその展開』二五二頁、二七四頁。
(47)「阿弥陀仏の光明と名号」『龍谷教学』第五十号、二〇一五年。
(48)永田文昌堂、二〇〇五年、一一二頁。また、香川孝雄『無量寿経の諸本対照研究』（永田文昌堂、一九八四年、一七七頁）も参照。
(49)『真聖全II』二二頁、『註釈版』一七〇頁、『浄土真宗聖典全書II』三五頁。
(50)『真聖全II』五六七・五八八頁、『註釈版』六五五頁、『浄土真宗聖典全書II』六二五頁。
(51)内藤知康氏は、「行文類の諸問題」（『『顕浄土眞實教行證文類』解説論集』浄土真宗本願寺派総合研究所篇、二〇一二年、一五四頁）において、「行巻」六字釈と『尊号真像銘文』六字釈について次のように論じる。すなわち、この二つの六字釈について、「この釈（『尊号真像銘文』の六字釈：玉木註）においては、・・・衆生の信として釈されている」とした上で、「「行文類」の六字釈では、仏において語られていたものが、ここでは衆生において語られている。これは、最も強力な強制力を持つ勅命である名号は、「我にまかせよ」との喚びかけ通りにしたがわせるものであり、勅命によってしたがわせられているすがたを示されたのが、この釈であるということである。すなわち、衆生の信心とは、名号（本願招喚之勅命）の活動相に他ならないことを明かす釈である」と説く。
(52)「行巻」両重因縁にある「真実信の業識、これすなはち内因とす。光明名の父母、これすなはち外縁とす。内外の因縁和合して報土の真身を得証す。」『真聖全II』三四頁、『註釈版』一八七頁、『浄土真宗聖典全書II』四九頁。内外や、「真仏土巻」の以後の引文に関する考究など、課題は多いが、他日を期したい。

無年紀の「御文章」の製作年代について

能美潤史

はじめに

本願寺第八代宗主の蓮如（一四一五〜一四九九）は、「御文章」を中心とした伝道教化により本願寺の教線を飛躍的に拡大させ、中興の祖と仰がれている。本小論ではまず、この「御文章」中の表現が時間の経過と共に変化している点に着目し、その内容を精査することで、各年代における「御文章」の表現の特徴をまとめたい。そして、とりわけ年紀未詳の「御文章」について、その中にみられる表現を手掛かりとして、おおよその製作年代の推定を行いたいと考えている。もちろんこれまでにも「御文章」の表現の推移について言及している論考はあるが、本小論では特に「たすけたまへ」の語に着目し、この語の周辺表現の変化を中心として考察を進め、年紀未詳の「御文章」における製作年代推定の一助としたい。

一 「御文章」のテキストについて

先に述べたように、本小論では「御文章」中にみられる「たすけたまへ」の語の周辺表現の変化についてみていくわけだが、筆者は過去にも「たすけたまへ」の語の周辺表現の変化に注目した論考を発表したことがある。それではなぜ類似した観点から論考をまとめようとしているのかというと、その理由は「御文章」のテキストを取り巻く状況に大きな変化が生じたという点にある。これについて少しく論じてみると、「御文章」はこれまでに二百六十六通が確認されているが、その内、自筆の「御文章」は計六十三通である。(1)つまり、「御文章」のテキストをみていく場合、蓮如自筆の「御文章」が存在するものについてはその資料性に問題はないが、自筆「御文章」の存しない残りの二百通以上の「御文章」については、そのテキストは資料性の高い写本等に依ってみていかざるを得ない。資料性の高い写本とは、蓮如の右腕として活躍した下間蓮崇の編集にかかる「蓮崇本」、第九代宗主の実如によって編集された実如証判本、蓮如の五番目の室である蓮能尼の手に依った蓮能尼本等である。

しかし、それらの写本等を用いて残りの二百通以上の「御文章」をカバーできるのかといえば、実はそうではなく、カバーしきれないものが数十通存在するのである。そこで、それら自筆本及び資料性の高い写本等で補いきれない「御文章」について、そのテキストを確認するために使用されてきたのが、兵庫県教行寺蔵の写本である通称「名塩本」である。この「名塩本」については『真宗史料集成 二』の解題に「御文の最多収録で、計二四六通を収めている」(2)とあるように、現存する「御文章」の大部分が収録されており、他の写本に比べてもその収録通数は圧倒的であるといえる。ただし、「名塩本」は「御文章」の制作からかなり時代の下がった時期の写本であり、また、誤写や脱文と思われる箇所が非常に多く、そのテキストは必ずしも整ったものとは言いがたい。しかし、その収録通数の多さから、自筆本や他の写本等に収録されていない「御文章」については、この「名塩本」に基づいてそのテキストが読まれてきた。

ところが近年、愛知県本証寺の林松院文庫において大きな発見があった。それは、室町末期書写本である「林松院文庫蔵本」の発見である。そこでこの「林松院文庫蔵本」について、『浄土真宗聖典全書 五』の解題をみてみると、

もとは折本装であったものが、巻子装に改められたものである。各巻の表紙にはそれぞれ収録されている「御文章」の制作年代が記されている。（中略）本書写本は収録通数が二百五十一通という大部のもので、これまで知られていた兵庫県教行寺蔵の名塩本の祖本に当たると目されるものである。名塩本には文字の誤脱が多いことが指摘されているが、本書写本の本文は非常に整ったものとなっている。(3)

（波線は筆者）

とあるように、この「林松院文庫蔵本」は先に述べた「名塩本」の祖本と推定されるものであり、その収録通数は二百五十一通にのぼり、「名塩本」を凌ぐものである。さらに、本文に誤脱の多い「名塩本」とは異なり、本文は整然と書写されている。このように、室町末期書写の善本が発見されたことにより、それまでは自筆本及び有力写本やその他の写本等に収録されていない「御文章」は「名塩本」に基づいてテキストを確認していかざるを得ない状況であったものが、この「林松院文庫蔵本」の発見を契機として、いずれの「御文章」も、高い資料性が認められたものを底本としてテキストを確認できる状況が整ったのである。「御文章」研究の長い歴史の中でも、まさに

画期的な出来事といえる。

さて、この「林松院文庫蔵本」については、まず二〇〇八年に刊行された『真宗史料大系 六』[4]において翻刻されている。そして、二〇一四年に刊行された『浄土真宗聖典全書 五』には、現段階で最も資料性の高いものを底本として「御文章」各通を翻刻した「御文章集成」なるものが収録され、この「御文章集成」には「林松院文庫蔵本」も底本として採用されている。

このように、「御文章」研究には長きにわたり、テキストの問題というものがついて回っていたわけであるが、「林松院文庫蔵本」の発見によりその状況は大きく変化したといえる。「林松院文庫蔵本」が発見され、また、『浄土真宗聖典全書』にそれを含む最新の有力資料に基づいた「御文章集成」が編纂・収録されたことで、過去に自らが「たすけたまへ」の周辺表現に着目して論考を著した時点とは、資料状況に大きな変化が生じている。こうした状況を受け、「たすけたまへ」の周辺表現の変遷について、最新の資料に基づき、そして過去には触れなかったさらに細かな表現の差異にまで言及して「御文章」を考察していくことは時宜に適ったものであると考える。

二　「たすけたまへ」の周辺表現の変遷

近年、『御文章』のテキストをとりまく状況が大きく変化したことは前章で述べた通りである。それでは実際に、そのテキストに基づいて「たすけたまへ」の周辺表現の変遷について考察していきたい。まず、「たすけたまへ」に関する表現の変化として最も大きいものに、この語を否定的に用いるのか、肯定的に用いるのかということがあ

る。すなわち、「御文章」の嚆矢とされる寛正二年に記された「お筆始めの御文」においては、

たとひ名号をとなふるとも、仏たすけたまへとはおもふべからず。(5)

とあるように、「たすけたまへ」ということを「おもふべからず」と、否定的に用いられている。このような「たすけたまへ」の否定的使用は、「文明三年炎天のころ」の「御文章」までみられるものであり、またその際、表現としては「たすけたまへ」だけではなく、「御たすけ候へ」という表現もみられるが、いずれにしても否定的に使用されていることに変わりはない。また、これら「たすけたまへ」や「御たすけ候へ」の語が否定的に用いられる際には、「名号をとなふる」「念仏を申し」というように、称名と組み合わせてこれらの語が用いられるといった特徴がある。このように、寛正二年から「文明三年炎天のころ」までの「御文章」では「たすけたまへ（御たすけ候へ）」の語は否定的に用いられるが、文明三年十二月十八日の「御文章」になると、

たすけましませとおもふこゝろの一念の信まことなれば、かならず如来の御たすけにあづかるものなり(6)

とあるように、「たすけたまへ」と同義の「たすけましませ」という語が肯定的な意で用いられていることが分かる。また、それまで「たすけたまへ」の語は称名との組み合わせで否定されていたわけであるが、ここでは「一念の信」の語との組み合わせで肯定的使用へと転じている。このことから、「たすけたまへ」の語は、「称名との組み合わせで否定される」という否定的使用法から、「信心との組み合わせで肯定される」という肯定的使用法へと変化していることがわかり、また、この時期は「たすけたまへ」「御たすけ候へ」「たすけましませ」といった各表現がそれぞれ用いられ、表現が統一されていないこともわかる。

このように、「たすけたまへ」の語は否定的使用から肯定的使用へという使用法の変遷がまずみられるのである

が、文明五年八月十二日の年紀を持つ「御文章」をみると、

二心なく弥陀をたのみたてまつりて、たすけたまへとおもふこゝろの一念おこるとき、かたじけなくも如来は八万四千の光明をはなちて、その身を摂取したまふなり。(7)

というように、「たすけたまへ」の語が「たのむ」の語と一連の文脈で用いられることで肯定的に使用されていることがわかる。実は、「たすけたまへ」の周辺表現の大きな特徴として、この文明五年八月十二日の「御文章」以降、「たすけたまへ」の語はほぼ必ず「たのむ」の語と組み合わせて用いられるようになるという点が指摘できる。このことは、否定的使用から肯定的使用への変遷という事実と並んで、「たすけたまへ」の周辺表現に関する特徴として見過ごせないものである。

しかし、「たすけたまへ」の語が「たのむ」の語と組み合わせて使用されるようになる契機となった先の「御文章」から数か月後に記された文明第五年十二月八日の「御文章」には、

女人の身は、十方三世の諸仏にもすてられたる身にて候を、阿弥陀如来なればこそかたじけなくもたすけましまし候へ(8)

とあり、ここでは「御文章」において後にも先にも見られない「たすけましまし候へ」という語が用いられ、さらにここでは「信心」も、「たのむ」の語も用いられず、「たすけましまし候へ」の語が単独で肯定的に用いられている。このような使用法は、「御文章」における「たすけたまへ」の用法の全体からすると極めて異例の表現であり、また、文脈が女人往生に関するという点からすると、この時期に蓮如が相次いで妻子を亡くしていることと関連するものであろうかと思われる。すなわち、文明二年には二番目の室であった蓮祐尼、文明三年には五女の妙意と長

女の如慶、文明四年には八女の了忍と次女の見玉が相次いで亡くなっている。このように、近親者との相次ぐ別れを経験した蓮如が文明五年に著したものが先の十二月八日の「御文章」であり、「たすけたまへ」とその周辺の表現をみると、他の「御文章」に比べて異質なものとなっていることが指摘できる。

さて、それ以降は当分の間、「たすけたまへ」の語と「たのむ」の語とが組み合わせて用いられ、肯定的に使用されていく時期が続くこととなる。当初は「たすけたまへ」「御たすけ候へ」「たすけましませ」というように揺れをみせていた表現も、この時期には「たすけたまへ」で統一的に使用されている。そうした中、とりわけ言及しておきたいものに文明十八年正月四日の年紀を持つ「御文章」[9]がある。この「御文章」においても、「たすけたまへ」と「たのむ」とが組み合わせて肯定的に使用されていることに変わりはないのであるが、ここでは「たすけたまへ」の語が「阿弥陀仏たすけたまへ」という表現となっており、実はこの後、「たすけたまへ」の語には「阿弥陀仏」や「弥陀如来」、あるいは「阿弥陀如来」の語が頭に付く場合が多くなっていく。この文明十八年の「御文章」は、そのように「たすけたまへ」の語頭に仏の名が頻繁に付されるようになる最初のものである。ちなみに、「弥陀如来」の語が「たすけたまへ」の頭に付される最初の「御文章」は明応五年後二月廿八日[10]、また、「阿弥陀如来」の語が頭に付される最初は明応五年十一月廿一の「御文章」[11]である。このように、文明十八年正月四日の「御文章」以降、「たすけたまへ」の語の頭に仏名が付く形が取られることが多くなるのだが、ただし注意すべきは、寛正二年の「お筆始めの御文」には既に「仏たすけたまへ」という表現があるということである。つまり、時系列でいうと、「仏たすけたまへ」→「たすけたまへ」→「阿弥陀仏たすけたまへ」というように、最初は「仏」の語を付け、その後はなくなり、後には「阿弥陀仏」等の語を付けるようになるといった経過をたどっている。

その他、「たすけたまへ」に関する表現の変化を時系列でみた際に特筆すべきものとして、明応五年八月七日以降の「御文章」では、すべて「後生」の語が「たすけたまへ」の前に付され、「後生たすけたまへ」となっているということが指摘できる。この「後生たすけたまへ」という形はそれまでの「御文章」にも少数ながら確認できるものの、明応五年八月七日以降の「御文章」ではそれが徹底されるようになるということは見過ごすことができない。またこの「後生たすけたまへ」という表現は、先ほどの「阿弥陀仏」や「弥陀如来」といった語と組み合わせて、「阿弥陀仏後生たすけたまへ」や「弥陀如来後生たすけたまへ」という形で用いられる場合も多い。

さて、ここまで指摘した、「たすけたまへ」に関する表現の特徴を整理しておくと、

◆寛正二年の「御筆始めの御文」から「文明三年炎天のころ」の「御文章」までは、「たすけたまへ（たすけ候へ）」の語が、称名との組み合わせで用いられた上で、否定的に用いられている。

◆文明三年十二月十八日の「御文章」からは、「たすけたまへ（たすけましませ）」の語が、「信（信心）」の語と組み合わせて肯定的に用いられている。

◆文明五年八月十二日の「御文章」からは、「たすけたまへ」の語が「たのむ」の語と組み合わせて用いられることが始まる。また、それまで「たすけたまへ」「たすけ候へ」「たすけましませ」という表現の揺れがあったものが、「たすけたまへ」の形に集約されていく。

※ただし、女人往生に関する「御文章」には「たすけましまし候へ」という特殊表現がある。

◆文明十八年正月四日の「御文章」以降は、「阿弥陀仏」「弥陀如来」「阿弥陀如来」の語が「たすけたまへ」の前

に付される形のものが増加する。

◆明応五年八月七日以降の「御文章」は、すべて「後生」の語が「たすけたまへ」の前に付されるようになる。

以上のように、「たすけたまへ」に関する表現を年代を追いながら確認していくと、そこには年代ごとの特徴があることがわかる。この点を手掛かりとして年紀未詳の「御文章」の製作年代の推定を行うことが本小論の主たる目的であり、次章で実際に試みてみたい。

さて、本章の最後に、一点だけふれておきたいことがある。それは、「御文章」中の「たすけたまへ」という語について、上にまとめたような時代別の表現的特徴が認められる一方で、蓮如の晩年の「御文章」をみると、明応七年九月に著された二通の「御文章」には「後生あやまたずたすけたまへ」という表現と、「後生御たすけ候へ」といった表現がみられる。前者はその他の「御文章」には全くみられない表現であり、後者はこの時期の「御文章」では「たすけたまへ」という形に統一されている中で、唐突に「たすけ候へ」という表現が使用されたものである。また後者は、「たすけ候へ」という、早い時期の「御文章」に頻繁に用いられた表現と、晩年に固定的に使用された「後生」の語とが組み合わせて使用されている点からしても特異であるといえる。「御文章」における「たすけたまへ」の使用法が、上に記したような年代的特徴が認められるにもかかわらず、これら二通の「御文章」にはなぜ唐突にその法則から逸脱するような表現が用いられたのであろうか。以下は筆者の推測の域を出るものではないが、このことには「談合」や「改悔」ということが関連しているのではないかと考える。蓮如は人々が寄り合いの場で自らの信仰を語り合い、仏徳讃嘆をする「談合」、そして、本願寺において参詣者の各自が信仰を告白する「改悔」を推奨した。その「談合」や「改悔」において自らの信仰を口に出す時、そこで出言する内容のベースとなるものこそ「御文章」であったとするならば、人々はまずその「御文章」を暗記することに努めたはずである。金龍静氏は当時の人々が行った改悔出言等の内容について、

談合の場で、それ（御文章）をもとにして、自分なりのバリエーションをつけて讃嘆の練習をし、本山の報恩講において「己の信心の表白」（改悔出言）をおこなう、これが当時の人々の一つの目標であった。[12]

と述べ、談合や改悔において人々が出言した信仰内容とは、「御文章」をもとに各人がバリエーションをつけて考案したものであったと指摘している。蓮如の晩年の「御文章」に突如としてイレギュラーな表現が入り込んできたその要因として、当時人々が改悔出言の際に蓮如の目の前で語ったその信仰告白の中に、「御文章」をもとにして各人がバリエーションをつけて考案した「後生御たすけ候へ」や、「後生あやまたずたすけたまへ」という独自な表現が入っていた可能性はないであろうか。これを耳にした蓮如の中でこれらの表現が一時的に意識されたことで、それが特定の時期に「御文章」に反映されたのではないかと考えるのだが、これは筆者の身勝手な推論であり、これ以上申し述べることはできない。いずれにしても、時代的特徴がある程度はっきりと把握できる「御文章」にあって、先の二つの表現は特異な位置にあるといえる。また、この問題については、別稿にて少し論じたこともあり、そちらも参照されたい。[13]

三　年紀未詳の「御文章」について

それではここで、前章でみてきたような表現の変遷を手がかりに、年紀未詳の「御文章」について、その文章表現からおおよその制作年代を特定することを試みたい。その際、前章に掲げた「御文章」の表現の時代的特徴について、それらを仮にアルファベットで以下のように区分して用いることとする。

A　寛正二年の「御筆はじめの御文」から「文明三年炎天のころ」の「御文章」までは、「たすけたまへ（たすけ候へ）」の語が、称名との組み合わせで用いられた上で、否定的に用いられている。

B　文明三年十二月十八日の「御文章」からは、「たすけたまへ（たすけましませ）」の語が、「信（信心）」の語と組み合わせて肯定的に用いられている。

C　文明五年八月十二日の「御文章」からは、「たすけたまへ」の語が「たのむ」の語と組み合わせて用いられることが始まる。また、それまで「たすけたまへ」「たすけ候へ」「たすけましませ」という表現の揺れがあったものが、「たすけたまへ」の形に集約されていく。

D　文明十八年正月四日の「御文章」以降は、「阿弥陀仏」「弥陀如来」「阿弥陀如来」の語が「たすけたまへ」の前に付される形のものが増加する。

E　明応五年八月七日以降の「御文章」は、すべて「後生」の語が「たすけたまへ」の語の前に付されるようになる。

そこで、無年紀の「御文章」について、その表現上の特徴から製作時期を推定した結果を示してみると次のようである。なお、「御文章」本文の後ろの括弧中に記された数字は、『浄土真宗聖典全書　五』「御文章集成」の通し番号である。

【文明年間初期の制作と思われるもの】

この仏をふかくたのみて一念御たすけ候へと申さむ衆生を、我たすけずは正覺ならじとちかひましﾏす弥陀なれば、我らが極楽に往生せん事は更にうたがひなし。このゆへに一心一向に阿弥陀如来たすけ給へとふかく心にうたがひなく信じて、我身の罪のふかき事をばうちすて仏にまかせまいらせて、一念の信心さだまらむ輩は、十人は十人ながら百人は百人ながら、みな浄土に往生すべき事、さらにうたがひなし。[14]　〈二〇三〉

この「御文章」は、「たのむ」の語との組み合わせからするとCの条件を満たしている。ただし、「御たすけ候へ」「たすけ給へ」といったように表現に揺れがみられる。このような表現の揺れや、「たすけ給へ」の語の前に「後生」の語が付されていないことからすると、この「御文章」はおそらくBの特徴からCの特徴への移行期であると考えられ、文明年間初期に執筆されたものであると推測される。また、この〈二〇三〉の「御文章」の類文として、次の〈二〇四〉がある。

この仏をふかくたのみ御たすけ候へと申さむ衆生を、我たすけずは正覚ならじとちかひまします弥陀なれば、すでに我らが極楽に往生せむ事は更にうたがひなし。このゆへに一心一向に阿弥陀如来たすけ給へとふかく信じて、我身の罪のふかき事をばうちすてゝ仏にまかせまいらせて、一念の信心さだまらむ輩は、十人は十人百人は百人ながら、みな浄土に往生すべき事うたがふ心あるべからず。(15)　〈二〇四〉

この〈二〇四〉の「御文章」も〈二〇三〉と同様の理由で、文明年間初期の執筆であると考えられる。次の〈二〇五〉の「御文章」は

この仏をふかくたのみて一念にたすけ給へと申さむ衆生を、我たすけずは正覚ならじとちかひまします弥陀なれば、我らが極楽に往生せん事は更にうたがひなし。このゆへに一心一向に阿弥陀如来たすけましませとふかく心にうたがひなく信じて、我身の罪のふかき事をばうちすてゝ仏にまかせまいらせて、一念の信心さだまらむ輩は、十人は十人ながら百人は百人ながら、みな浄土に往生すべき事、さらにうたがひなし。(16)　〈二〇五〉

とあり、この「御文章」も〈二〇三〉及び〈二〇四〉の類文であり、「たすけ給へ」と「たすけましませ」という組み合わせになっている点は前出の二通の「御文章」とは異なるが、いずれにしても、その特徴からは、文明年間初期の執筆であろうかと思われる。

【文明五年八月十二日以降、文明十八年までの製作と思われるもの】

末代无智の在家止住の男女たらんともがらは、こゝろをひとつにして阿弥陀仏をふかくたのみまいらせて、さ

らに餘のかたへこゝろをふらず、一心一向に仏たすけたまへとまうさん衆生をば、たとひ罪業は深重なりとも、かならず弥陀如来はすくひましますべし。(17)　〈二〇六〉

この「御文章」は「末代无智章」の名で知られるものであり、特徴としてはCの特徴を認めることができるのだが、この「仏たすけたまへ」という形は、この他に「お筆始めの御文」にしかみられない特殊な表現でもある。しかし、Cの特徴を持っていることから「お筆始めの御文」のような最初期の「御文章」とは考え難く、結論としては、C～Dの移行期の成立であろうかと考えられ、かなり幅のある推定となってしまうが、文明五年以降より文明十八年までの時期に製作されたものと見做される。(18)

【少なくとも文明五年八月十二日以降（文明十八年まで）の製作と思われるもの】

しかれば阿弥陀如来をばなにとやうにたのみ、後生をばねがふべきぞといふに、なにのわづらひもなくたゞ一心に阿弥陀如来をひしとたのみ、後生たすけたまへとふかくたのみ申さん人をば、かならず御たすけあるべきこと、さらさらうたがひあるべからざるものなり。(19)　〈一九六〉

「たのむ」の語との組み合わせからすると、Cの条件を満たしており、最低でも「文明五年八月十二日」以降のものと思われる。また、「後生」の語が使用されていることからすると、さらに時代の下がるものかとも考えられるが、「たすけたまへ」の前に「阿弥陀仏」「弥陀如来」等の語は使用されていないので、文明十八年を超えるものではなかろうかと思う。ひとまずは、「文明五年八月十二日」以降（恐らくは文明十八年まで）という断定に留めておく。
以下に列挙するその他の「御文章」も、ただいまの〈一九六〉と同じ条件、あるいは「後生」の語はないが、いずれもCの条件を満たすことにより、「文明五年八月十二日」以降（恐らくは文明十八年まで）の制作と考えられるものである。

夫在家の尼女房たらん身は、なにのやうもなく一心一向に阿弥陀仏をふかくたのみまひらせて、後生たすけたまへとまふさん人をば、みなみな御たすけあるべしとおもひとりて、さらにうたがひのこゝろゆめゆめあるべからず。(20)　〈二一〇〉

これによりてなにとこゝろねをもち、またなにと阿弥陀ほとけをたのみまひらせてほとけにはなるべきぞなれば、なにのやうもいらず、たゞふたごゝろなく一向に阿弥陀仏ばかりをたのみまひらせて、後生たすけたまへとおもふこゝろひとつにて、やすくほとけにはなるべきなり。(21)　〈二一一〉

當流の安心といふは、なにのやうもなく、もろもろの雑行雑修のこゝろをすてゝ、わが身はいかなる罪業ふかくとも、それをば仏にまかせまひらせて、たゞ一心に阿弥陀如来を一念にふかくたのみまひらせて、御たすけさふらへとまふさん衆生をば、十人は十人百人は百人ながら、ことごとくたすけたまふべし。(22)　〈二二四〉

當流の安心のをもむきをくはしくしらんとおもはんひとは、あながちに智慧・才學もいらず、たゞわが身はつみふかきあさましきものなりとおもひとりて、かゝる機までもたすけたまへるほとけは阿弥陀如来ばかりなりとしりて、なにのやうもなくひとすぢにこの阿弥陀ほとけの御袖にひしとすがりまいらするおもひをなして、後生をたすけたまへとたのみまうせば、この阿弥陀如来はふかくよろこびましまして、その御身より八萬四千のおほきなる光明をはなちて、その光明のなかにそのひとをおさめいれてをきたまふべし。(23)

〈二二五〉

その他力の信心のすがたといふはいかなることぞといへば、なにのやうもなくたゞひとすぢに阿弥陀如来を一心一向にたのみたてまつりて、たすけたまへとおもふこゝろの一念をこるとき、かならず弥陀如来の攝取の光明をはなちて、その身の娑婆にあらんほどは、この光明のなかにおさめをきましますなり。(24)

〈二二六〉

夫當流之安心之趣といふは、あながちに捨家棄欲の心を表せず、又出家發心のすがたをあらはさず、たゞもろもろの雑行をすてゝ一向に阿弥陀仏に歸命して、今度の一大事の後生たすけたまへと一心に阿弥陀如来をひしとたのみたてまつらん衆生は、みなことごとく報土往生すべきこと、さらさらうたがふべからざるものなり。(25)

〈二四二〉

抑當流聖人之さだめをかるゝところの一義はいかんといふに、十悪・五逆罪人、五障・三従の女人たらん身は、たゞなにのわづらひもなく一心一向に弥陀如来を餘念もなくふかくたのみたてまつりて、後生たすけたまへと申さん輩は、十人は十人ながら百人は百人ながら、ことごとくみな報土に往生すべきこと、さらさらうたがひあるべからざるものなり。(26)
〈二四六〉

かやうに神につかへてながく輪廻せんよりは、いま弥陀如来を一心にたのみまひらせて後生たすけたまへとまふさん衆生をば、みなことごとくたすけたまふべし。(27)
〈二四七〉

なにのやうもなく一心一向に弥陀をたのみまひらせて、たすけたまへと一念信ずる人は、かならず極楽に往生すべし。(28)
〈二五七〉

一念に阿弥陀仏をひしとたのみ、もろもろの雑行をすてゝ後生をたすけ給へと无疑心たのまれ候はゞ、かならずかならず極楽に往生あるべし。(29)
〈二五九〉

【最晩年の制作と思われるもの】

しかればなにとやうに阿弥陀如来をば信じ、またなにとやうに後生をばねがひ候べきぞといふに、たゞ一心に阿弥陀如来後生たすけたまへとふかくたのみまうさん人をば、かならずたすけたまふべし。(30)
〈一九五〉

まず、「たのむ」の語と「たすけたまへ」とが組み合わせて用いられているので、Cの条件が満たされており、

「文明五年八月十二日」以降のものと思われ、また、「たすけたまへ」の語の前に「阿弥陀如来」の語が付されるというDの特徴もみせていることから、「文明十八年正月四日」以降に制作されたものかと考えられる。さらに「後生」の語が用いられるというEの条件も満たすことから、この「御文章」は恐らく蓮如の最晩年に著されたものであろうかと推測される。その他、

抑十悪・五逆、五障・三従の女人も、たゞもろもろの雑行をすてゝ一心に弥陀の本願を信じ、阿弥陀如来今度の後生たすけたまへとふかくたのまん人は、みな極楽に往生すべきこと、さらさらうたがひあるべからず。(31)

〈一九九〉

についても、「たのむ」の語との組み合わせによりCの条件を満たし、「たすけたまへ」の前の「阿弥陀如来」によりDの特徴、そして「後生」の語も使用されていることからするとEの特徴も認められ、執筆時期としては最晩年の可能性が指摘できる。同様に、蓮如最晩年の執筆にかかるものと思われるものを示すと以下のようである。

それ五障・三従の女人も、十悪・五逆の罪人も、もろもろの雑行をすてゝ一心に弥陀の本願をたのみ、阿弥陀如来に後生たすけたまへと申さむ人は、みなことごとく弥陀の浄土に往生すべき事、さらさらうたがう心つゆほどももつべからず。(32)

〈二〇一〉

このゆへにいかなる女人なりといふとも、もろもろの雑行をすてゝ一念に弥陀如来今度の後生たすけたまへとふかくたのみ申さむ人は、十人も百人もみなともに弥陀の報土に往生すべき事、さらさらうたがひあるべから

ざるものなり。(33)　〈二〇七〉

いかなるつみふかき女人なりといふとも、もろもろの雑行をすてゝ一念に弥陀如来後生たすけ給へとふかくたのみ申さむ人は、十人も百人もみなともに弥陀の報土に往生すべき事、更々うたがひあるべからざるものなり。(34)　〈二〇八〉

このゆへにいかなる罪業ふかき女人なりといふとも、もろもろの雑行をすてゝ一念に弥陀如来今度の後生たすけたまへとふかくたのみ申さむ人は、十人も百人もみなことごとく弥陀の報土に往生すべき事うたがひあるべからざるものなり。(35)　〈二〇九〉

この義をもてのゆへにかならず往生することをうるなり」（玄義分）といへり。このこゝろはいかんといふに、罪業深重の凡夫なりといふとも、阿弥陀仏後生たすけ給へと一念にたのみ申さん衆生をば、よくしろしめして无上大利の功徳力をたのみ申す我等に廻向しましますなり。(36)　〈二一六〉

當流聖人のすゝめましますす安心といふは、なにのやうもなく、まづ我身のあさましきつみのふかきことをばうちすてゝ、もろもろの雑行雑修のこゝろをさしをきて、一心に阿みだ如来後生たすけたまへと一念にふかくたのみたてまつらんものをば、たとへば十人は十人百人は百人ながら、みなもらさずたすけたまふべし。(37)

〈二二三〉

それ末代悪世の男女たらん身はなにのわづらひもなく、もろもろの雑行をうちすてゝ、一心に阿弥陀如来後生たすけ給へとひしとたのみたてまつらん人は、たとへば百人も千人も、のこらず極楽に往生すべきものなり。[38]

〈二三九〉

就其一念に、もろもろの雑行の心をふりすてゝ、弥陀如来後生たすけたまへとまふさん人は、かならずかならず往生は一定にてあるべし。[39]

〈二五八〉

一心に弥陀如来後生御たすけ候へとふかくたのまん人は、十人も百人もみな浄土に往生あるべく候。[40]

〈二六五〉

【女人往生に関するもの】

前章において、女人往生に関する内容を持つ「御文章」では、「たすけたまへ」に関して特異な表現が用いられる場合があることを述べた。年紀未詳の「御文章」の中で女人往生に関するものは、次のようである。

それについて仏法を信ずべきやうは、もろもろの雑行をうちすてゝたゞひとへに弥陀如来後生をたすけましませとひしとたのまん女人の身をば、よくよくしろしめして御たすけにあづかりて、極楽に往生せん事はつゆち

りほどもうたがふ心あるべからざるものなり。(41)　〈二二〇〉

このような、「後生」と「たすけましませ」との間に「を」が入るような表現は、「御文章」全体からすると僅少な表現である。また次の「御文章」にも、

それ一切の女人の身は、後生を大事におもひ、仏法をたふとくおもふ心あらば、なにのやうもなく阿弥陀如来をふかくたのみまいらせて、もろもろの雑行をふりすてゝ、一心に後生を御たすけ候へとひしとたのまん女人は、かならず極楽に往生すべき事、さらにうたがひあるべからず。(42)　〈二二一〉

というように、「後生」と「御たすけ候へ」という表現の間に「を」が入っている。〈二二〇〉の「御文章」と比較すると「たすけましませ」と「御たすけ候へ」という表現の違いはあるが、女人往生に関する内容という点では共通してる。また、「後生」の語があることは時代が下がった「御文章」の特徴であるが、「たすけましませ」や「御たすけ候へ」という表現は初期の「御文章」に多い表現である。前章において、女人往生に関する「御文章」では「たすけましまし候へ」という「御文章」唯一の表現が用いられていることを指摘したが、やはり蓮如において女人往生を扱う「御文章」は、その他のものと比べて文体がやや特異であるといえる。それゆえ、女人往生に関する「御文章」については、A～Eという時系列による表現的特徴という観点から製作年代を特定することは難しいといえる。

【六字釈に関するもの】

そして最後に触れておくのは六字釈に関する「御文章」である。六字釈に関するもので「たすけたまへ」等の表現が使用されるものを列挙しておくと以下のようである。

それ帰命といふはすなはちたすけたまへとまふすこゝろなり。されば一念に弥陀をたのむ衆生に无上大利の功徳をあたへたまふを、発願廻向とはまふすなり。[43] 〈二一二〉

たとへば一生造悪の愚癡の我等なれども、南无と帰すればやがて阿弥陀仏のそのたのむ機をしろしめすなり。また帰命といふはたすけたまへと申すこゝろなり。[44] 〈二一三〉

帰命といふは、衆生の阿弥陀仏後生たすけたまへとたのみまふすこゝろなり。[45] 〈二一七〉

されば南无の二字は、阿弥陀仏後生たすけましませといへる心なり。又南无の二字は、衆生の阿弥陀仏をたのむ心なり。[46] 〈二三〇〉

されば南无の二字は、後生たすけたまへと弥陀をふかくたのみたてまつるこゝろなり。[47] 〈二三一〉

いずれも非常に短文ではあるのだが、A~Eの特徴に当てはめて考えてみると、どれもCの特徴を満たすことから、おそらく文明五年八月十二日以降のものであると考えられ、また、〈二一七〉及び〈二三〇〉で使用されている「阿弥陀仏後生」という表現はEの特徴であるので、これらは最晩年に近い時期に制作されたものであろうかと思われるが、〈二三〇〉については「たすけましませ」とあることから、完全にEの特徴をみせているわけではない。六字釈に関するものは、短文であることと、定型的な言い回しなため、A~Eという特徴に当てはめて考察すべきものであるか判断し難いが、少なくとも文明五年八月十二日以降の制作であるという推論は成り立つものと考える。

以上、年紀未詳の「御文章」について、それぞれの表現的特徴からおおよその製作年代を推定しみた。かなり幅のある期間でしか推定し得なかったものもあるが、年紀未詳とされる「御文章」をある程度の年代ごとのグループに分類することができた。これにより、年紀未詳の「御文章」も、年紀のある「御文章」とともに時代別に分けて考察の対象とすることが可能となることから、この推定が僅かながらも今後の「御文章」研究に資すれば幸いである。

小結

本小論では、近年、「御文章」のテキストに関してその信頼性が非常に高まったという状況を受け、「御文章」における時代別の表現的特徴を手がかりとしつつ、年紀未詳の「御文章」の制作年代の推定を試みた。これまでにも「御文章」中の表現の時代的変遷について言及した研究はなされており、そのような意味では本小論は屋上屋を架すようでもあるが、「御文章」のテキストを取り巻く環境が変化したことや、「たすけたまへ」とその周辺表現に着目して製作年代の推定を試みている点で、一定程度新たな成果を得られたものと思う。今後は、今回の研究により年紀未詳の「御文章」についてある程度の時代別のグループ化ができたことをうけ、それらを年紀のある「御文章」と比較した時、内容に差異があるのかといった点などからも検討を加えて行きたい。

註

(1)『浄土真宗聖典全書 五』(本願寺出版社 二〇一四)所収の「御文章集成」の数え方に従った。
(2)『真宗史料集成』巻二(同朋舎メディアプラン 二〇〇三再版)六二頁
(3)『浄土真宗聖典全書 五』二三七頁
(4)『真宗史料大系 六』(法蔵館 二〇〇八)
(5)『浄土真宗聖典全書 五』二三九頁(旧字は新字に改めた。以下、本文引用の際には同様)
(6)同、二四二頁
(7)同、二六一頁
(8)同、二七九頁
(9)同、四二九頁
(10)同、四三七頁
(11)同、四四一頁
(12)金龍静著『蓮如』(吉川弘文館 一九九七)八二頁
(13)拙論「タスケタマへの総合的研究」第四章第三節第二項「タスケタマへ使用法の特徴」参照
(14)『浄土真宗聖典全書 五』四七八頁
(15)同、四七九頁

（16）同、四七九頁～四八〇頁
（17）同、四八〇頁
（18）もちろん、文明五年八月十二日以前という可能性もあるが、そうであったとしても、Cの条件にあてはまることからすると、文明五年八月からそれほど遡った時期の成立ではないと思われる。そもそも、このA～Eの特徴による製作年代の推定法は、「文明三年十二月十八日」や「文明五年八月十二日」の「御文章」といった、その内容表現が「御文章」全体からするとターニングポイントとなっているものを取り上げて製作年代の推定の一助としているが、年紀未詳の「御文章」がそれら文明三年や五年のものより先に制作されたものである可能性がないわけではない。ただし、年紀の分かる「御文章」全体からみた傾向として、やはり今回提示したA～Eの特徴というものは確かに認められることから、たとえ、ターニングポイントとなる「御文章」より前の製作であったとしても、それほど時代が遠ざかることはないであろう。
（19）『浄土真宗聖典全書　五』四七五頁
（20）同、四八二頁
（21）同、四八二頁～四八三頁
（22）同、四九一頁
（23）同、四九二頁
（24）同、四九三頁
（25）同、五〇一頁
（26）同、五〇三頁
（27）同、五〇四頁
（28）同、五一一頁
（29）同、五一二頁
（30）同、四七五頁
（31）同、四七六頁

(32) 同、四七七頁
(33) 同、四八一頁
(34) 同、四八一頁
(35) 同、四八二頁
(36) 同、四八七頁
(37) 同、四九〇頁～四九一頁
(38) 同、五〇〇頁
(39) 同、五一二頁
(40) 同、五一四頁
(41) 同、四八九頁
(42) 同、四九〇頁
(43) 同、四八三頁
(44) 同、四八五頁
(45) 同、四八八頁
(46) 同、四九六頁
(47) 同、四九六頁

現代における真宗の課題
――伝道と儀礼[1]の関係性を中心に――

岸　弘之

【仏教の伝播】

仏教は釈尊を開祖とする宗教の一つであることは言うまでもない。釈尊はその生涯のなかで、初転法輪を発端として様々な説法をしたのは宗致の事実である。それは「応病与薬」と言われる相手に応じた説法をしていた。それはまさに教えを弘める釈尊自身の伝道活動であったと言えるであろう。ただ、そこで伝道活動をしていたことは窺い知ることができても、現代において伝道活動と併せて行われることが主流となっている儀礼行為が行われていたとは釈尊の生涯からは窺い知れない。[2]

その釈尊が説いた仏教はインド・中国を経て日本に伝わった。その際に、伝道活動に加えて儀礼も併せて行われるようになった。

日本において儀礼が行われていたことを示すのは、『日本書紀』において、是の歳に、蘇我馬子宿禰其の仏像二軀を請け、乃ち鞍部村主司馬達等・池辺直氷田を遣して、四方に使して修行者を訪ひ覓めしむ。是に唯播磨国にのみ、僧還俗の者を得。名は高麗の恵便といふ。大臣、乃以ちて師とし、司馬達等が女嶋を度せしむ。善信尼と曰ふ。年十一歳。又善信尼の弟子二人を度せしむ。其の一は漢人夜菩が女豊女、名は禅蔵尼と曰ひ、其の二は、錦織壺が女石女、名は恵善尼と曰ふ。壺、此には都苻と云ふ。馬子独り仏法に依りて三尼を崇敬す。乃ち三尼を以ちて、氷田直と達等とに付けて、衣食を供へしむ。仏殿を宅の東方に経営り、弥勒の石像を安置しまつる。三尼を屈請し、大会の設斎す。此の時に、達等、仏舎利を斎食の上に得たり。舎利を以ちて馬子宿禰に献る。(3)

とある。これは五八四年のことであり、その頃からすでに法会(4)としての儀礼が行われていることを示している。伝道という側面からしても、聖徳太子が五九八年に『勝鬘経』を講説したことが知られていることから、その当時から現代の伝道とは趣は異なるものの、人々に対して法を説くという意味では伝道活動がされていたことを示している。

このように、釈尊の時代ではなかったと推察される儀礼も日本に仏教が伝播した時点で伝道とともに行われるようになった。

本論では日本に仏教が伝播した時からなされて、今現在も行われている伝道と儀礼について、その中でも浄土教の流れを汲む真宗における現代の伝道と儀礼を特に注目していく。

さらに、現代において伝道と儀礼を考える際に、現代の状況を踏まえることが重要であろう。現代と言っても様々な角度から見ることはできるが、そのなかでもインターネットを代表する「情報」を視点として現代における真宗の伝道・儀礼を論じていくことにする。

【真宗学の領域における伝道・儀礼の位置付けと先行研究】

まず、真宗学の学問領域から伝道と儀礼の位置付けを確認しておく。

真宗学の研究分野として、歴史・解釈・組織・実践という領域があり、その実践部門の枠組みに伝道学があるという並列的な見方と、真宗学の根幹として伝道学があるという見方に分かれる。[5] 実践部門の枠組みに伝道学があるという見方として信楽氏は

歴史部門、解釈部門、組織部門、実践部門の四分野に分けることができる（中略）実践部門とは、（中略）真宗を明らかにする営みについての具体的、実践的立場を中心とするものであって、（中略）真宗伝道学とは、真宗を現代に向って宣説することをめざすものであって、真宗教学において究められ、弁証されるところの真宗を、真宗求道学における理論と実践を踏まえつつ、現代の大衆に伝達し、そこに新しい真宗者を誕生せしめるための、方法技術についての理論を明らかにし、またそれを具体的に実践してゆく営みをいうものである[6]

と述べている。また、真宗学の根幹とする意見として武田氏は

伝道学という学問研究は、それら経論釈が造られて来たその根元を対象とするものであるといえる。（中略）伝道はつねに時代に即応しつつ、しかしながら決して時代に迎合するのではなく、新たな普遍的歴史を創造していかなくてはならない。[7]

と述べている。

伝道学を研究分野の並列なところからみても、その意義は見出せないと思われる。それは、最近では心理学や社会学、統計学などの他分野からの伝道研究があるように、それぞれの経論釈を見ると、釈尊の時代からそれぞれの国の状況や各著者の受けた心理状況、著述を見る人々を考慮した述べ方など、各時代の他分野を考慮しているのは明らかである。それぞれの時代で状況を考慮したうえで伝道活動がされていたとなると、武田氏の言うように、その中から経論釈のエッセンスを抽出したかたちで伝道が表面に現れてくることになる。それを踏まえて考えると、伝道学という研究分野は他の研究分野と並列的な分野ではなく、それぞれの分野の根元を対象とするのはごく自然なことである。

ただ、伝道学はそれぞれの根元であるが、独立した根源的要素もあると考えられる。それは現代問題や儀礼などの分野からみた伝道学であろう。現代問題は経論釈の時代にはない問題が表面化したものが多くみられ、経論釈の範疇から逸脱したものも少なくない。そして、儀礼は原理としては経論釈が出拠となり、体系化したとも言えるが、宗教的行為からみた儀礼としては宗教的信仰を由来とするものであって経論釈からの出拠を求めることはできない。

次に伝道・儀礼におけるそれぞれの先行研究を概観しておく。

真宗学の中でも伝道学の分野は明確な枠組みがなされていない。伝道に関する論考を分けると次のように分けられるだろう。

①真宗における思想的伝道原理（教義上からみる伝道の意義や、自信教人信・常行大悲の益の論考など）(8)

②七祖や親鸞、蓮如など歴代宗主から近現代における伝道史(9)

③現代の伝道についての論考や問題提起するもの（真宗の聖教や講録を出拠としたり、他の学問分野からのアプローチも含む）(10)

これらの中で①②に関するものは多いが③に関しては最近になって少しずつ増えてきた。が、まだまだ①②には及ばない。

また、伝道活動は「現場」で行われることを前提として考えると、その「現場」では儀礼活動も併せて行われている。儀礼に関する論考を挙げると、

①真宗における教義的儀礼原理（宗教学的な側面からの論考も含む）(11)

②真宗で行われる具体的な儀礼について(12)

③現代的儀礼論(13)

が挙げられる。伝道の①〜③はそれぞれに関連性があり、一つの論考で複数の分野にまたがって論じられているものもあるが(14)、儀礼に関する論考はそれぞれが対立的または独立的に存在している。安心・起行・作業では自力だという指摘すらされてしまう。(15)

「現場」ということを中心として考えると、伝道と儀礼は重なる部分は大きいが、伝道と儀礼を一連のものとして論考されたものはない。(16)梯氏が善導の『往生礼讃』の最後を「もろもろの仏子等、なんぞ意をはげましてゆかざらんや」と結んでいるところから、

同信者のみならず未信者をも、その儀礼の輪の中に包みこんで、世俗をよびさまして超世俗的な如来、浄土へと転換させるという伝道の機能を持っているのが浄土教の儀礼だったことがわかる。(17)

と述べているくらいである。

そこで、本論では伝道・儀礼の中でも「現場」ということを意識しつつ、双方の関係性とそこから見えてくる伝道の在り方について、僧侶側ではなく、一般参詣者側[18]からを中心に考察をすすめていく。（双方の①をふまえつつ、双方の③を本論での対象とする。）

そして、「現場」ということを明確にする必要があるだろう。「教学なき現場、現場なき教学」ということを耳にするが、「教学」を浄土三部経にはじまって七祖・親鸞・親鸞以降の覚如・存覚・蓮如を基礎とする真宗の学問とし、それらの聖教を訓詁学的註釈・会通的解釈していくものとするならば、「現場」とは実際に宗教的儀礼や伝道活動がなされている場である。さらに、本論では伝道と儀礼を扱うため、場面設定をしていくことが必要となってくる。寺院や門信徒の各家庭で執り行われる各種法要を念頭に置き、礼拝から始まって礼拝に終る法要の読経などを儀礼、その後に行われる口頭による布教、聴聞していく場面を伝道とする。[19]

【儀礼について】

宗教の存在し得る大原則は儀礼・集団・教義の三つである。[20]その中で「人」が媒介となってその三者に対して積極的消極的に関わることで初めて宗教として成り立つ。一人の人間による宗教的な目覚めにより、その人物の目覚めの信仰内容を体系化した教義が成立する。それを他者に伝達することによりそれに共感する人々が集まって同信教団が成立し、信仰に基づく体外的行為として儀礼が成立し、儀礼を通して信仰の確証をさらに深め、儀礼の集団による同時のある意味拘束された行為によって集団的連帯感を持ち、護持発展していく。

真宗を歴史的に見ても同様である。法然の示した教義との出会いによって、宗教的回心をした親鸞が教義を体系化し、彼による伝道活動によって各地に門徒集団が発生し、信仰を深めていった。親鸞当時の儀礼は直接文から伺うことはできないが、親鸞の時代以降の文から儀礼に対する姿勢を垣間見ることができる。『口伝鈔』には助業に関して

われこの三箇年のあひだ浄土の三部経をよむことおこたらず。おなじくは千部よまばやとおもひてこれをはじむるところに、またおもふやう、〈自信教人信難中転更難〉（礼讃）とみえたれば、みづからも信じひとを教へても信ぜしむるほかはなにのつとめかあらんに、この三部経の部数をつむこと、われながらこころえられずとおもひなりて、このことをよくよく案じさだめん料に、そのあひだはひきかづきて臥しぬ。つねの病にあらざるほどに、いまはさてあらんといひつるなり[21]

とあり、三部経読誦を儀礼の一部として使用していたことが分かる。また、『拾遺古徳伝』には

先師聖人没後中陰追善にもれたることうらみなりとて、その聖忌をむかふるごとに声明の宗匠を屈し、緇徒の禅襟をととのへて、月々四日四夜礼讃念仏とりをこなはれけり。これしかしながら先師報恩謝徳のためなりと。[22]

とあり、法然への報恩謝徳のために『礼讃』が読誦されていたことが伺える。『口伝鈔』の引文は助業、『拾遺古徳伝』は報恩行の点が挙げられている。ただ、真宗における儀礼はそのほとんどが安心・起行・作業からの主張である。[23]

そして、現場の視点から見ると、信前信後は混在しているのが現状であり、線引きはできない。[24] そういった実際

の儀礼の場を考えると、そういった教義の問題を超えた個々の宗教的意識があるのではないだろうか、とも考えられる。

儀礼を教義の上から規定しようとするとまず善導の示した安心・起行・作業が挙げられる。ただ、徳永氏は（『教行信証』における安心・起行・作業の該当箇所の引文は自力を示すとともに凡夫には修せない行業なので）浄土真宗の行業論ひいては儀礼論に安心・起行・作業という概念を用いることは不可能である。また、拡大解釈して用いたところで、それは必ず廃立の安心門の枠内での上述のごとき通弊の議論になってしまうであろう。(25)

と指摘しており、そこからは実際の儀礼とは結びつかない。それは佐々木氏の言う

宗門では安心門からしか、習俗儀礼を見ないので、安心と起行が両立せず、儀礼を儀礼として、自信をもってやることができなくなっており、その影響で、宗門現場では、儀礼執行にあたり、はにかみや後ろめたさが見られる。(26)

という指摘にもつながるだろう。

そこで、原点に立ち返って宗教学で述べられる儀礼の概念（ここでは宗教的儀礼を指す）から考えていくことにする。(27)宗教における儀礼には呪術的儀礼と宗教的儀礼に大別される。呪術的儀礼は実利的な儀礼に対して宗教的儀礼は直接実利的な効果を求めない非実利的儀礼である。（宗教的）儀礼の定義として宇野氏・棚瀬氏は(28)

この行動の制度化はもとより主にその外部の身体的動作の上にあらわれるのではあるが、その動作はつねに畏敬その他ひろく信仰とよばれる心的態度に裏付けられ、また行動としてもしばしば意志的に認識・思惟・凝

念・観心等の精神的活動が重要な部分となることもあって、これらの内容や順序がまた宗派的な教訓によって律せられることも多いのである。この意味でも儀礼は単に節序をもった身体の外部的な動作ばかりでなく、これと不可分につながっている多少とも定則的に行われる心の活動もふくめて制律化された身心の宗教的行動と見なくてはならない(29)。

宗教的態度の中でこの人間の身体（口をも含めて）を通じて或は身体が何物かを用ひて可能となるものが儀礼である。宗教は内外両面をふくむけれども宗教と言ふ名辞の有する通常のひびきでは主として心理的なるものが指示され易いけれども儀礼は外部的具体的なるものを離れては存在しない。主観的内在的なる宗教意識は時に非常に衰微する事があっても外部的なるものなくしては儀礼はあり得ない。即ち宗教儀礼はもともと宗教それ自体の半面であり、可視的、可聴的、即ち外部的なるものである(30)。

とある。全体的に見て、畏敬や信仰に基づいた心的要因より制式化された外部的な身体的動作と言える。特に真宗においては阿弥陀仏に対して畏敬の念を持ち、本堂や仏壇の前で礼拝・読経などを執り行なうことである(31)。

【宗教的儀礼の構造】

宗教的儀礼を見ていくと、大きく二つの構造を成している。竹中氏は

宗教的儀礼の特質として宗教意識の外的表出であり、機能的には宗教的対象との合一の象徴作用である(32)。

と述べており、この二つは宇野氏の説(33)を継承したものである。

ここまでで、儀礼の定義を概観したが、これらは信仰後（真宗で言うならば信後）の内容で、信仰前（信前）については言及されていない。これまでは信後における儀礼論でしか語られていないが、現実的には信前における儀礼も当然あるはずである。それでは前記の表出・合一と信前（信後）をふまえて真宗的に儀礼を定義づけできないだろうか。

〈表出について〉

宇野氏は表出について以下のように述べている。

畏敬の要素的情緒にともなふ種々の衝動は、夫々れ多少一定した方向と形式をもってあらわれ、それの意識があっても無くても、それ自身に行動を発生せしめる。(34)

この表出について真宗に置き換えてみると、次のようになるだろう。

信前・・・行動の模倣(35)や単なる畏敬の念としての儀礼。

模倣について宇野氏は以下のように述べる。

行動形式には、暗示者や集団的伝統に於て、相当に精錬統制されたものであつて、（中略）集団である場合には、それは社会的暗示による種々の行動となり、多くは無意的な模倣となってあらわれてくる。そしてこれまた大多数の人々の宗教的生活が、他人の動作の模倣からまづはじまり、（中略）宗教的行動の形式としては度外視することのできない要素であり、やがてそれが有意的な模倣となっては、宗教的生活に特に重要な部分を占める(36)

とある。信前である未信者には模倣という概念が必要であろう。

信後・・・称名に代表される報恩行としての儀礼。

「正信偈」には

弥陀仏の本願を憶念すれば、自然に即の時必定に入る。ただよくつねに如来の号を称して、大悲弘誓の恩を報ずべしといへり。(37)

とあり、また「化巻」には

ここに久しく願海に入りて、深く仏恩を知れり。至徳を報謝せんがために、真宗の簡要を摭うて、恒常に不可思議の徳海を称念す。(38)

とあることから、阿弥陀仏の救いに摂め取られている我が身をよろこび、その救済に感謝の思いを行じる報恩行としての儀礼が行われる。

現場においてはこの信前信後が混在、もしくは区別がつかない状況で存在する。そして儀礼による空間で同じ動作をすることによって、儀礼への参加による同信意識の連帯感を生み出し、信を得る方向にあると考えられる。それも両者はどちらか判別はできないが、廻心するのは一度という大前提から考えると模倣→(儀礼に参加することによる一体感)→報恩行という方向性がさらに考えられる。そして表出もしくは模倣による儀礼参加は、手段としての儀礼ではなく、ただその行為を行うこと自体が目的となる。

〈合一について〉

合一[39]について宇野氏は以下のように述べる。

（宗教的行動を）対象のためにするのでもなく、自己の利益が目的でもなく、ただその存在と自己との合一が目的であり、超自然的存在は実利的な手段価値ではなく、それ自身一つの目的価値であると見るならば、そこには一つの合一主義ともいふべき宗教観が成り立つ。[40]

とある。神や仏という聖なる究極的存在を自分から帰一していくのか、彼を獲得していくのかという方法によって、聖なる存在と交渉し、聖なる存在へ自らもなっていく、もしくはならしめていく。

神秘主義の立場で言うと、自らの修行によって神に近づき帰一していくことを指すが、仏教である真宗の立場から見ると、仏になるという証果を得ることが宗教学で言う「合一」に当たると考えられる。[41]ただ、真宗においては即身成仏の法門ではないため、現生で成仏ということは考えられない。

宗教学上で言う合一が聖なる相対から離れた絶対的存在との交渉であるならば、真宗でいえば他力回向がそれに当たるだろう。他力回向についての表現は『教行信証』において多数あるが、「信巻」には

もしは行、もしは信、一事として阿弥陀如来の清浄願心の回向成就したまふところにあらざることあることなし。因なくして他の因のあるにはあらざるなりと、知るべし。[42]

とあるように、阿弥陀仏からの回向以外にはない。そして阿弥陀仏の清浄なる願心によって成就した大信が衆生に回向される具体的な内容として、『一念多念文意』にある

廻向は、本願の名号をもて十方の衆生にあたへたまふ御のりなり。[43]

とあることからも名号が阿弥陀仏からの回向の具体的な内容である。

また、真宗で言う合一を考える際に『御文章』第二帖第十通の

行者のわろきこころを如来のよき御こころとおなじものになしたまふなり。このいはれをもって仏心と凡心と一体になるといへるはこのこころなり。(44)

という箇所も注目すべきであろう。ここも信前→信一念による獲信を指しており、「わろきこころ」が「如来の御こころ」と同じこころに「転ぜられ」ていく。「転」については杉岡氏が転変と転滅の義があるが、親鸞は転変を「転」の意とし、

転変の意は転の前と後では変わったところもあり、また変わらないところもある。転成は転変であり、変と不変という相反する性格を同時に含んでいるところに独自の思想がある。(45)

とあり、さらに石田氏は転成について

本願大悲智慧真実大宝海水は、自他対立相剋の煩悩界・生死対立別視の迷妄を、煩悩即菩提・生死即涅槃なる一味平等の悟界へと絶対超越せしめる転生の構造内容をもつ(46)

とあるように、真宗でいう「合一」とは、仏心と凡心という相反する性格のものが一味平等の世界へと転ぜられていくという概念を含んでいると考えられる。

以上の二点より真宗における合一とは、現生において阿弥陀仏からの名号の回向であり、「如来の御こころ」に転ぜられていき、仏凡一体になっていくはたらきである。

合一を前出の表出や模倣と合わせて考えると、模倣から儀礼空間での一体感を経て、転ぜられることにより獲信への過程があると考えられる。獲信後の表出は「常行大悲の益」としての常に大悲を行ずる人となり、有縁の人々

に念仏を勧めしむることを指し、一体感の中で念仏が弘通していく有様を示している。[47] 模倣としての表出→（一体感）→合一→報恩行としての表出という方向性があり、真宗においては儀礼も獲信への可能性があるのではないだろうか。

【伝道について】

真宗における伝道の概念は「自信教人信」「常行大悲の益」などから論じられてきた。そのことに対しては何の異論もない。前出の儀礼の項目同様に被伝道者における伝道の場での信前信後は以下のようになるだろう。

信前・・・善知識の伝道活動による法を媒介とした獲信への過程。

伝道について宇野氏は

言語、文書其他の方法を以て、自己の有する宗教的経験若しくは信仰教義を他人に伝達すること、及びそれによりて他人を自己と同一の宗教的経験、信仰に導くこと[48]

と述べている。現場における被伝道者の視点では伝道の教義的解釈よりも宇野氏の言葉が最適だろう。となると、伝道は伝道者によって被伝道者に法が伝わり、その結果、信心を獲得するはたらきがある。「現場」において、被伝道者からの立場で考えると、伝道者が善知識の役割を果たしている。

そもそも善知識はいくつか意味があるが、[49] 真宗における意味としては、『浄土真要鈔』にある

総じていふときは、真の善知識といふは諸仏・菩薩なり。別していふときは、われらに法をあたへたまへるひ

となり。(中略)仏・菩薩のほかにも衆生のために法をきかしめんひとをば、善知識といふべしときこえたり。またまさしくみづから法を説きてきかするひとならねども、法をきかする縁となるひとをも善知識となづく。(中略)されば善知識は諸仏・菩薩なり。諸仏・菩薩の総体は阿弥陀如来なり。その智慧をつたへ、その法をうけて、直にもあたへ、またしられんひとにみちびきて法をきかしめんは、みな善知識なるべし。しかれば、仏法をききて生死をはなるべきみなもとは、ただ善知識なり。[50]

この部分が適当であろう。

その善知識は伝道する僧侶が自ら善知識を自覚して行うものではない。[51] 被伝道者がその伝道内容によって獲信するかどうかが問題なのであって、被伝道者にとって伝道者が善知識と成り得るかどうかが「現場」において必要な視点である。そのことについて玉木氏は

善知識の言葉を善知識の言葉であるから、それを信じるというのではない。善知識が真実の言葉、真実の法、念仏の真実を語るからこそ、そこで獲信することができたのである。[52]

とあるように、善知識の言葉ではなく、善知識の語る法によって獲信していく。伝道者も凡夫には違いないが、凡夫の言葉ではなく、凡夫が善知識に成り得るべく法を語ることが獲信への過程となっていく。

信後・・・聞即信。疑いなく聞いていく信心の深化。[53]

聞即信について、「信巻」には

しかるに『経』(大経・下)に「聞」といふは、衆生、仏願の生起本末を聞きて疑心あることなし、これを聞といふなり。「信心」といふは、すなはち本願力回向の信心なり。[54]

とあり、さらに『一念多念文意』には

きくといふは、信心をあらはす御のりなり。「信心歓喜乃至一念」といふは、「信心」は、如来の御ちかひをきて疑ふこころのなきなり。(55)

とあるように、第十八願の聞とは聞くままが真実の信となる如実の聞をあらわし、「仏願の生起本末」を疑いなく受領していくことと、阿弥陀仏のはたらきを聞くことがそのまま私の信心として成立していくことを示している。つまり、信をもって如実の聞をあらわし、聞をもって信をあらわす。このように聞による信心獲得からさらに獲得者として聞を重ねていくことになる。

【両者の関係】

儀礼と伝道の両者を未信（信前）→獲信を中心に概観した。梯氏は

行者は儀礼を通して阿弥陀仏と呼応し、釈迦、諸仏と感応し合い、そして同信の行者や未信の人々と連帯していくのである。そして同行はいよいよ結びつきを強くし、未信者は信者に育てられるところに儀礼の伝道上の役割があった。(56)

と述べているように儀礼には未信者→信者にしていく伝道的役割があり、信者が善知識となっていく可能性もあることは見逃してはならない視点である。

また、口頭で為される伝道活動によって真宗への信仰を然らしめ、その信仰によって阿弥陀仏に対する畏敬の念

からの表出である儀礼行為へ結びついていく。最初に模倣からの儀礼を行うのであれば、模倣↓聴聞↓信心獲得ということはごく素直な道筋である。

勿論、一度で獲信するとは限らないので、(57)（模倣としての儀礼↓）聴聞↓模倣としての儀礼↓信心獲得という道筋も充分に考えられる。そして、儀礼で示した信と伝道のところでの信は両方とも他力廻向であるので一人の中で成立する信としては同一のものである。廻心はひとたびということを考えると、儀礼でも伝道でも獲信する可能性、双方を経ての獲信の可能性、幾つかの道筋が考えられる。図Iに相関図を示した。それからすると、両者は互いに獲信ということからすれば並列的に存在するものであり、獲信すればさらにそれを深化していく方向がさらに考えられる。獲信後は儀礼であれば報恩行、伝道であれば聞即信の念仏者として相互を繰り返していく。

図I

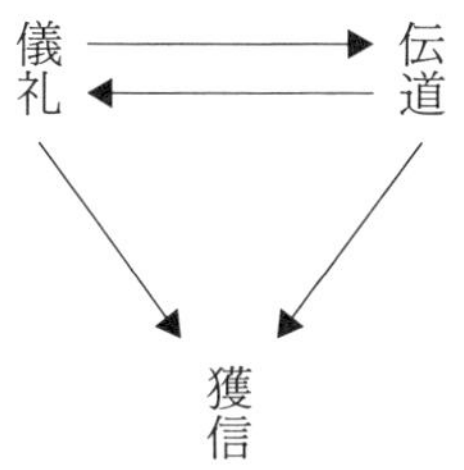

ここでは一つの理想的モデルケースを示すことによって「現場」における儀礼と伝道の関係性を概観した。獲信

後の儀礼は表出と合一として外部に現れるはずであるし、善知識の伝道活動によって被伝道者の真宗安心の確認が行われる。儀礼→伝道の場面ではそれが一連の流れで行われており、双方が一体感を持ちながら体感できる。そうなると、片方のみだけではもう片方の存在意義も無くなってくる。伝道と儀礼の関係を図Ⅰに示したが、さらに信前→信後において双方の相乗効果により、信前→獲信→信の深化への一つの試論として図Ⅱのスパイラルが成り立つのではないだろうか。このスパイラルの中のある一点において獲信し、その後の線上は獲信後の相状になっていくと考えられる。

図Ⅱ

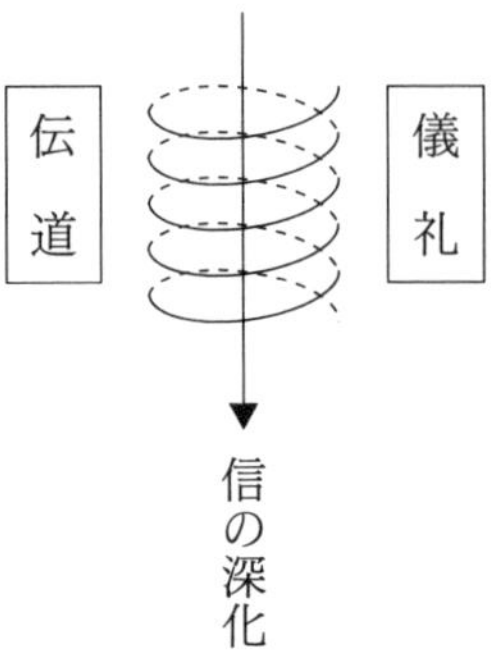

現場における「生きた」[58]真宗が真の念仏者を生み出していくことが期待される。よって、伝道を考える際には儀礼について、儀礼を考える際には伝道について考慮していく視点が不可欠である。

【現代における真宗の課題】

真宗における伝道は儀礼と相まって信仰への道を作り出していることを確認した。そして相互に不可欠な儀礼と伝道を繰り返すことによって真宗の信仰を更に深化させていくということも併せて確認した。しかし、図Iや図IIで示したものは理想論であり、現実的にはそのようにはいかず、一旦は信仰の生活になったとしてもそれを継続的に参加していくことは難しいという側面もある。現実としてはそのケースの方が多いかもしれない。[59] その理想に近づけるにはどのようなアプローチができるだろうか。その一つを提示して締めくくりたい。

現代においては情報も物質的にも豊かになり、生活における選択肢が多様化している。情報化という側面で見ると、様々な媒体から獲得できる情報は、各々個人の置かれた環境・趣味・個性・利害・価値観・思想等から最も合うものを選択できるようになった。多様化ということは、他に自分に合う情報があれば、そちらを選択し、可変的な生活になってきたとも言えるだろう。信仰に関しても同様である。様々な宗教の選択肢の中から真宗を信仰する宗教とし、真宗における各種法要・聴聞に参加することになったとしても、他の自分に合う情報の獲得により、真宗から離れていくことも十分に考えられる。もちろん、その逆も有り得る。

一度は真宗を選択したものの、信仰の生活から離れた状態を図IIで言うと、スパイラル状の線がその時々で断絶している状態である。それを補うものとしてインターネットによる伝道活動や寺院などで行われているイベント活動[60]が挙げられる。断絶した線をインターネット上で行われている伝道活動[61]や、イベント活動を通して、寺院への来訪による儀礼・伝道活動への再参加が断絶した線を復活させるパイプ役にもなっていくだろう。また、インターネットから真宗への信仰を深め、図のようなスパイラルに入っていく場合もあるだろう。そのためにはホームページの内容の真実性、信頼性(62)、さらには閲覧者による目的意識や宗教意識(63)も問われてくる。イベントに関しても、それ自体を行うことが目的ではなく、それによって断線したスパイラルを補うべく誘引する内容と、イベントの継続性、参加者の日常における宗教的生活への誘引が不可欠である。

（尚、引文の書き下しは筆者が適宜行った。）

以上

註

（1）儀礼の問題については習俗との問題もある上に、真宗における儀礼でも葬儀や法事など場面によって少しずつ意義や意味が変わってくる。本論では真宗における全般的な儀礼を指し、特定の場面に限定しない。宇野円空氏は「儀礼」（『宗教と神話』第六巻）の中で、日常の生活の中であらわれてくる他の生活部門と対立しての特殊な目的に限定されない宗教行動を普遍的宗教生活、宗教的な目的や動機を主とし、何らかの意味で宗教的に神聖なものと直接に結びついての生活を特殊宗教的生活としている。本論では特定の場所・時間で執り行われる特殊宗教的生活である儀礼に焦点をあてることにする。

（2）ここで言う儀礼の定義は後に詳しく述べるが、形式化した礼拝・読経などを指す。ちなみに、竹中信常氏は「仏教の儀礼的展開」（『宗教学年報』一九）の中で「行は儀礼化への素因を含んでいるけれども、行はあくまでも「行」であって儀礼ではない」としている。それからすると、釈尊在生中に行はあっても、儀礼はなかったと考えるのが今は妥当であろう。

（3）『日本書紀』二（巻第十一仁徳天皇～巻第二十二推古天皇）　小島憲之　直木孝次郎　西宮一民　蔵中進　毛利正守（校注・訳）　四八八～四八九頁

（4）岩波仏教事典には「広義には、仏事・法要のことで、仏・菩薩を供養したり、経典を読誦したり、追善の法要を営んだりする、仏法に関するあらゆる行事・儀式・集会を意味する。」とある。これを儀礼の中でも特に仏教における現場での儀礼の定義としては最も近い意味であろう。

（5）その他にも、研究方法の分野として村上速水氏が「文献解釈的研究と信心に基づく研究」、普賢大円氏が「歴史的批評的研究・客観主義的研究・主観主義的研究・聖典主義的研究」、などを挙げているが、ここではどの方法論が優れているかを問題にしてはいないのでここでは直接採り上げない。杉岡氏や鍋島氏も方法論について言及されているが、本論では優位性が問題ではないので本論では直接採り上げない。

（6）『浄土教における信の研究』信楽峻麿　一一頁～一九頁

　ここでは枠組の中にあるとしたが、「真宗教義学において究められ」ともあることから根幹とも受け取り得る。ただ、それ以上のコメントが無いため、ここでは真宗学の領域の一つという解釈にしておく。

（7）「真宗世界伝道の教学的研究―北米・ハワイ開教伝道の課題と将来」『龍谷大学仏教文化研究所紀要』三九　武田龍精

（8）「親鸞における伝道の基礎的考察」『真宗学』九九・一〇〇　深川宣暢
「親鸞思想における「常行大悲」の意味」『真宗学』一〇九・一一〇　玉木興慈
「親鸞書簡に表れる伝道的立場―『末灯鈔』・『御消息集』を中心として―」『真宗学』九七・九八　徳永道雄
「浄土真宗における伝道の研究」『宗学院論集』七二号　塚田博教
「親鸞と伝道」『教団改革』二六　岡亮二
「親鸞聖人の大悲に表れる伝道的立場」『真宗学』九九・一〇〇　徳永道雄
「自信教人信―真宗教化の位置―」『同朋大学論叢』四九　池田勇諦
「伝道における伝道の本質」『伝道院紀要』二五・二六　広瀬龍城
「真宗伝道における実践論の教義的研究」『真宗研究』四九　葛野洋明

(9)
「蓮如上人の伝道教化」『蓮如上人の教学と歴史』　高田慈昭
「蓮如上人の化風とその背景」『真宗史の研究』下　宮崎圓遵
「親鸞の経説」『親鸞と東国農民』第四章　笠原一男
「真宗伝道における教義解釈の問題―中世～江戸初期の「談義本」をめぐって―」『真宗学』八八号　深川宣暢
「真宗原始教団と親鸞聖人―真宗伝道における親鸞の人間像―」二葉憲香
「親鸞の東国伝道」『親鸞体系　歴史篇』第三巻　細川行信
「親鸞聖人関東教化の一齣」『龍谷史壇』三〇　宮崎圓遵
「真宗伝道の研究―仏教における口演伝道の展開」『龍谷大学仏教文化研究所紀要』四一　浅井成海　深川宣暢
「〈真宗伝道史〉研究・序説」『真宗学』一〇九・一一〇　髙山秀嗣

(10)
「伝道上の宗教教育学的一考察」『真宗学』八八号　山岡誓源
「真宗の伝道とカウンセリング」『真宗研究』九　西光義敞
「現代における真宗伝道の課題」『真宗研究』五〇　上山大峻
「伝道について」『教学研究所紀要』九　中臣至
「伝道の課題」『龍谷教学』三七　森田真円
「伝道についての断章」『真宗教学の諸問題』藤澤量正
「真宗伝道論」『教学研究所紀要』七　上山大峻
「真宗布教管見」『教学研究所紀要』七　三宮義信
「真宗教学における伝道の今日的課題と可能性」『真宗学』一〇五・一〇六　深川宣暢

(11)
「善導の禮讃と安心起行作業」『真宗学』一七・一八　藤原凌雪
「浄土真宗の儀礼と荘厳　第一節」『浄土教学の諸問題』下　梯實圓
「善導大師の行業論―浄土教儀礼論の源流―」『浄土教学の諸問題』下　梯實圓
「宗教的儀礼とその態度」『宗教研究』新四―五　宇野円空
「宗教儀礼の序論的考察」『宗教研究』新一二―四　棚瀬日出麿

(12)「浄土真宗における儀礼論」『日本仏教学会年報』六三　徳永道雄
「真宗教義と儀礼」『教学研究所紀要』三　藤澤信照
「仏教における葬送儀礼」『中央仏教学院紀要』一四　日野和憲
「浄土真宗の儀礼と荘厳　第二節」『浄土教学の諸問題』下　梯實圓
「真宗教団における儀礼―特に法会について―」『大谷学報』三七―一　堅田修
「真宗大谷派における勤式法式の本質について」『日本仏教学会年報』四三　瀬尾顕證
「真宗における儀礼の問題」『真宗研究会紀要』二六　朝倉昌紀

(13)「宗門をめぐる習俗・儀礼の諸問題」『教学研究所紀要』三　佐々木正典
「わが宗門と習俗・迷信」『伝道院紀要』二九　佐々木正典
「(続)わが宗門と習俗・迷信」『伝道院紀要』三〇　大村英昭
『儀礼奉還』佐々木正典

(14)伝道・儀礼に関するそれぞれ①~③の論文をいくつか挙げたが、どちらにも分類し得るもの、複数にまたがっているものが多いため、発表者が便宜上分類した。現代の伝道に関するものはそれぞれの論文の最後に少し触れているものは多い。しかし、大半を現代に焦点を絞ったものは圧倒的に少ないのでそれは①②に分けた。挙げているもので分類の分け方に著者との相違があるかもしれないが、ご容赦願いたい。

(15)「浄土真宗における儀礼論」『日本仏教学会年報』六三　徳永道雄
尚、自力であるという主張について註24に詳細を述べておく。

(16)伝道と儀礼について書かれているのは註17の梯氏の箇所や、『儀礼奉還』(佐々木正典)に「儀礼は教義と対等のものであって、教学・伝道とは別立すべきものである。」とあるくらいで詳細を述べているものは見当たらない。ちなみに、佐々木氏は伝道よりも儀礼優位な立場で述べており、「戦後、宗門がとってきた教義と伝道の二本柱を組み変え、宗門の基本方針を教義と儀礼の二本柱の宗門に方向転換すれば、宗門イノベーションは実現する」と述べている。本論の結論にもあるが、伝道と儀礼は並列的に存在すべきだと考えるので佐々木氏の意見には賛同しかねる。

（17）「浄土真宗の儀礼と荘厳　第二節」『浄土教学の諸問題』下　梯實圓　一六七頁
（18）参詣者の未信→獲信という方向を前提とする。真宗学では信前信後について多数議論はされているが、ほとんどが信後の言及で信前については問題にされていない印象が否めない。その点も考慮していく。
（19）儀礼や伝道を考える際に、儀礼にも伝道的側面があり、逆に伝道にも儀礼的側面があるのではないか、とも考えられる。本論では儀礼・伝道を基本的にそれぞれ別々の役割があることを前提とし、論をすすめていく。適宜関係性や内含性については述べていく。
（20）『仏教の儀礼』藤井正雄　一三頁
（21）『真宗聖教全書』三　一九頁
（22）『真宗聖教全書』三　七六五頁
（23）「儀式などは、さほどに重きをなして居なかったのである。」（『真宗史の研究』山田文昭）とあるように「念仏一行」のみを儀式観とみる見方もある。
（24）徳永氏は「浄土真宗における儀礼論」（『日本仏教学会年報』六三）の中で以下のように儀礼論において信前信後説を用いることを否定している。

直線的時間の上に信心決定の時を設定し、それ以前を「信前」、以後を「信後」と名づけて、これにもとづいて宗教的行為を自力と他力、助業と正定業などに分類する基準とされてきたものである。しかし、ごく素直に考えてみて、仮に親鸞のいう他力信心をある日ある時忽然と得た人があるとしても、いったいそういう人の信後の（？）行業について助正論を持ち出す必要性があるのだろうか。（中略）かくして、「信前・信後」の概念にもとづいた「安心・起行・作業」説は今我々が問題とするべき儀礼論においては、まず最初に批判されかつ排除されなければならぬものということになる。

また、同論文内にて回心前はすべて自力の心行であるだとすると、人間否定の論理なってしまい、人間の営為である儀礼の入り込む余地がないと述べた後、さらに

信前とはうってかわって信後に生ずる「これで間違いない」という確信あるいは大安心の境地であろうか。ふつう、「信相」を実体的なものとしてとらえていることは明らかであり・・・

とある。徳永氏は信前信後と自力他力や助業などと結びつけること、信前の行為性の否定、信相の実体的表現から信前信後説を儀礼論に用いることを否定している。

ただ、本論で信前信後を用いるのは自力他力や助業を持ち出すためではなく、実体的に捉えることができない「信心」を、「現場」において念仏者としての信仰を仮にモデルケースとして示すために用いた。また、『御文章』には

そもそも、この御正忌のうちに参詣をいたし、こころざしをはこび、報恩謝徳をなさんとおもひて、聖人の御まへにまゐらんひとのなかにおいて、信心を獲得せしめたるひともあるべし、また不信心のともがらもあるべし。もつてのほかの大事なり。そのゆゑは、信心を決定せずは今度の報土の往生は不定なり。されば不信のひともすみやかに決定のこころをとるべし。(『真宗聖教全書』三　五〇七頁)

とあり、信前(未信)↓信心決定に重きをおいた箇所も見られる。法要の場においては自分自身も参詣する他の人も信前か信後か明確ではない。ただ、この文にもあるように両者が混在している場でもあると言える。そこで、両者を信前信後とし、信後のみを強調する傾向にあった儀礼論ではない儀礼論を目指すために信前という概念を用いた。

(25)　「浄土真宗における儀礼論」『日本仏教学会年報』六三　徳永道雄

(26)　「宗門をめぐる習俗・儀礼の諸問題」『教学研究所紀要』三　佐々木正典

(27)　仏教における儀礼の内容や分類については『仏教の儀礼』(藤井正雄)に詳しく述べられている。仏教の基本理念である上求菩提・下化衆生の観点から具体的な儀礼を挙げて分類している。本論では直接取り上げず、ここで紹介するのみにしておく。

(28)　その他の儀礼について『宗教学辞典』(東京大学出版)には三者の意見が掲載されている。

①儀礼とは個人の宗教的経験と憧憬との発現であって、それは媒介的現象の機構によって発展し宗教的集団の現象によって結合し以て増大する所のものである。(ウィル)

②儀礼は聖なるものに向けられた行為で、そこにおいては手段と結果の関係が象徴的で本来的なものではないととらえている。この見方は儀礼のもつ非合理的性格に注目したもの。(デュルケム)

③宗教儀礼は聖化された行動としてとらえ、その中にエトスや世界観が象徴的なかたちで含まれていると指摘して

いる。これは世界観との関係で儀礼を把握する見方に立っている。（ギアツ）

(29)「儀礼」『宗教と神話』第6巻　宇野円空　二二三〜二二四頁

(30)「宗教儀礼の序論的考察」『宗教研究』12—4　棚瀬日出麿

(31)「宗教儀礼とは、その感情を規制した形で表現し、その結果、当該社会の結束を強化する役割を担っている…」（「宗教儀礼の保守性と創造性」『日本仏教学会年報』四三　星野英紀）、「儀礼とは習俗と不可分のものとして扱われるべきものであって、まさに宗教の日常性を象徴する概念である…」（「浄土真宗における儀礼論」『日本仏教学会年報』六三　徳永道雄）といった意見もある。

また、儀礼を考える際、信仰の問題、習俗の問題、呪術的儀礼の問題、生活の中における宗教的行動について、他宗教の儀礼、など様々な範囲に及ぶ。しかし、すべての分野に及ぶと煩雑になってしまうため、ある程度範囲をしぼって考察する。

(32)『宗教儀礼の研究』竹中信常　一二頁

(33)『宗教学』宇野円空　七五頁　二五三頁　二五八頁　二六五頁など

(34)『宗教学』宇野円空　二五三頁

(35)『心理学事典』（平凡社）の「模倣」の項目には「積極的・能動的にある目的を遂行するための手段として他の行動をならおうとするものなどをふくみ、さらに慣習・流行の模倣などのように自己の属する集団の行動に合致しようとする同調行動などまでふくましめることがある。（中略）対応依存的行動とは、先導者ないしモデルとなる固体は、環境刺激中適切な手がかりを知っているが、従属者はそれを知らないために、いつ、どこで、どう行動すべきかは先導者に依存せざるをえない状況を意味する。（中略）能動的模倣とは、模倣者が他の人をモデルとして行動する際に、自分のしつつある行動と、モデルの行動が一致しているか否かを意識しその同一と差異を手がかりとして次の行動を調節していくことを意味する。」とある。

(36)『宗教学』宇野円空　二五五〜二五六頁

(37)『真宗聖教全書』二　四四頁

(38)『真宗聖教全書』二　一六六頁

(39)『宗教学辞典』（東京大学出版）の「合一」の項目には「絶対者との融合一体、神人合一、梵我合一など、ひろく宗教史にあらわれる体験形態である。術語的には、いわゆる「神秘的合一」としての神秘主義の基本概念をなす。」とある。
(40)『宗教学』宇野円空　七五頁
(41)「宗祖の証果論」（『龍谷教学』四一　内藤知康）に指摘されているように、真宗においては、阿弥陀仏の救済によって往生していくが、衆生は阿弥陀仏そのものにはならないということを見逃してはならないだろう。
(42)『真宗聖教全書』二　五八頁
(43)『真宗聖教全書』二　六〇五頁
(44)『真宗聖教全書』三　四四〇頁
(45)『真宗学』一一一・一一二　杉岡孝紀
(46)『親鸞教学の基礎的研究（二）』石田充之　四一九頁
(47)「親鸞思想における「常行大悲」の意味」（『真宗学』一〇九・一一〇　玉木興慈）において「念仏者が念仏を勧める事のみを「行大悲」というべきではなく、念仏者が念仏者として生きる、その姿が「行大悲」といういとなみであって（中略）説き手が誰であろうと、その者が弥陀に生かされつつ生きているというその姿が伝道なのである。」とある。
(48)宇野圓空「伝道の発達及び動機」『六条学報』一四七
(49)①よき友。親友。良友。自分のことをよくしってくれている人。友達。心の友。善友ともいう。②高い徳行を具えた人物。③ブッダの教えを継承し、伝播する人びと。④教えを説いて仏道に入らしめる人。立派な指導者。教え導く人。正しい道に導く人。人に生まれてきたことの真の意味を教えてくれる人。賢者。⑤禅宗では、よい指導者、正しく導く人である師家をいう。⑥浄土真宗では、信徒が法主をよぶ称。（『仏教語大辞典』中村元）
(50)『真宗聖教全書』三　一五一頁～一五三頁
(51)『御文章』には「善知識ばかりを本とすべきこと、おほきなるあやまりなりとこころうべきものなり。」（『真宗聖教全書』三　四四二頁』）とあるように、善知識をたのみとすることは誤っているという点は忘れてはならない。

(52) 「親鸞思想における善知識の意義」『中央仏教学院紀要』一二・一三　玉木興慈
(53) 獲得した信心（教義的側面で言う信心）が変化するという意味ではない。獲得した信心そのものは変わらない。ただ、被伝道者は聴聞に対しての積極性が深くなり、自身の凡夫性や阿弥陀仏の救済に対する宗教的情緒が深くなる、味わいが深くなるという意味で「深化」とした。
(54) 『真宗聖教全書』二　七二頁
(55) 『真宗聖教全書』二　六〇四頁
(56) 「浄土真宗の儀礼と荘厳　第一節」『浄土教学の諸問題』下　梯實圓　一六一頁
(57) 獲信について宿善の問題もここで関係してくるだろう。『御文章』二帖一一通（『真宗聖教全書』三　四四二頁）には五重の義を示し、その要因に宿善を挙げている。
また、「真宗宿善論の所説について―真宗宿善論序説―」（佐々木覚爾『宗学院論集』七八）には、宿善について「獲信へと機を導く大悲調育の相」としている。古来からの当相自力体他力の見解に賛同する。
(58) いささか抽象的な言葉であるので、私見を載せておく。
真宗は特に蓮如の頃から民衆を中心として教えがひろまった。それは蓮如自身の民衆に対する教化の姿勢も充分にある。ただ、それだけではないだろう。教えを受け入れる民衆もそれに応えるだけの問題意識もあっただろうし、その教えに共感していくことがなければこのようなひろまりはなかったと考えられる。そのように、聞く側に教えを受け入れてもらい、共感させしめる教化が伝道する側に求められている。伝道する側と聞く側の思いが一致するところに「生きた」真宗が生れてくるのではないだろうか。
(59) 図Ⅱのような理想に近づけるためには、伝道する側、儀礼を執行する側の問題も多分にある。その視点も見逃してはならないだろう。
(60) 法話と音楽ライブや落語などを組み合わせたもので、各地の寺院で行われるようになった。一般寺院では除夜会は普段寺院に足を運ばない人も訪れる傾向にある。それは伝道・儀礼を行うのに最適な場面であろう。
(61) ホームページにおいての調査・研究はいくつか見受けられる。
「布教用ホームページの効用について―広島県における仏教寺院の事例より―」『國學院大學日本文化研究所紀要』

八四　深水顕真
「宗教ウェブサイトの実力―広島県内の寺院・教会の事例より―」『宗教と社会』六　深水顕真
「インターネット上の浄土真宗寺院」『教学研究所紀要』一〇　寺田憲弘
「IT時代の伝道について」『龍谷教学』三七　生駒孝彰
ただ、ホームページの紹介や管理者へのインタビューのみというのもあり、インターネットを使用した本格的な議論は少ない。
(62)　『インターネット時代の宗教』国際宗教研究所編　一九頁　三九～四〇頁　四九頁　一三五頁　一三九頁　一五四頁　一五九頁
(63)　『インターネット時代の宗教』国際宗教研究所編　八〇頁　一〇一頁　一五一頁　一六六頁

著者紹介（論文掲載順）

大田　利生　龍谷大学名誉教授・勧学・文学博士
佐々木大悟　龍谷大学専任講師・博士（文学）
弘中　満雄　龍谷大学元非常勤講師
岡崎　秀麿　龍谷大学非常勤講師・本願寺派総合研究所研究員・博士（文学）
二條　秀瑞　真宗誠照寺派法主
真名子晃征　龍谷大学非常勤講師・博士（文学）
八力　廣超　慈光寺住職・博士（文学）
野村　淳爾　浄土真宗本願寺派総合研究所研究員
中平　了悟　龍谷大学実践真宗学研究科実習助手
玉木　興慈　龍谷大学教授
能美　潤史　龍谷大学専任講師・博士（文学）
岸　　弘之　龍谷大学大学院博士後期課程満期退学
長岡　岳澄　中央仏教学院常任講師

浄土思想の成立と展開

2017年4月10日　第1刷

編　者　大　田　利　生

発行者　永　田　　悟

印刷所　㈱図書印刷　同　朋　舎

製本所　㈱吉田三誠堂

発行所　永　田　文　昌　堂
京都市下京区花屋町通西洞院西入
電　話　075(371)6651番
FAX　075(351)9031番
振　替　01020-4-936

ISBN978-4-8162-3046-2　C1015

真宗心理へのアプローチ
――文化的自己観と真宗的宗教性の関係から――

長　岡　岳　澄

1．目的と問題

本研究の目的は、文化的自己観に基づき、真宗的宗教性を実証的に検討することにある。

上記の目的設定の背景は以下の通りである。

真宗という宗教体系を考える際には、教義・教学などの知的側面と同時に、心理的・社会的な側面も捉えていく必要があると考えられる。これは、真宗が示す人間観・世界観、及び救済観とともに、それが心理的にどのように受けとめられ、社会的にどのようにはたらいているのかを把握していく必要があるであろうということである。

このような真宗体系を捉えていくためには、複数の視点が必要であるが、その一つとして真宗のもつ宗教性（真宗的宗教性[(1)]）が、実際にどのように受けとめられているかを把握していこうとする視点が挙げられる。

このような背景から、本研究においては、この真宗的宗教性を明らかにする一つの考察として、先行研究における真宗的宗教性における二つの要因と、自己概念、特に文化的自己観との関係という視点から実証的調査を通してアプローチしていくこととする。

2．先行研究の概観と先行研究の問題点

真宗における宗教性に関して、すでに金児（1997）[2]は宗教性の多元性という視点から真宗門信徒として期待されるべき宗教性としての「真宗信仰性」、祖先崇拝・現世祈願といった習俗的宗教性としての「民俗宗教性」[3]の二つの因子が存在することを指摘している。

金児は更に日本人における宗教観について調査し、そこに向宗教性[4]、加護観念[5]、霊魂観念[6]という三つの宗教観を見いだしており、日本人における「民俗宗教性」が対人関係観と密接に関連し、特に対人的依存性を背景としていることを指摘している。

この金児の理論から、日本人における宗教性は日本的自己観[7]と密接に関係し、そして民俗宗教性が根底にあると考えられる。

しかし、金児の研究は日本人の宗教性を明らかにすることが目的であるため、真宗的宗教性と日本的自己観との関係性については明確にされていない。

そこで、本研究においては、真宗的宗教性と日本的自己観との関係性について調査し、この日本的自己観については、文化[8]と自己の相互関係という視点からの文化的自己観の理論を用いる。

この文化的自己観とは、人の主体に関する通念（自己観）は、その所属する文化的価値観からの影響を受けて形成され、また、そうして形成された自己観からの影響を受けて文化は形成される、という自己と文化の相互構成過程に注目したものである。そして、この視点から、欧米文化において優勢である「相互独立的自己観」[9]と日本などにおいて優勢である「相互協調的自己観」[10]という二つの自己観が提唱され、また調査されている（北山 1998、高田 2004）[11]。

3．本研究における理論的枠組みと仮説の設定

本研究の理論的枠組みとしては、上記の真宗的宗教性における「真宗信仰性」と「民俗宗教性」、文化的自己観における「相互独立的自己観」と「相互協調的自己観」の各考え方を用いる。

そして、本研究においては、この「真宗信仰性」と「相互独立的自己観」、「民俗宗教性」と「相互協調的自己観」の間にそれぞれ相関があるとする仮説を設定する。

このような仮説設定の理由は下記の通りである。

「民俗宗教性」とは素朴な信仰に根ざし、民衆を主たる担い手として展開する宗教性を表わしたものであると考えられる。金児がこの「民俗宗教性」は日本人の対人関係観、特に他者への信頼を前提とした依存あるいは期待を基盤としていると指摘するように[12]、対人関係において自己を位置づけようとする「相互協調的自己観」と強い因果関係があるものと考えられる。

一方、「真宗信仰性」とは真宗における宗教的信念・経験・知識・実践を含むものであり、真宗門信徒に期待される宗教性を表わし、これは各自における信仰体系の確立と深く関わるものであると考えられる。そして、「相互独立的自己観」とは周囲の状況とは独立にある主体の持つ能力・才能といった様々な属性によって自己を意味づける価値観であり、これは主体的な信仰体系の確立といったことと関わるものであると考えられ、このことから「真宗信仰性」と関係があるものと考えられる。

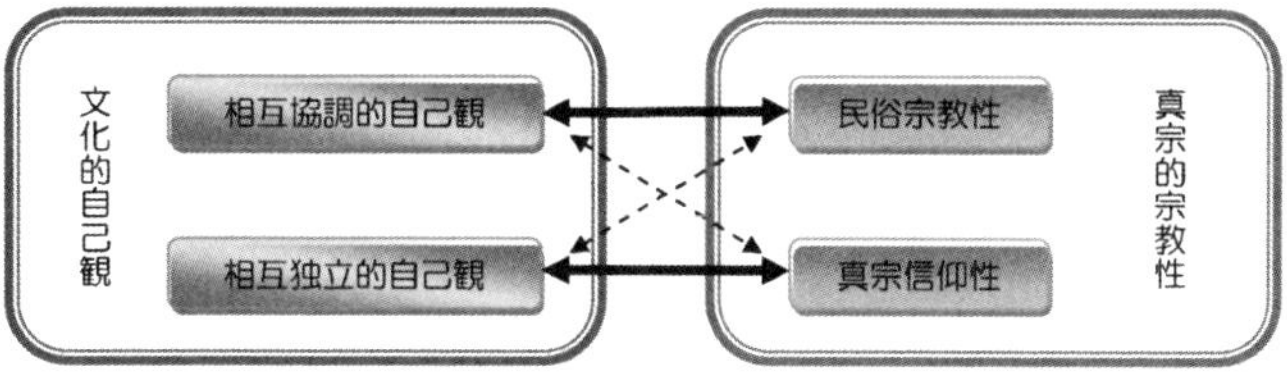

図―1　日本的自己観における真宗的宗教性

4．方　　法

本研究では、上記の理論的枠組みに基づいて設定された仮説を検証するために、質問紙調査を行う。本研究において質問紙調査を採用した理由としては、質問紙調査の特性として個人の内面を幅広くとらえることが可能である点、多人数に同時に実施できる点、実施の条件を斉一にできる点が本調査の目的に適しているということが挙げられる。

本調査は以下の二つの集団において実施した。

①2005年6月29日に龍谷大学にて真宗を学ぶ学生55名を対象として実施した。配布方法としては、真宗学の講義において直接配布し、その場で回収した。内訳は男39名、女16名、平均年齢は22.4歳、最頻値は20歳であった。

②2005年8月に滋賀教区の門徒推進員を対象として実施した。配布方法としては、調査票を郵送し、後日回収した。回収数は178票、内訳は男117名、女61名、平均年齢は68.1歳であった。

本調査における調査項目としては、「真宗信仰性」・「民俗宗教性」を測定する項目として浄土真宗本願寺派において行われた「第7回宗勢基本調査」における宗教意識と宗教行動に関する35項目[13]を用いた。「相互独立的自己観」と「相互協調的自己観」を測定する項目としては高田（1996）[14]の「文化的自己観尺度」20項目を用いた。また、「真宗信仰性」を補足する項目として真宗の

教えに関する項目17項目を加えた。これらの項目は添付資料1の表1〜4の通りである。

5．結　　果

本調査における各項目の記述統計量は添付資料2の通りである。

本調査における仮説を検証するために、学生と門徒推進員との回答群をそれぞれ以下の通りに分析した。

5－1宗教意識に関する項目

5－1－1　学生対象

宗教意識に関する20項目について因子分析を行った。その結果3つの因子が抽出され、また、「B-10信仰は、ほんとうの自分の姿を知る鏡である」「B-15全体としてみて、わが教団はよい教団だと思う」の二つの項目は因子負荷量がどの因子にも小さいことから、分析から除外した。残りの18項目について再び因子分析を行った結果が次の表である。

表—5　宗教意識・因子負荷量（学生）

	因子		
	1	2	3
B-9_靖国参拝	**0.679**	−0.380	0.268
C-3_年中行事	**0.661**	0.088	−0.282
B-6_氏神祭への協力	**0.627**	0.003	0.052
B-7_祖先崇拝	**0.616**	0.061	0.116
B-13_イエ意識	**0.558**	0.286	0.077
C-4_神社の境内	**0.526**	−0.116	−0.196
B-11_水子供養	**0.442**	−0.059	0.108
C-1_み仏に抱かれる	−0.080	**0.707**	0.144
C-5_イエの継承	0.376	**0.586**	−0.123
B-3_死に直面しても	−0.024	**0.582**	−0.038
B-1_寺は楽しい	0.078	**0.550**	−0.073
B-14_あかるい人生目標	−0.059	**0.535**	0.345
B-2_死後の世界	−0.020	**0.519**	0.030

C－2_聖典の読書	－0.136	**0.473**	－0.129
B－12_配偶者選択	0.128	－0.008	**0.614**
B－5_人格者	－0.239	0.027	**0.593**
B－8_仏教はすぐれている	0.088	－0.169	**0.556**
B－4_先祖供養	0.108	0.200	**0.513**

この結果、第一因子は「靖国神社への参拝」・「年中行事への参加」・「祖先崇拝」等「民俗宗教性」を示すものであると考えられ、第二因子は「み仏に抱かれる」「死に直面してもやすらぎの気持ちを持てる」等、真宗において期待される「真宗信仰性」を示すものであると考えられる。

この二つの因子は口羽・舟橋（2003）の結果と同様であり、これらの項目の妥当性が証明されるとともに、真宗的宗教性においては「民俗宗教性」と「真宗信仰性」の要因があることが確認された。

しかし、今回の調査においてはこの二つの因子の他に「結婚相手は同じ宗教から」「宗教的な人は道徳的に立派であるべき」「仏教はすぐれている」といった項目と負荷量が高い因子が抽出された。この因子は宗教性のなかの道徳的要因を示すものであると考えられ、本調査においては「道徳的宗教性」と名づける。

5－1－2　門徒推進員対象

上記と同様に、宗教意識に関する項目について因子分析を行った。その結果、二つの因子が抽出され、また、「B－5真に宗教的な人は、日常生活すべての面で道徳的に立派であるべきだ」と「B－8仏教はキリスト教よりすぐれた宗教である」については、因子負荷量が両因子ともに低いことから、分析から除外した。残りの18項目について、再び因子分析を行った結果が次の表である。

表－6　宗教意識・因子負荷量（門推）

	因子	
	1	2
B－14_明るい目標	**0.815**	－0.041
B－15_よい教団	**0.700**	0.152

C－1_み仏に抱かれる	**0.680**	0.058
B－1_寺は楽しい	**0.626**	－0.019
B－10_自分を知る鏡	**0.606**	0.149
B－3_死に直面しても	**0.567**	－0.155
B－2_死後の世界	**0.541**	0.024
C－2_聖典の読書	**0.479**	－0.273
B－12_結婚相手	**0.355**	0.073
B－13_イエ意識	0.018	**0.649**
B－9_靖国神社	－0.089	**0.615**
B－11_水子供養	－0.037	**0.576**
B－7_祖先崇拝	0.057	**0.575**
B－6_氏神祭	－0.223	**0.563**
B－4_先祖供養	0.169	**0.460**
C－3_年中行事	0.206	**0.384**
C－4_神社の境内	－0.029	**0.361**
C－5_イエの継承	0.109	**0.354**

この結果、第１因子は「明るい目標が与えられる」「よい教団だと思う」「み仏に抱かれている実感」等、「真宗信仰性」を示す因子であると考えられ、第２因子は「家や墓は大切にすべき」「靖国神社への参拝」「水子供養」等、「民俗宗教性」を示す因子であると考えられる。

また、学生への調査結果とは異なり、第３因子「道徳的宗教性」は見いだされなかった。

５－２文化的自己観に関する項目

５－２－１　学生対象

次に文化的自己観尺度についても同様に因子分析を行った。その結果二つの因子が抽出され、また、「Ｅ-18　人と意見が対立したとき、相手の意見を受け入れることが多い」の項目はどちらの因子にも負荷量が小さいために除外した。残りの19項目について再び因子分析を行った結果が次の表である。

表―7　文化的自己観尺度・因子負荷量（学生）

	因子	
	1	2
E-6_どう評価しているか気になる	**0.861**	−0.249
E-12_人から好かれることは大切	**0.738**	0.202
E-16_所属集団との対立を避ける	**0.680**	0.139
E-2_人がどう思っているか気になる	**0.679**	−0.154
E-8_相手との関係が気になる	**0.478**	0.156
E-10_和を維持することは大切	**0.461**	0.079
E-14_自分のいる状況によって決まる	**0.453**	0.324
E-4_何か行動するとき、なかなか実行に移せない	**0.452**	−0.238
E-20_状況によって自分の態度を変える	**0.396**	−0.067
E-3_最良の決断は自分自身で考えたもの	0.051	**0.740**
E-7_自分の信じるところを守り通す	−0.022	**0.637**
E-19_自信をもって発言	−0.036	**0.578**
E-17_自分の意見をはっきり言う	0.259	**0.572**
E-5_自分でいいと思うことは、他人の考えは関係ない	−0.172	**0.538**
E-1_自分の意見を持つようにしている	0.214	**0.528**
E-15_自分の考えが他人と異なってもきにならない	−0.241	**0.489**
E-11_良い悪いかは自分でどう考えるか	0.106	**0.464**
E-9_自分一人で決断する	0.017	**0.441**
E-13_自分が何をしたいかわかっている	0.022	**0.410**

この結果、第一因子は「相互協調的自己観」を示し、第二因子は「相互独立的自己観」を示すものであると考えられる。

5―2―2門徒推進員対象

上記の方法と同様に因子分析を行った。この結果、4つの因子が抽出され、また「E-11良いか悪いかは、自分自身がそれをどう考えるかで決まる」は、因子負荷量がどの因子にも低いため除外した。残りの19項目について、再び因子分析を行った結果が次の表である。

表―8　文化的自己観尺度・因子分析（門推）

	因子			
	1	2	3	4
E-19_自信をもって発言し行動している	**0.773**	−0.095	−0.034	0.126
E-17_自分の意見をはっきり言う	**0.750**	−0.045	0.101	−0.076
E-1_自分の意見をもつようにしている	**0.630**	0.087	−0.033	−0.113
E-3_最良の決断は自分自身で考えたもの	**0.438**	0.134	0.088	−0.048

E-13_自分が何をしたいか分かっている	**0.419**	−0.149	0.162	0.288
E-2_人がどう思っているか気にする	0.209	**0.835**	−0.144	−0.098
E-6_相手がどう評価しているか気になる	−0.055	**0.802**	0.021	0.059
E-4_何か行動するとき結果を予測してなかなか実行に移せない	−0.230	**0.577**	0.130	0.047
E-8_相手との関係や地位が気になる	0.073	**0.528**	0.093	0.094
E-15_自分の考えが他人と異なっていても気にしない	−0.027	0.020	**0.675**	−0.078
E-7_自分の信じるところを守り通す	0.038	0.005	**0.618**	0.177
E-5_自分でいいと思うなら他の人がどう考えるか気にしない	0.187	0.031	**0.611**	−0.266
E-9_自分一人で決断する	0.032	0.029	**0.438**	0.052
E-12_人から好かれることは大切	0.092	0.057	−0.109	**0.521**
E-18_相手の意見を受け入れる	−0.257	−0.006	0.149	**0.515**
E-14_どう感じるかは自分のいる状況によって決まる	0.146	0.190	0.003	**0.470**
E-10_和を維持することは大切	0.069	−0.032	−0.143	**0.459**
E-16_所属集団との対立を避ける	−0.088	−0.101	0.008	**0.429**
E-20_状況によって自分の態度を変えることがある	−0.027	0.133	0.007	**0.420**

この結果、第1因子は「自身をもって発言し行動している」「自分の意見をはっきり言う」等、相互独立的自己観の属するものであり、その中の「独断性」を示す因子であると考えられる。第2因子は「人がどう思っているか気になる」「相手との関係や地位が気になる」等、相互協調的自己観に属するものであり、「評価概念」を示す因子であると考えられる。第3因子は「自分の考えが他人と異なっていても気にしない」「自分の信じるところを守り通す」等、相互独立的自己観に属するものであり、「個の認識」を示す因子であると考えられる。第4因子は「人から好かれることは大切」「相手の意見を受け入れる」等、相互協調的自己観に属するものであり、「他者への親和」を示す因子であると考えられる。

5―3真宗の教えに関する項目

5―3―1学生

真宗の教えに関する17項目についても同様に因子分析を行った。この結果二つの因子が抽出され、「F-7阿弥陀如来による救いに疑念を抱く」の項目がどちらの因子にも負荷量が小さかったため除外した。残りの16項目について再び

因子分析を行った結果が次の表である。

表ー9　真宗の教えの関する項目・因子分析

	因子	
	1	2
F-1_仏のおかげで自分らしい生き方ができる	**0.877**	−0.201
F-6_救われがたい自分が救われている	**0.876**	0.082
F-2_仏によって救われている	**0.828**	−0.275
F-10_仏に抱かれているという実感	**0.818**	−0.162
F-8_仏への帰依によって人生の目標があたえられている	**0.817**	−0.121
F-4_仏力によって救われる	**0.806**	0.179
F-16_救いを信じている	**0.754**	0.054
F-17_仏によって生き方の裏打ちがされている	**0.704**	−0.048
F-14_仏は自分を理解してくれる	**0.610**	0.191
F-12_仏は自己の存在の意味を教えてくれる	**0.597**	0.299
F-9_自分の力では救いが得られない	**0.527**	0.301
F-13_罪深いもの	−0.043	**0.865**
F-5_欲にまみれている	−0.153	**0.773**
F-11_悪人だと思う	0.199	**0.771**
F-3_数々の罪を犯してきた	−0.217	**0.710**
F-15_迷い続けている	0.166	**0.654**

この結果、第一因子は「仏のおかげで自分らしい生き方ができる」「救われがたい自分が救われている」等、11の項目で負荷量が高く、第二因子は「罪深いもの」「欲にまみれている」等、5つの項目で負荷量が高くなった。このことから、第一因子は「真宗的救済観」を示し、第二因子は「罪業観」を示すものであると考えられる。

5—3—2門徒推進員対象

上記の方法と同様に因子分析を行った。この結果、一つの因子が抽出され、その結果が次の表である。

表—10　真宗の教えに関する項目・因子分析（門推）

	因子
	1
F-6_救われがたい自分が救われている	**0.896**
F-4_仏力によって救われる	**0.894**
F-14_仏は自分を理解してくれる	**0.864**
F-16_救いを信じている	**0.845**

F-10_仏に抱かれているという実感	**0.805**
F-13_罪深いもの	**0.790**
F-12_仏は自己の存在の意味を教えてくれる	**0.768**
F-11_悪人だと思う	**0.727**
F-2_仏によって救われている	**0.713**
F-3_数々の罪を犯してきた	**0.713**
F-8_仏に帰依することにより人生の目標が与えられている	**0.698**
F-5_欲にまみれている	**0.683**
F-1_仏のおかげで自分らしい生き方ができる	**0.638**
F-17_生き方は仏によって裏打ちされている	**0.629**
F-15_迷い続けている	**0.554**
F-9_自分の力では救いが得られない	**0.516**
F-7_阿弥陀仏の救いに疑問	**0.470**

以上、学生対象の調査結果からは、宗教意識に関しては「真宗信仰性」「民俗信仰性」「道徳的宗教性」、文化的自己観においては「相互独立的自己観」「相互協調的自己観」が、そして、真宗の教えに関しては「真宗的救済観」「罪業観」という因子が抽出された。

また、門徒推進員対象の調査結果からは、宗教意識に関しては「真宗信仰性」「民俗宗教性」、文化的自己観においては相互独立的自己観として「個の認識」と「独断性」、相互協調的自己観として「他者の親和」と「評価概念」の因子が抽出された。また、真宗の教えの関する項目からは一つの因子が抽出された。

5—4　相関係数の算出

これらの各因子間の関係を見るために相関係数を算出した。この結果を示したものが次の表である。

表—11　各因子間の相関係数（学生）

	民俗宗教性	真宗信仰性	道徳的傾向	相互協調的自己観	相互独立的自己観	救済	機の深信
民俗宗教性	1	.089	.096	.030	**.374**	−.013	.054
真宗信仰性	.089	1	.096	.173	−.095	**.810**	**.268**
道徳的傾向	.096	.096	1	.097	**.309**	.202	.163
相互協調的自己観	.030	.173	.097	1	−.158	.229	**.296**

相互独立的自己観	**.374**	−.095	**.309**	−.158	1	−.015	−.089
救済観	−.013	**.810**	.202	.229	−.015	1	.209
罪業観	.054	**.268**	−.163	**.296**	−.089	.209	1

この結果、「真宗信仰性」と「真宗的救済観」との間に強い相関が見られ、「民俗宗教性」と「相互独立的自己観」、「真宗信仰性」と「罪業観」、「道徳的宗教性」と「相互独立的自己観」、「相互協調的自己観」と「罪業観」、「真宗的救済観」と「罪業観」との間に弱い相関が見られた。

表—12　各因子間の相関係数（門推）

	民俗宗教性	真宗信仰性	個の認識	独断性	評価概念	他者への親和	教えに関する因子
民俗宗教性	1	.098	.121	−.065	**.185**	**.270**	**−.264**
真宗信仰性	.098	1	**.248**	**.365**	−.028	.140	**.709**
個の認識	.121	**.248**	1	**.506**	−.127	**.196**	.134
独断性	−.065	**.365**	**.506**	1	−.029	**.157**	**.432**
評価概念	**.185**	−.028	−.127	−.029	1	**.241**	−.024
他者への親和	**.270**	.140	**.196**	**.157**	**.241**	1	.132
教えに関する因子	**−.264**	**.709**	.134	**.432**	−.024	.132	1

	民俗宗教性	真宗信仰性	相互協調的自己観	相互独立的自己観	教えに関する平均
民俗宗教性	1	.098	**.272**	.015	**−.264**
真宗信仰性	.098	1	.047	**.346**	**.709**
相互協調的自己観	**.272**	.047	1	.047	.053
相互独立的自己観	.015	**.346**	.047	1	**.324**
教えに関する平均	**−.264**	**.709**	.053	**.324**	1

この結果、「民俗宗教性」は「他者への親和」と正の弱い相関、「教えに関する因子」と負の弱い相関がみられ、「真宗信仰性」は「個の認識」・「独断性」と正の弱い相関、「教えに関する因子」と正の強い相関がみられた。

また、「個の認識」は「独断性」と正の相関、「独断性」は「教えに関する因子」と正の相関、「評価概念」は「他者への親和」と弱い正の相関が見られた。

6．考　　察

以上の調査結果を、本研究の理論的枠組みと、それに基づく仮説設定から考察する。

6－1　学生対象

本研究においては、図－1のように、「相互協調的自己観」と「民俗宗教性」、「相互独立的自己観」と「真宗信仰性」との間に因果関係があるという仮説を設定した。しかし、表―11に示した通り「相互協調的自己観」と「民俗宗教性」との相関係数はｒ＝.03、「相互独立的自己観」と「真宗信仰性」との相関係数はｒ＝－.1と、ともに無相関であるという結果となった。このことから、本研究における仮説は棄却され、二つの文化的自己観と二つの真宗的宗教性の間には関係がある、とは言い得ない。

むしろ、本調査の結果によると、「民俗宗教性」と「相互独立的自己観」との間に弱い関係ではあるものの相関関係が見られ、これは本研究の理論的枠組みとは相反するものであった。

6－2　門徒推進員対象

門徒推進員対象の調査においては、「真宗信仰性」と相互独立的自己観としての「個の認識」と「独断性」との間にそれぞれｒ＝.25、ｒ＝.37というように弱い相関がみられ、また、「民俗宗教性」と相互協調的自己観としての「他者への親和」との間にｒ＝.27と弱い相関がみられ、また、「教えに関する因子」との間にｒ＝－.26と弱い負の相関が見られた。

このことから、弱い相関であるものの、本研究における仮説は成立し、二つの文化的自己観と二つの真宗的宗教性の間には関係があると考えられる。

また、「民俗宗教性」と「教えに関する因子」の間に弱い負の相関が見られることから、「民俗宗教性」が強いほど「教えに関する因子」の影響は弱くなる、また、「教えに関する因子」が強いほど「民俗宗教性」の影響は弱くなる、と考えられる。ただし、この因果関係については明らかになっていない。

6－3　学生対象と門徒推進員対象との調査結果に違いについて

二つの調査対象群の調査結果の相違については以下の点が指摘される。

①学生においては、文化的自己観は「相互独立的自己観」と「相互協調的自己観」という大きな括りとして因子が抽出されたが、門徒推進員においては、それぞれの下位概念である「個の認識」「独断性」「他者への親和」「評価概念」という四つの因子が抽出された。

②学生においては、宗教意識について「真宗信仰性」「民俗宗教性」と「道徳的宗教性」の因子が抽出されたが、門徒推進員のおいては「真宗信仰性」と「民俗宗教性」のみであり、別に「道徳的宗教性」因子は抽出されなかった。

③学生においては、教えに関する項目から「真宗的救済観」と「罪業観」という二つの因子が抽出されたが、門徒推進員においては一つの因子としてまとまっていた。

④学生においては、本研究の仮説は棄却されたが、門徒推進員においては、弱いながらも認められた。

これらの、相違点から考えられることは以下の通りである。

①については、学生を対象とした調査数が少なかったためであると考えられる。

②、③については、門徒推進員においては、真宗の教えが自らの信念体系として組み込まれていると考えられ、学生においては知識に止まっているためであると考えられる。信念体系に組み込まれているが故に、門徒推進員において

は「罪業観」と「真宗的救済観」とが一つのものとなっており、また、「道徳的宗教性」が見られないものと考えられる。

④については、この②・③の考察から、門徒推進員においては真宗の教えが自らの信念体系に組み込まれているが故に、それが、文化的自己観、つまり、自己観と関係していると考えられる。一方、学生においては、知識に止まっているが故に、自己観との関係が見受けられないと考えられる。

7．結　　論

学生を対象とした調査においては、文化的自己観と真宗的宗教性との間には有意な関係は見られなかったが、門徒推進員という真宗的宗教性が信念体系に組み込まれていると考えられる集団を対象とした調査においては、文化的自己観と真宗的宗教性との間に弱い相関が見られた。

このことから、真宗的宗教性が信念体系に組み込まれた場合、それは文化的自己観と関係を持つものと考えられ、その場合、「真宗信仰性」は「相互独立的自己観」と関係し、「民俗宗教性」は「相互協調的自己観」と関係する。

註

（1）　本論における真宗的宗教性とは真宗に関する宗教的であることがら全般を指すものとする。ただし、この真宗的宗教性自体がどのようなものであるか、ということを探っていくことが研究のねらいでもあるため、その内容は現状においては漠然としている。また、本研究の射程から、この場合は日本における真宗的宗教性ということを前提とする。

（2）　金児暁嗣　日本人の宗教性―オカゲとタタリの社会心理学―　1997　新曜社

（3）　民俗宗教…民間信仰儀礼、民間宗教。堀（1971）によれば「自然宗教的、すなわち特定の教祖を持たず、非啓示的で、整理上の体系化が行われず、教団的にも不完全にしか組織されない、古代的、非成立宗教的な呪術宗教の残留、継承の信仰現象群を指し、しかも他面、成立宗教とも種々の面でかかわり合う混融複合的なものと規定」される。

（4）　向宗教性…一般的な意味で宗教に対して肯定的な態度（接近）を示すのか、

あるいは否定的な態度（回避）をとるのかを表わす因子とみることができるので、「向宗教性（pro-religiousness）」と名づけることができるだろう。この因子は宗教性の一般的な次元（→一般因子）を引きだしているように思われる。

（５） 加護観…神仏の加護、及び神仏の加護が人間に働いた結果、このご利益に対して人びとに湧き起こる感謝と信頼の情を表わすものと解釈できる。

（６） 霊魂観…死者への態度、その畏怖の念である。この観念は迷信・俗信と深い繋がりをもち、さらには現世利益志向へと結びつく。

（７） 自己観…自己概念。自らが自己を対象（客体）として把握した概念。自分の性格や能力、身体的特徴などに関する、比較的永続した自分の考え。自己観や自己像、自己イメージも同義に扱われることがある。自己概念は、自己観察や、周囲の人々のその人に対する言動や態度、評価などを通して形成される。

（８） 文化…文化の定義はきわめて多様であるが、本研究における文化とはいわゆる一般的な文化であるとし、人間が長年にわたって形成してきた慣習や振舞の体系であるとする。

（９） 相互独立的自己観…自己とは他の人や回りのものごとから区別され、切り離された実体であるとし、自己は周囲の状況とは独立にある主体の持つ能力、才能といった様々な属性によって定義される。

(10) 相互協調的自己観…自己とは他の人や回りのものごとと結びついて高次の社会的ユニットの構成要素となる本質的に関係志向的実体であるとし、自己の定義は、人間関係そのもの、あるいはそこにある関係性の中で意味づけられている自分の属性が中心になる。

(11) 北山忍　自己と感情―文化心理学による問いかけ―　1998　共立出版株式会社

高田利武　「日本人らしさ」の発達社会心理学　2004　ナカニシヤ出版

(12) 金児は特に「甘え」タイプの対人観が霊魂の観念と密接に関連していることから、対人的甘えが神仏への甘えに転化されていることが示唆されるとし、日本人の現世利益的志向は、親との関係における一方的な「甘え」が根底にあり、それが他者との関係、ひいては神社への関係へと展開されてゆくものと推測される、としている。

(13) 口羽益生・舟橋和夫「日本人の宗教意識と社会的実践―特に浄土真宗の門信徒を中心に―」『仁愛大学研究紀要』第２号　2003

(14) 高田利武・大本美千恵・清家美紀「相互独立的―相互協調的自己観尺度（改訂版）の作成」『奈良大学紀要』第24号　1996

添付資料１　項目一覧

表―１　宗教意識に関する項目

問Ｂ　次の１～15の項目はある人の意見です。これらの意見について、あなたは賛成ですか、反対ですか、あなたの意見にもっとも近いものをそれぞれ１つ選んでください。あまり深く考えないで、直感的に第１印象でお答えください。この

回答の選択肢は、1．全く反対、2．やや反対、3．どちらともいえない、4．やや賛成、5．全く賛成の5つです。
①　私はお寺にいくのが楽しい。
②　私には死後の世界があるように思える。
③　真宗の信仰によって、死に直面してもやすらぎの気持ちを持つことができるように思う。
④　先祖供養しない人は、信仰のない証拠である。
⑤　真に宗教的な人は、日常生活すべての面で道徳的に立派であるべきだ。
⑥　氏神の祭は地域の連帯を高めるために必要だから、ある程度協力すべきだ。
⑦　日本人特有の祖先崇拝は美しい風習だと思う。
⑧　仏教はキリスト教よりすぐれた宗教である。
⑨　靖国神社へ首相が公式参拝するのは当然である。
⑩　信仰は、ほんとうの自分の姿を知る鏡である。
⑪　水子供養はするべきである。
⑫　結婚相手は同じ宗教を信仰する人の中から選ぶべきである。
⑬　「家」や家の墓は大切にするべきである。
⑭　浄土真宗に帰依することによって、人生に明るい目標が与えられる。
⑮　全体としてみて、わが教団はよい教団だと思う。
問C　あなたは、次のような意見についてどう思われますか。あなたの意見や立場に近いものを、それぞれ1つ選んでください。（それぞれにひとつ○印）
①　あなたは、お念仏を称えているとき、み仏にいだかれているという実感を味わうことがありますか。 1．全くない、　2．あまりない、　3．ときどきある、 4．しばしばある、　5．いつもある
②　あなたは、1週間のうち、聖典や宗教的書物をどれくらい読みますか。 1．めったに読まない、　2．1時間未満、　3．1～3時間、 4．3～5時間、　5．5時間以上
③　あなたは、昔からのしきたりや年中行事を喜んで行うほうですか。それとも抵抗を感じるほうですか。 1．抵抗を感じる、　2．どちらともいえない、　3．喜んで行う
④　あなたは、神社の境内などで心がおちついたり、あらたまった気持ちになったりすることがありますか。 1．ない、　2．わからない、　3．ある

⑤　あなたに子供がない時、たとえ他人の子供でも養子にもらって、家を継がせたほうがよいと思いますか。それとも継がせる必要はないとおもいますか。 1．継がせない、　2．状況による、　3．継がせる

表―2　宗教行動に関する項目

問D　社会一般では、宗教とか信仰に関係することがらとして、次のようなことが行われています。あなたがふだんなさっておいでのことがありましたら、次の中からあてはまるものすべてに○印をつけてください。（番号に○印をつけてください）	
1	墓参りをしている。
2	この１～２年の間におみくじを引いたり、易や占いをしてもらったことがある。
3	祖先や亡くなった肉親の霊をまつる。
4	仏壇にお花やお仏飯をそなえる。
5	神棚にお花や水をそなえる。
6	決まった日に神社やお地蔵さんなどにお参りに行く。
7	折りにふれ、おつとめしている。
8	聖典や教典など、宗教関係の本をおりにふれて読む。
9	宗教に関する新聞やパンフレットを読む。
10	信仰グループに参加している。
11	奉仕グループに参加している。
12	この１～２年の間に身の安全や商売繁盛、安産、入試合格などを祈願しに行ったことがある。
13	お守りやお札など縁起ものを自分の身のまわりにおいている。
14	ふだんから礼拝、おつとめ、布教など宗教的行いをしている。
15	宗教とか信仰とかに関係していると思われることは何も行っていない。

表―3　文化的自己観尺度

問E　つぎの１～20について、あなた自身にどの程度あてはまるかをお答えください。 例えば、「常に自分自身の意見をもつようにしている」に「ややあてはまる」のであれば、選択肢の「５」の番号のところに○印を付けてください。	
1	常に自分自身の意見をもつようにしている。
2	人が自分をどう思っているかを気にする。

3	一番最良の決断は、自分自身で考えたものであると思う。
4	何か行動をするとき、結果を予測して不安になり、なかなか実行に移せないことがある。
5	自分でいいとおもうのならば、他の人が自分の考えを何と思おうと気にしない。
6	相手は自分のことをどう評価しているかと、他人の視線が気になる。
7	自分の周りの人が異なった考えをもっていても、自分の信じるところを守り通す。
8	他人と接するとき、自分と相手との間の関係や地位が気になる。
9	たいていは自分一人で物事の決断をする。
10	仲間の中での和を維持することは大切だと思う。
11	良いか悪いかは、自分自身がそれをどう考えるかで決まると思う。
12	人から好かれることは自分にとって大切である。
13	自分が何をしたいのか常に分かっている。
14	自分がどう感じるかは、自分が一緒にいる人や、自分のいる状況によって決まる。
15	自分の考えや行動が他人と異なっていても気にならない。
16	自分の所属集団の仲間と意見が対立することを避ける。
17	自分の意見をいつもはっきり言う。
18	人と意見が対立したとき、相手の意見を受け入れることが多い。
19	いつも自信をもって発言し、行動している。
20	相手やその場の状況によって、自分の態度や行動を変えることがある。

表―4　真宗の教えに関する項目

問F　つぎの1～17について、あなた自身にどの程度あてはまるかをお答えください。 例えば、「私は欲にまみれている」に「ややあてはまる」のであれば、選択肢の「5」の番号のところに○印を付けてください。	
1	阿弥陀如来・仏のおかげで自分らしい生き方ができると思う。
2	阿弥陀如来・仏のみのよって救われると思う。
3	私はこれまで、数々の罪を犯してきたと思う。
4	阿弥陀如来・仏の力によって救われると思う。

5	私は欲にまみれていると思う。
6	救われがたい自分が阿弥陀如来・仏によって救われていると思う。
7	私は阿弥陀如来・仏による救いに疑念を抱くことがある。
8	阿弥陀如来・仏に帰依することによって、人生の目標があがえられていると思う。
9	私の力では救いを得ることができないと思う。
10	阿弥陀如来・仏に抱かれているという実感を味わう。
11	私は悪人だと思う。
12	阿弥陀如来・仏は、われわれ自己の存在の意味を教えてくれると思う。
13	私は罪深いものであると思う。
14	阿弥陀如来・仏は本当の自分を理解してくれていると思う。
15	私は本来迷い続けている存在だと思う。
16	阿弥陀如来・仏により救いを信じている。
17	私の生き方は、阿弥陀如来・仏によって裏打ちされていると思う。

※文化的自己観尺度と真宗教義に関する項目群は「まったくあてはまらない」から「ぴったりあてはまる」の7段階尺度を用いた。

添付資料2 記述統計量一覧

	度数	平均値	標準偏差
性別	55	1.29	0.458
年齢	55	22.35	7.064
周辺状況	55	1.51	0.767
ボランティア	55	1.16	0.420
B-1_寺は楽しい	55	3.38	0.952
B-2_死後の世界	55	3.04	1.247
B-3_死に直面しても	55	3.18	1.278
B-4_先祖供養	55	2.35	1.004
B-5_人格者	55	2.91	1.159

	度数	平均値	標準偏差
B-6_氏神祭	55	3.35	0.947
B-7_祖先崇拝	55	3.29	0.994
B-8_仏教はすぐれている	55	2.75	1.126
B-9_靖国神社	55	2.69	1.184
B-10_自分を知る鏡	55	3.38	1.240
B-11_水子供養	55	2.89	0.994
B-12_結婚相手	55	2.18	1.249
B-13_イエ意識	55	4.09	0.948
B-14_明るい目標	55	3.13	1.037
B-15_よい教団	55	3.20	1.145
C-1_み仏に抱かれる	55	2.18	1.107
C-2_聖典の読書	55	2.53	1.562
C-3_年中行事	55	2.13	0.579
C-4_神社の境内	55	2.15	0.826
C-5_イエの継承	55	1.91	0.519
D-1_墓参り	55	0.65	0.480
D-2_易・占い	55	0.31	0.466
D-3_先祖の霊をまつる	55	0.11	0.315
D-4_仏壇にお供えをする	55	0.71	0.458
D-5_神棚にお供えをする	55	0.09	0.290
D-6_神社・地蔵	55	0.02	0.135
D-7_おつとめをする	55	0.38	0.490
D-8_聖典・宗教書を読む	55	0.53	0.504
D-9_宗教新聞を読む	55	0.47	0.504
D-10_信仰グループに参加	55	0.02	0.135
D-11_奉仕グループに参加	55	0.07	0.262
D-12_祈願をする	55	0.16	0.373
D-13_お守り・お札をもつ	55	0.13	0.336
D-14_礼拝・布教をする	55	0.18	0.389
D-15_なにもしない	55	0.05	0.229
E-1_自分の意見	55	5.11	1.083
E-2_人がどう思っているか	55	5.18	1.219
E-3_最良の決断	55	4.35	1.554
E-4_何か行動するとき	55	4.96	1.387
E-5_自分でいいと思う	55	3.91	1.482
E-6_どう評価しているか	55	4.85	1.129
E-7_自分の信じるところ	55	4.18	1.402
E-8_相手との関係	55	4.07	1.399
E-9_自分一人で決断	55	4.05	1.297
E-10_和を維持	55	5.93	1.200

	度数	平均値	標準偏差
E-11_良い悪い	55	4.55	1.631
E-12_人から好かれる	55	5.33	1.622
E-13_自分が何をしたいか	55	3.95	1.446
E-14_自分のいる状況	55	4.64	1.296
E-15_自分の考えが他人と異なる	55	4.27	1.326
E-16_所属集団との対立を避ける	55	4.15	1.268
E-17_自分の意見をはっきり言う	55	4.31	1.318
E-18_相手の意見を受け入れる	55	4.38	1.130
E-19_自信をもって発言	55	3.85	1.268
E-20_自分の態度を変える	55	4.78	0.994
F-1_仏のおかげで自分らしい生き方ができる	55	3.67	1.588
F-2_仏によって救われている	55	3.82	1.529
F-3_数々の罪を犯してきた	55	5.29	1.449
F-4_仏力によって救われる	55	4.22	1.629
F-5_欲にまみれている	55	5.89	1.117
F-6_救われがたい自分が救われている	55	4.04	1.644
F-7_仏の救いに疑念を抱く	55	4.25	1.518
F-8_人生の目標	55	3.85	1.649
F-9_自分の力では救いが得られない	55	4.76	1.587
F-10_仏に抱かれているという実感	55	3.49	1.654
F-11_悪人だと思う	55	4.98	1.627
F-12_自己の存在の意味	55	4.47	1.550
F-13_罪深いもの	55	5.11	1.449
F-14_自分を理解してくれる	55	4.29	1.629
F-15_迷い続けている	55	5.22	1.560
F-16_救いを信じている	55	4.42	1.572
F-17_生き方の裏打ち	55	3.62	1.581